Development and Politics in Global Governance

新版

グローバル・ガバナンスにおける開発と政治

文化・国家政治・グローバリゼーション

笹岡雄一

明石書店

新版　グローバル・ガバナンスにおける開発と政治

――文化・国家政治・グローバリゼーション

目次

序　章　11
1　ガバナンスとは　14
2　ガバナンスの重層性　16
3　国家レジームの混迷　23
4　本書の構成　26

第Ⅰ部　ガバナンスの概況

第1章　ガバナンスとは何か　34
1　ガバナンス論の潮流　37
2　グローバリゼーションの影響　45

第2章　民主主義とアイデンティティ　52
1　グローバリゼーションと民主主義の関係　53
2　グッド・ガバナンスの要求　58

3　バッド・ガバナンスの類型　61

第3章　分権化の現在　71

1　主要な概念の定義　73
（1）さまざまな分権化　（2）分権化の意味
2　分権化とガバナンス——近年の研究動向　81
（1）民主化へのインパクト　（2）紛争予防へのインパクト

第4章　貧困と不平等　88

1　貧困削減戦略（ＰＲＳ）　90
2　分権化と貧困削減　94
3　貧困削減・不平等の新しいトレンド　98

第II部　途上国の政治体制

第1章　「我々の」共同体　111

1　多層的な分権化の動き　113
（1）国家レジームの低迷　（2）アフリカ　（3）ケニア

2　マジンボイズムの変遷　121
（1）形成期　（2）復活期　（3）変容期　（4）意味の変遷

3　ブミプトラ政策との比較　130

第2章　ウガンダの分権化と貧困削減　135

1　中央から地方へ　137
（1）1997年の軌跡　（2）新しい援助のモダリティ

2　貧困の削減　145

3　国民抵抗運動　148
（1）複合的な動機　（2）政治過程　（3）援助との関係　（4）政治体制の行方

第3章　市民社会と分権化　162
1　東アフリカ市民社会と国家　163
2　市民社会と分権化　168
（1）貧困者・市民の声　（2）貧困者と市民へのアクセス
3　市民社会の実在性——分権化の意味　176
（1）ドナーの民主化スタンス　（2）何が公共空間のベースとなるのか　（3）アカウンタビリティの関係
4　市民社会と分権化のあり方　183

第Ⅲ部　国際開発レジーム

第1章　ルワンダの虐殺　190
1　ルワンダ虐殺にいたる経緯　192
2　大量動員の構造的要因　196
3　先進国の負の役割　202

第2章 「脆弱国家」論の陥穽——人道的介入 208
1 NATOによる「脆弱国家」ユーゴ空爆 211
2 ブレアの人道的介入 216
3 ガバナンスの含意 224
第3章 地域統合とアイデンティティ 231
1 超大国と国際機構の低迷 233
2 リージョナル・レベルの問題 239
3 地域主義の動き 245
第Ⅳ部 国家から世界秩序へ
第1章 開発主義と民主主義 257
1 開発主義と民主主義 259

2　社会契約の問題　264
3　今後の展望と処方箋　269

第2章　グローバル市民社会　277

1　市民社会論の議論　281
2　どの層の人道的介入か　286
3　市民社会の普遍性と個別性　293
（1）グローバル・レベル　（2）国内レベル　（3）市民社会に対する注目

第3章　ガバナンスの重層性と開発　302

1　新しい開発の政治秩序　307
2　開発の変容　313
3　相互関係　322

あとがき　332
参考文献　353
索　引　365

序章

２０１０年代の国際社会が、２００８年9月のリーマン・ショックから始まった世界金融危機・世界同時不況の軛《くびき》から抜け出せないでいた頃、日本は２０１１年３・11の東日本大震災と福島の原発事故にみまわれた。災害救援や復興の過程ではさまざまな国際的な議論や支援が行われ、日本社会の底辺の結束力が称賛されると共に、日本の政治と行政の上層部の低迷も浮き彫りになった。同じような時期に、世界では幾つかの重要な異変が進行していた。チュニジアの街頭から始まったジャスミン革命、民主化の動きが中東全域に広がっていた（「中東の春（Arab Spring)」)。ニューヨークのウォール街では「１％対99％」の格差に抗議する若者の街頭デモが行われた。これらの動きは、日本の反原発デモなどと共に、世界の若者に波及した。さらに、同年末にはギリシャの財政危機が再燃し、年金や給与削減に反対する政府系公務員の街頭デモも行われた。これらすべてに共通しているのはグローバルな政治に大きな影響をもつ普通の人々の声である。

これらのグローバルな動きは、民主化・格差是正にせよ、個人の失業や財政赤字解消策にせよ、街頭での多大な抗議活動を伴った。米タイム誌は２０１１年の「今年の人」を特定の人物ではなく「抗議者(protester)」として紹介した。同様な抗議者は２０１１年2月の中国でのジャスミン革命の波及や6月の広東省での出稼ぎ労働者の暴動、２０１２年3月のロシアのプーチン大統領再選の不正抗議デモ、さらには２０１４年３月の台湾のひまわり学生運動（立法院の占拠）、９月の香港の雨傘革命（金融街の占拠）などでも見受けられた。こうしたなかで、世界の情報環境の均質化と人々の関心の緊密化も明らかになってきている。他国の金融や財政のリスクが瞬時に世界中に波及し、自国の貨幣や株の価格の動きに直結する。フェイスブックや携帯電話の動画映像が人々に運動への参加を呼びかける。ウォール街の抗議デモに対してオバマ大統領は当初怒れる若者たちに同情を示した。彼は同じ手法で２００７年の大統領予備選挙において若者のあいだの支持や選挙資金を獲得したからである。２０１６年４月、タックスヘイブン（租税回避地）に関する「パナマ・レポート」の報道を受けて世界各地で抗議運動が噴出し、アイスランド首相が辞任した。

現代社会は国家という単位を素通りして、グローバルなスケールで人々が直接に結び合う社会になっている。国際的な情報は従来ＣＮＮやロイターなどの大手メディアを通じて入手されたが、近年は個人が発信した情報が直接に地球上の人から人に行き渡っている。これらは２０００～２０１０年代になって極端に強まってきた情報グローバル化やＩＴ革命による変化である。この背景には単なる情報の拡散や流通だけではなく、世界中の人々の意識や価値観が収斂した事情もあるようだ。現代国家の役割は依然として終了していないものの、国際社会の諸事情をコントロールする能力という意味では低落傾向にある。それは米国、中国やロシアのような大国についても言えるだろう。ただし、多国籍企業、国際機関や国際ＮＧＯｓといった国家以外のアクターが完全に国家を代行するような力をつけてきているわけでもない。強力になったのは、むしろ、無名の若者や群衆、彼らの情報発信、そしてそれらを束ねた無定形（アモルフ）な市民社会の意思表示である。

世界はただ単にグローバリゼーション（globalization）のもとで流動的・変動的になっているわけではない。たとえば、イランと米国・イスラエル、または北朝鮮と米韓日の核拡散をめぐる対立のような伝統的な国家間対立関係も髄所に残っている。さらに、それぞれの地域に固有の文化・文明が人々の暮らしに未だに大きな影響を及ぼしている。グローバル・国家・地域という三つの単位で変化がせめぎ合っている。それは人々の暮らしをよくするという開発の分野においても変わらない。「1％対99％」という格差の問題は国内における格差であると共に、世界全体の格差でもあった。世界における格差の方がより意味は深刻であり、そのまま開発にとっての課題となる。

民主主義の機能不全については懸念がうまれている。2000年代まではこのまま世界が民主主義に向かうという楽観的な雰囲気があったと思う。リーマン・ショック以降、イラク侵攻の負の遺産も伴って、それが変わってきた。フリーダムハウスの報告書は、民主主義国における外国人排斥感情の高まり、天然資源輸出に依存した経済の低迷、権威主義的体制の反対陣営に対する締め付けなどの重層的な危機によって世界は打ち砕かれたと表現している（Freedom House 2016）。この10年間で民主主義が改善している国の数は、悪化している国の数を大きく下回るようになったという。タイ軍政への復帰、米国のトランプ現象、英国の国民投票によるEU離脱（Ｂｒｅｘｉｔ）支持、トルコのクーデター未遂とその後の弾圧など在来型の民主主義に対する懸念が増すと共に、ウクライナ・シリア情勢、ＩＳ（Islamic State）やアルカイダによるテロリズムの普及、東アジアの領海ナショナリズムなど安全保障に対する不安も増している。ＩＴ社会の進歩と共に政府の情報統制の手段も強化され、テロリストもソーシャル・メディアを活用し、政府や企業を狙うサイバー攻撃も規制できないでいる。

グローバル・ガバナンスにおける開発と政治とは、古い看板の「国際開発」のあり方をグローバル・ガバナンス（governance）の視点から見直すという意味である。ここでガバナンスという言葉を用いたのは、それが国家や中央政府だけに限られない、新しい概念枠組みを意味しているからである。分析手法が新しいのであれば、対象の方はグローバル開発などの名称を使ってもよいのかもしれない。国際関係論において開発にこだわる理由は二つある。一つは、現在の途上国の開発の遅れは植民地体制に根差しているという南北問題の起源がある。そして、開発の遅れと民主化など政治的な問題が密接に関係している。第二は、現在の世界は軍事的には米国主導の一極であるが、経済的には多極化している（Nye 2015）。その多極性は、かつてのような米国、欧州、日本などの先進国に限られない。人口と経済が成長し、ＢＲＩＣＳと言われるような新興国が台頭してきた。これも開発と政治が絡んだ問題である。このように開発を重視しているが、筆者の考え方のベースは、政治学を中心とした国際関係論ということになる。

1　ガバナンスとは

ガバナンスという言葉は開発途上国の開発が順調でないことを先進国側が懸念し、途上国の制度一般の改善を検討する言葉として世界銀行が「政府（ガバメント）」と言わずに、使い始めた経緯がある。そこには過度な内政干渉を避けたい国際機関の思惑もあった。ただし、この概念に画期的な意味を与えていたのは国際関係論のジェームズ・ローズノウ（1995）のグローバル・ガバナンス（global governance）であった。ガバナンス論は、伝統的な国際政治学とは対照的に国家の機能や国家間の関係だけに視点を固定していない。非政府的なアクターのパワー、非公式な越境的経済アクター、非強制的な方法による秩序形成メカニズムなども対象にする。むしろ国家から視点が解放されたことで、グローバルやローカルなどの幅広い次元のガバナンスを多次元的ないし多層的に論じられるようになった。１９９０年代には政治・行政学、経営学、環境論などでガバナンス論は急速な興隆をみせたが、ガバナンスはつねに政府よりも広義の概念として注目された。

古い言葉ではある国際関係と国際開発を架橋するのは、グローバル・ガバナンスという新しい概念ではないかと思う。言い換えれば、国家だけを主要なアクターとはしない新しい国際関係論の方から開発を見るとどのように見えてくるのかということがテーマである。このテーマを論じるには本格的な準備と幾本もの論文が必要であるが、筆者は架橋作業を2012年にこの小冊子から始めたいと考えた。そして、初版から瞬く間に4年が経過して、ロンドンからリオにオリンピックが代わる2016年にこの改訂版を出版する機会をいただけた。この機会に、必要な情報のアップデートを行うと共に、新しい世界秩序と開発の関係について、幾分かは明瞭に考え方が書けると思ったのである。

国際関係を国家間システム（inter-state system）から捉える見方は、国際社会を構成する諸国家の同質性や対等性、そして国民のあいだのナショナリズムが共通して観察された欧州の歴史を背景としている。この学問体系は16世紀から20世紀くらいにかけての欧州における現実を反映していた。ただし、この国家という言葉は開発途上国、そのなかでも貧しい国である低所得国（Low-Income Countries）においては確固たる存在基盤を得ていない。低所得国は欧州と同じような政治体制が敷かれていても、その基底には欧州とは異なる文化や社会構造を抱えている。また、コロニアリズムの遺制が社会に色濃く残存し、それが国家への反発を含めて人々の意識や行動を制約している。もちろん、人々は過去に拘束されるだけではなく、現在の市場や政治行政との対応のなかで行動や態度を変化させてもいる。

欧米的な政治学の見立てによれば、政府は公共的なアクターの代表であるが、ほかにも公共空間を形成する民間セクターやNGOsを含む市民社会が存在する。近代的な国家観、政府観は能動的な市民を前提とし、市民は合理的な判断能力をもち、社会のさまざまなフォーラムにおいて討論し合える開放性を有している。しかし、途上国、特に低所得国の市民には、そうしたイメージは必ずしもあてはまらない。コミュニティが能動的な市民から構成されるというよりは、垂直的な指揮命令系統として存在しているからだ。欧米的な国家のモデルからはフォーマルな制度が政治権力の形成や利害調整をする役割が期待され、他方市民社会はグローバルに広がる展望がみいだせるが、低所得国ではインフォーマルな制度の役割がより重要な働きをしているので、政治も開発も、その見方が相当に変わるのである。

貧困国とも呼ばれる低所得国は、困窮した、停滞したイメージで描かれることが多い。低所得国は2016年の世界銀行の分類では1人あたり所得が年間で1025ドル以下の国となっている（購買力平価ベース）。国際開発援助には、人々の生活や教育などの水準が非常に低い途上国を先進国や国際機関、国際NGOsなどが支援して「引き上げる」イメージがある。実際に低所得国ではさまざまな悲惨な現実が巷に溢れている。ただし、低開発の原因は低所得国の属性としてあるだけではなく、低所得国と先進国ないしはグローバルな国際秩序との「関係性」のなかにもみいだされる。「関係性」とは低所得国と先進国ないしは国際秩序が相互に影響し合い、形成してきた歴史的な政治社会構造である。そして、この構造の典型的な特徴を筆者は「地中海」を書いたフェルナン・ブローデルに倣って「ガバナンスの重層性」と呼ぶことにしたい。

2　ガバナンスの重層性

ブローデル（1985, 2004）やイマニュエル・ウォーラースタイン、そして国際関係論のローズノウは、現代世界をトータルに長期的視点から把握しようとした。なかでもブローデルの時間的・空間的な三層構造の世界観は従来の歴史観を変革する画期的なもので、ウォーラースタインの「世界システム論」(2006)に直接的な影響を与えている。(1) ブローデルは、レヴィ・ストロースの構造主義に反対して「新しい歴史学(Nouvelle histoire)」を提唱した20世紀フランスのアナール派の歴史学者である。その中心的な論点は「歴史的時間における重層性」であり、歴史を個人や政治・軍事的事件に関わる「短波(出来事)」、国家形成や経済・社会・文化の変化に関わる「中波(複合状況)」、気候・食物・地勢のような殆ど変化が起こらない「長波(長期持続)」の三層構造に分類した。(2) この考え方は1966年に出版された「地中海」などで述べられている。こうした議論は農奴制から資本制などといった単線的な発展段階論の歴史観とは相当に異なっている。

三つの波の例を2011年に始まった「中東の春」で挙げれば、それは独裁者個人の末路という意味では「短波」であるが、長らく続いた世襲制や個人支配の終焉としては「中波」である。それは遅れて中東に到来した民主化の波でもあった。民主化は1990年代のアフリカでは主に外圧的にもたらされたが、国際的な援助依存度の低い中東では進捗しなかった。しかし、それが2010年代に起きたという意味では、社会のボトムからの政治変容であった(リビアの場合は、外国の介入の要素も大きかった)。「中東の春」が米英のイラク侵攻によるフセイン政権の打倒を契機に始まったという議論は、殆ど説得力がないだろう。イラク戦争は完全に外部によってもたらされた「民主革命」という名の侵攻であり、ボトムからの変容とは呼べない。さらに、「長波」としては、これらの地域が基本的に乾燥地域で、パン価格の高騰が人々の暮らしに影響したこと、歴史的に長い欧州との関係があること、が挙げられる。

本書でいう「ガバナンスの重層性」も三層構造となる。それは、「文化・国家政治・経済情報(グローバリゼーション)」の三層である。第一に、基底部分には古代から植民地期を経て、現在に至る文化の蓄積があり、これが複合的なルールとして人々の意識や行動に影響している。この部分は論者によって歴史、政治文化及び社会的関係資本（social capital）とさまざまな呼び方で呼ばれるが、本書では文化と呼んでおこう。途上国の多くの人々は、植民地期には臣民として支配され、国内の資源は彼らのためではなく、帝国列強のために開発された。カリブ海の砂糖もケニアの紅茶も英国のために生産された。このときに植民地で労働に従事し、税金を払わされた人々に形成された国家観は、国家に対する懐疑的な意識の源流となっている。これらの文化は低所得国には強く蔓延しているが、当然のことながら、それぞれの地域において相違や変化がある。

第二に、近現代国家としてのフォーマルな政治制度と人々のナショナル・アイデンティティ、（植民地から切り離された）自国の資源に立脚した開発過程のレベルがある。これは基本的に現在の国家の仕組みや人々の政治意識、アイデンティティと開発状況を示しており、冷戦終了期にフランシス・フクヤマ（1992）が「歴史の終わり」として論じた世界的な民主主義、自由主義経済の完成と収斂が起きたレベルとみることもできる。独立前後の民族運動を通じて人々は国家という政治単位のなかで結束する意識をもち、独立後にさまざまな政治経済制度や国民意識が形成され、開発や民主化に取り組んできた。民主化は「第三の波」として１９８０年代の中南米を起点として途上国に広がりをみせたが、冷戦期には同盟国の勢力安定を重視したために抑制される傾向があった。それがポスト冷戦期の１９９０年代になって解除され、各地でさらなる進展をみせたのである。

第三に、グローバリゼーションの影響、つまり急速な国際経済やＩＴ社会の進展を受けて、人々の意識や社会の制度が変容しているレベルがある。これはメディアとソーシャル・ネットワーク、国際貿易、ドナーの介入と援助、直接投資や資金の流入、移民や難民などの動きと関係している。この部分の変化はグローバリゼーションといわれている事象の最新の時期をさしている。グローバリゼーションも人・物・資金の国家を超える流通として捉えれば近代以前からの進展があった。いつグローバリゼーションが始まったのかについてはいろいろな説がある。ギデンズ（1990, 2000）のようにグローバリゼーションを近代以降のプロセスと考えるのであれば、第二層の近現代国家の形成過程と変わりがない。「中東の春」も、民主化やその挫折という意味では実際に英仏の革命にまで起源を遡れる。しかし、ここではポスト冷戦後の急速なIT社会や国際政治経済の変化を受けた社会事象と捉えたい。ローズノウもフランシス・フクヤマもこの時期を画期点として捉えていた[3]。本書ではこれらの視点から、グローバリゼーションをポスト冷戦という狭い時間のスパンで捉えている。

これら三つのレベルから「ガバナンスの重層性」は構成されている。三層はつねに相互作用・相互浸透し合っており、ガバナンスとはグローバル社会としては共時的であり、国内社会としては通時的な傾向をもっている。第二の国家的な政治経済のレベルにはウェストファリア条約以降に全世界に波及した西欧的国家体系も含まれる。国家としては先進国と低所得国のように実態に大きな差異を伴っているが、システムとしてはある程度普遍的である。これに対して、第一のレベルの文化は地域によってその有り様は変わり、必ずしも収斂し合う保証も、国家の領域と合致する保証もない。ただし、現代の文化はハンチントンが文明に対して語ったように相互に影響し合っている。第三のレベルは狭義のグローバリゼーションであるが、ポスト冷戦期の特徴はITを中心にした情報面の流通で、このレベルは第二のレベルの近現代化の過程とさまざまな面で連続してはいるが、さらなる普遍性、均質性、共時性、相互浸透性を獲得している。このレベルの情報は、第一のレベルの文化との相互浸透を急速に強めており、異なる地域の政治経済と文化が協調ないし反目し合うテンポが上昇している。典型的な例が9・11以降におけるイスラム社会の反米意識の高揚である。

「中東の春」は、世界の不況と若者の失業が政治体制に対する不満に繋がり、民主化の遅れた中東諸国においてその不満がソーシャルネットを通じて組織化された現象であった。慢性的な開発の停滞は、近現代国家を操縦する政権にとって正統性の危機になる。これらの革命が起きた国は北アフリカ・東地中海に位置し、アラビア語を話し、イスラム教を信じ、パンを食している。パンの原料である小麦などの食料価格の高騰は世界的な需要の拡大よりもグローバルな資本の食料投機によってもたらされた。２０１１年１月のチュニジアの民衆の抗議運動が各国に飛び火し、２月にはエジプト、８月にはリビアで長期間続いた独裁政権を倒壊させた。これらの抗議運動は紅海とアラビア海に面したイエメンでも12月に大統領が辞任を示唆して暫定政権が発足したように、中東全域さらに他地域にも波及した。

中東は他の途上国地域と比べて民主化が遅れていた。中南米では１９７０年代のスペイン、ポルトガルの余波を受けて１９８０年代から民主化が始まった。頻繁にクーデターを行っていた軍部も民主化と膨大な対外累積債務の前に権力を掌握したがらなくなった。サブサハラ・アフリカ（以下アフリカ）や一部のアジアでは１９９０年代のポスト冷戦期に民主化が推進され、複数政党制の選挙が再開された。援助依存度が高いこれらの途上国は、欧米諸国からの強い民主化圧力にさらされた。中東は概してこれらの地域よりも独立時期が早く、個人所得も高かった。東アジアでは民主化の遅れを開発や経済成長を進捗させることで補完する開発主義が試みられ、ある程度は成功していた。多くの中東諸国だけが中南米やアフリカのような民主主義（制度）、東アジアのような経済成長のいずれも存在しなかった。特に北アフリカ・東地中海は豊かな湾岸産油国とは異なり、中東のなかで開発に取り残されていた。

ジャスミン革命が起きた北アフリカ・東地中海地域は、地中海を挟んで欧州諸国と接し、経済や移民や観光で密接な関係にあり、無数の往来や情報の流通が行われていた[4]。これらの国々は2005年に「欧州・地中海パートナーシップ」に参加し、域内の平和と繁栄、文化交流の原則に賛同している（リビアはオブザーバー）。この組織は2008年にフランスのサルコジ大統領が提唱した地中海連合の基礎になっている。インターネットやソーシャルネットも普及していたので、チュニジアから始まった民衆蜂起の知らせは、欧州経由も含めて近隣国に即座に何重もの経路で伝わった。

「中東の春」が起きた背景には、ソーシャルネットの発達、若者の失業、国際的な食料価格の高騰がグローバルなレベルの要因として挙げられる。第二の国家レベルの要因は、中東各国の失政と腐敗、非民主的な政治に対する人々の不満であり、これは数十年以上にわたる人々の独裁政権や個人支配に対する評価の総決算を意味していた。特に都市部の教育を受けた若者が民主主義や政府の説明責任の意義に目覚め、その価値基準によって政権を評価し、街頭やネットでその意思を示すようになった変化は大きい。そして、第三の基底社会に位置付けられるのは中東、なかんずく北アフリカ・東地中海というサブ地域の共通の地理的条件や政治社会の歴史を反映した文化である。ここで強力に作用しているのがイスラム教、政治の垂直的支配と砂漠の民としての頑強性である。人々は垂直的・強権的支配に慣れ、それに順応しながらも、時折はそれに頑強に抵抗する姿勢を歴史において示してきた。類似の事象はシチリア島、キプロス、アルジェリアなどの過去にも見出せる。

ブローデルの「歴史的時間の重層性」に対して、筆者は「ガバナンスの重層性」という言葉を用いている。そして、この重層性は単独の国家の政治社会構造を意味するだけではなく、国家を束ねた国家間体系ないし国際体系を含めている。グローバル・ガバナンスについても、この三層構造は存在しているだろう。よく使われる「国際開発レジーム（international development regime）」という用語は、基本的に第二層の国家の政治経済や政府の延長であり、ＩＭＦ・世界銀行、ＧＡＴＴ–ＷＴＯなどの国際機関は一部自律性をもちつつも国家間（inter-state）レベルの組織として位置付けられる。国際機関は本質的な機能としては超国家（supra-state）システムではない。「中東の春」の例から学べることは、今日のグローバルな国際環境、国家としての近現代的な政治経済制度と人々の意識・空間、地域としての歴史的な文化構造から構成される「ガバナンスの重層性」が人々による日々の政治を突き動かしているという事実である。

およそ偶発的、個人的なものに還元できない現代の世界的な事象は、「ガバナンスの重層性」の見地から相当程度まで説明が可能なように思われる。ただし、それは現在の国際関係の重要な解釈の参考枠組み（frame of references）ではありえても、事象どうしの因果関係や予測まで説明しきれるものではない。そして、この「ガバナンスの重層性」という用語は通常の政治学・行政学で用いられるガバナンスの一般的な用法よりも相当に広義であることに留意しておきたい。用法として近いのはグローバル・ガバナンスであり、第１章で紹介するローズノウの議論は非国家（トランスナショナル・サブナショナル）・国家・共同の三つのレベルのコントロール・メカニズムから世界が動くことをガバナンスと呼んでいる。

ローズノウによれば、現代国家は主権国家体系であるが、非国家には越境的な行為体（transnational actors）と地方政府（local government）の二つがあり、さらに国家と非国家の共同のレベルがある。国家と非国家の地方政府は政治・行政に属するが、非国家の越境的な行為体とそれを含む共同のレベルは政治現象にとどまらない。つまり、グローバル・ガバナンスは政治よりも広い、公共空間の現象を語る概念なのである。世界政治に中心的な権力や権威が存在しないという意味からもそれは裏打ちされる。さきの「ガバナンスの重層性」の関連で言えば、三層の下位のレベルに文化、上位のレベルに短期の経済や情報のグローバリゼーションがあるので、政治は中位の政府や国家間体系のレベルに主として位置付けられる。政治は中位を中心として上位や下位とも相互に影響し合っている。ローズノウのグローバル・ガバナンス論にしても「ガバナンスの重層性」にしても、ガバナンスは相当に広い概念なのである。(5)ただし、「中東の春」さらには「抗議者」で観察されたのは、政治が重要性を失っているということではなかった。むしろ事実は逆であって、政治と文化・情報といったいわゆる非政治的な事象の相互作用や相互浸透は２０１０年代の世界において急激に進んでいる。

3　国家レジームの混迷

国家権力はある一定の領域、地理的空間を支配している。つまり、ある地域のなかを指定して区切ったものが国家である。地域は国家の外側にも、内側にも存在する。日本で言えば、東アジアは日本を超える地域であり、東北地方は日本のなかの地域である。国家自体も地域であることから、地域とは国家の上位や下位、そして同位に存在する複数の空間の規定方法である。本書では、便宜的な用法として、国家の上位の地域をリージョン（region）、国家の下位の地域をローカル（local）と呼び、国家に相当する地域は通常のナショナル（national）と呼ぶ。これらの空間の三層構造は上述した「ガバナンスの重層性」ともある程度は対応している。グローバル・ガバナンスはリージョンの延長上のレベルに位置付けられるが、ナショナル・ガバナンスは近現代国家単位の事象を意味し、文化はすべての段階に関わるが、一部は越境的に根を下ろしている。

21世紀に入って、国際社会のなかで主権国家やそれをもとにした超大国、国際機関の役割は低迷の一途を辿っている。国家の能力や正統性は先進国においても低下が見られ、政府の姿勢や政策が市民の期待に応えられるものにならず、さまざまな抗議活動をもたらしている。このような期待外れの政府が最も顕著なのが低所得国であり、これらの国家は先進国側の研究・援助機関から「脆弱国家（fragile states）」などと呼ばれている。低所得国では、貧困者は選挙では上から動員されることが多く、政策を理解し、それを問うような余裕を持ち合わせていなかった。しかし、近年に至り特に都市部で人々が基礎教育を習得するようになると、政府の行動を評価し、意見を言えるようになった。近現代国家は基本的に市民に安全、政治秩序及び公共サービスを提供すべき立場にある。低所得国ではその殆どが低水準のままであり、市民的権利は侵害されている。そして、自分たちの権利に目覚め、状況を改善する動きが各地でうまれている。

１６４８年のウェストファリア条約以降の主権国家ないし国民国家体系（nation-state system）が世界的に波及する段階では、低所得国の国家が西欧的な国家、ないしは現在の現代福祉国家としての役割を担えるという見通しがあったわけではなかった。途上国の国家は、一般的な傾向としては西欧国家体系が波及した過程で欧米の国家群の圧力に対抗して立ち上げられ、屈服した発生論的な経緯がある。多くの途上国は欧米日の植民地として支配され、非常に強い影響を受けた。その例外はタイ、イラン、エチオピアなどに限られる。日本も１９４５年からの数年間は連合国軍最高司令官総本部（ＧＨＱ）のもとで準植民地の地位にあった。しかし、日本では第二次大戦後の占領政策のもとで民主改革が推進されたのに対し、途上国の政治社会構造は植民地期に人々や他集団に対する収奪的な性格がビルトインされたままでいる。このようなポストコロニアル的な視点は、途上国の政治社会構造が外部の影響を受けて歴史的に形成されてきた事実をわれわれに想起させる。

国家はある地域の一部になったり、幾つかの地域を束ねることがある。ドイツの都市国家は散在する地域の集合体であったが、近代国家の建設過程で一つの地域に統合された。その制度的枠組みのなかで心理的な器としてナショナリズムが醸成された。ドイツは欧州のなかで国家統一が早く開始された国ではなかったし、第二次大戦後に至るまで領域の範囲が自明ではなかった。しかし、欧州、特に西欧の場合は一定の地域に社会文化的な凝集性が備わり、通常それはネーション(nation)と呼ばれた。国家装置(state)とネーションが呼応する関係にあるのが西欧における国家建設の過程であった。西欧諸国は16～18世紀に戦争を繰り返し、その間に自分たちにとっての適切な領域がどこなのかを文化的な同質性と政治権力の均衡のなかで探り当ててきた。他方、植民地化されたアジアやアフリカでは植民地の形成が外側から強制され、国家の内部にさまざまな異質性が残存したり、形成された。

ただし、途上国のなかでも国家秩序には大いなる質的な差異が存在した。東アジアの国家のベースとなる地域では、相当の時間をかけて帝国や王国の支配を経験し、そのなかで有力なエスニック集団の比率が全体の半分を超え、6～9割に達している。それは帝国や王国の所領内で同化政策が行われ、言語や文化が浸透したことを意味している。また、植民地政策も商業ベースの介入が中心であり、現地の旧来のガバナンスが利用されてきた。中南米においては混血化が進むなかで人種的なハイアラーキーが形成されたが、地域的な集団の対立は一定のレベルに保たれた。アフリカではエスニシティの相違が植民地期に誇張して形成され、その後の社会的な統合にとって大きな足枷となった。特に間接統治が行われた国では、エスニック集団のあいだに垂直的な支配関係が人工的に形成され、これが独立後やポスト冷戦期の内紛の要因となった。

途上国の国家が弱い、支持されていない、国民に安全や公共サービスを配分していないという「脆弱国家」論は、欧米諸国の途上国、低所得国に対するネーミングである。この呼び方は多くの場合、「ガバナンスの重層性」を看過して、国家レベルの政治経済的な、フォーマルな制度が機能していないという批判になっており、歴史的にかなりの程度不当なものであると思う。最近は、この言い方が途上国の政治エリートを喜ばせないことから援助機関のあいだでは「脆弱状況（fragile situation）」などの代用語が使われている。たしかに、低所得国には危機に瀕した国家も多く、分裂や混迷やときには消失にみまわれるので、脆弱性の認識は必要である。ただし、このネーミングでは現在の先進国側が自ら関わり、形成してきたという歴史的視点が欠落しやすいのである。

「脆弱国家」と呼ばれる国々が国家という政治経済システムとしては未成熟であるとすると、その対策としては国家建設（state building）を進めていくことになろう。ただし、それだけを待っていては何十年かかるかわからない。ほかにも幾つかの対策が考えられるだろう。グローバリゼーションの負の影響を最小限にとどめる、国家間の協力や国際組織を強化する、コリアー（2010）のように国際的な治安部隊をアフリカに形成する、国家よりも上位のリージョンへの統合を進捗させる、下位のローカルの単位への分権化を進める、などの選択肢がある。それらの幾つかを同時に進める方法もあるだろうし、同時だと衝突を起こすかもしれない。「脆弱国家」はある程度の大きさがあれば、分権化してより小さな政治単位にガバナンスの軸足を移した方が安定するかもしれない。本書では国家の役割の低迷を受けて、ローカルとナショナル、リージョンさらにはグローバルな秩序の形成条件の組み合わせを巧妙に探っていきたい。

4　本書の構成

全体で序章を除いて四部構成としている。第Ⅰ部はガバナンスの概況と題し、基本的な概念であるガバナンス、民主化、分権化、貧困、不平等について考察している。ガバナンスについては、ナショナル・レベルに加えて、グローバルとローカルのガバナンスがある。民主化については既存の議論を整理しているが、ナショナルとは別のグローバルの次元についても検討している。分権化については、その意義、基本的なメカニズムを把握しようとしている。貧困は途上国にとって開発における最大のアジェンダであり、ドナーが国際開発レジームを転換する最初の契機を示した事象でもあった。不平等は貧困削減ほど目立った成果がない分野であった。第Ⅰ部は国家という枠組みを基本的に支えながら、同時にそれを乗り越える際のメルクマールとなり得る民主主義や分権などについて理解しようとしている。その鍵となるのは「ガバナンスの重層性」であり、政府システムからの権限移譲（devolution）である。権限や資源の移譲先は下位システムとは限らない。国家から地域機構への意思決定メカニズムの移転など上位システムへの権限移譲（above-devolution）も分権化なのである。

第Ⅱ部は途上国の政治体制と外部の介入についてであるが、国家形成、集権化と分権化、政府と市民社会、外部の関与について論じている。ナショナルとローカル、リージョナルの単位は歴史的に流動的で、人々の認識やアイデンティティも変容してきた。ケニアとウガンダでは独立後にそれぞれ異なる事情で連邦制を政府構造に取り入れようとした。それは短期間で廃止され、集権制の時期が来る。ウガンダでは内戦の終結後１９８６年に現在のムセベニ政権がうまれ、さまざまな動機から分権化政策を推進した。他方、ケニアは２０１０年の新憲法成立までずっと州行政システムという集権的な制度を存続させた。マレイシアは、連邦立憲君主制であるが、連立与党はマレー系、インド系、華人系の政党が提携している。それぞれの地域のガバナンス形成に外部の介入は大きく関わっており、市民社会の歴史や市民社会の実在性の問題、貧困者と市民、新しい分権化の意味が論じられる。

第Ⅲ部はよく知られた「国際開発レジーム」、つまり援助や政策はては経済制裁や軍事的介入を行う先進国や国際機構（国際機関）のレジームの問題点について整理する。ここでは開発が国家や国際体系においてもつ意味が問われ、その典型的例としてルワンダの虐殺、人道的介入（ブレア政権）、地域統合（地域主義）が扱われる。主たる意図は、開発援助や人道的介入が往々にして途上国の実情やニーズにそぐわず、先進国側の価値の押し付けになること、主権国家とそれに依拠した国際機構の役割の限界とオルタナティブとしての地域主義の動き、さらには介入についての思想的検討の紹介にある。

第Ⅳ部は以上の考察を踏まえながら、議論をある程度集約し、さらに理論的、概念的そして将来的な検討を行う。ここでは全体として世界のマクロ・リージョンの比較をなるべくイメージとしてもちたいと考えた。そのため分析や議論をある程度単純化して話している。ここでの重要なテーマは、開発主義と民主主義、グローバル市民社会そして「ガバナンスの重層性」の行方である。開発と民主主義では中南米とアフリカ、アジアが対比され、ネイションや家産制などの問題も論じられる。グローバル市民社会はカルドー（2003）の提案を中心に論じ、安全保障を議論の軸に据える。ゾーンと地域は、自由主義経済、情報の自由、分権化が進んでいる地域の広がり方についての考察である。「ガバナンスの重層性」では政治秩序と開発の将来動向について論じる。その結果、「ガバナンスの重層性」がいかに変化し、開発といかなる相互関係に立つのかを限定的ながら考える。

【注】

1　川北 稔編『ウォーラーステイン』講談社選書メチエ　2001年　川北によれば、ブローデルの『地中海』がウォーラーステインに大きな影響を与えた背景には「1968年を境とする知識人の志向の変化が介在している」という。既存の体制を批判する1968年の諸「革命」がアカデミズムにまで及び、歴史学においても「伝統的な実証史学のあり方に（略）批判が向けられた（p.39）」。

2　フェルナン・ブローデル『歴史入門』金塚貞文訳　中公文庫　2009年　ブローデル（2009 金塚訳：106）によれば、彼とウォーラーステインの考え方の違いを強いてあげれば、「ウォーラーステインが16世紀以降に形成されたヨーロッパの世界＝経済以外に、世界＝経済は存在しないと見なしているのに対して、私は、ヨーロッパ人にその全体的な姿で知られる以前に、中世いや、古代からすでに、世界は（略）共存する複数の世界＝経済に分割されていた、と考えている」点だという。

3　昨今の「モノのインターネット（IoT: Inernet of Things）」によっても、人・物・資金の繋がりは格段に複雑化した。

4　北アフリカ・東地中海は、1571年にカトリックの連合艦隊がオスマントルコの艦隊を破ったレパントの海戦で知られるように、アフリカと中東、欧州が歴史的にせめぎ合った地域である。

5　ただし、これは政治という概念の捉え方によってもニュアンスが異なるだろう。政治が統治や支配ではなく、むしろ自治を意味すると考えれば、政治の領域は拡大するからである。

第Ⅰ部
ガバナンスの概況

筆者はグローバル・ガバナンスの分野でデヴィッド・ヘルド、メアリー・カルドー、ダニエル・アーキブージといった「コスモポリタン社会民主政」の議論には賛成である。ただし、それらの議論のユーロ・セントラルな傾向に首を傾げてもいる。「コスモポリタン社会民主政」は将来のビジョンとしては正しいと思えるのだが、アフリカなどの途上国、低所得国の状況を十分に反映した視点になっていない気がするのである。肯定感の方が大きいが、違和感も拭いきれない。途上国と先進国の最も端的な現状の違いは、(絶対的)貧困、人権と民主化の程度である。次に、違いを超える視点としては、いまだ萌芽的な状態であるが、分権化、地域統合と開発戦略だろう(途上国の、先進国とは異なる国家の成り立ちについては、第Ⅱ部で説明する)。「コスモポリタン社会民主政」とポスト・コロニアリズムの視点はそう簡単にブレンドできるものではない。シェーカーのような器があって、ジンとトニックを混ぜるようなわけにはいかないだろう。それはカントがヨーロッパを超えずに共和政を考えていたときから始まった悪弊のようであり、根は深い(Grorogui 2010)。コスモポリタニズムはグローバリゼーションを否定していないが、ポスト・コロニアリズムは否定する傾向にある。これらはうまくブレンドされたことがなかったが、これから検討すべき重要なテーマになるのかもしれない。ただし、現状の処方箋としては抜本的に事態を打開するアクターがいない以上、古いアクターである先進国や国際機構が果たすべき役割は残っているのだろう。現に筆者自身、国連や世界銀行(World Bank)から出版された著作によって啓発されてきたことを否定できない。

第Ⅰ部ではガバナンス、民主主義、分権化、貧困削減について四つの章を取り上げる。通常の「コスモポリタン社会民主政」の論者であればガバナンスと民主主義の理論や実践について論じるのが標準型であろう。たとえば、アーキブージなどはそういう体裁であり、民主政の実践としては国連や人道的介入、民主政は輸出できるか、民族自決とコスモポリタンな視座などについて論じている(Archibugi 2008, 2008)。

この第I部は全体のなかで頻出する代表的な概念枠組みについて説明する導入の箇所であるが、ガバナンスと民主主義は標準型に対応しているので、特徴としては分権化と貧困削減・不平等が付加された点にあるのだろう。

ガバナンス、民主主義、分権化すべての視点でローカルな価値を強調した。ただし、貧困削減・不平等の視点についてはそれだけでは論じられないように思われる。ローカルなものとナショナルなものの対抗や調和が重要であるように感じられる。これは地域開発戦略の話にもなるが、本書では十分に取り上げていない。ただし、国レベルの開発戦略については制約はあるもののある程度言及するつもりである。修正グローバリズムは国家や国家間体系の役割を基本的には肯定している。他方、反グローバリズムはローカルな価値やリージョナルな価値、特にローカルな価値を強調する傾向にある。筆者はこの２つの立場の橋渡しを重要に思っているが、今までのところ、幾つかの例外を除いてうまくブレンドできるシェーカーはみつかっていない。

第1章　ガバナンスとは何か？

ガバナンスという言葉、概念は多義的でわかりにくいところがある。ガバナンスはガバメント（政府）と近い意味であるが、同じではない。そのあたりを明快に説明するのは舌を嚙んでしまいそうである。そういう複雑な用語となったのには事情がある。まず、もともとの意味とさまざまな使用者の意図的な用法のあいだにずれがある。言葉の使用者は幾つかのアカデミックな分野にまたがり、同じ分野においても異なる意味の用法があった。さらに、国際開発の分野でこの言葉は早くから使われるようになったが、意味が複合的で、曖昧であることが一定の効用をもっていた。つまり、この言葉・概念は世界政治の理論・実務さまざまなレベルで利用されてきたので、非常に幅広いバリエーションをもっているのである。

アカデミックな分野においては、この言葉は当初の一般的な語意に加えて、1980年代末に国際関係論で画期的な意味を得ることになった。そして、次にこの言葉は一国レベルの政治・行政学、公共選択論において1990年代にさかんに利用されることになる。政治・行政学では国際関係論と同様に、この言葉を使う時代のニーズがあった。同じ頃か少し前に、この言葉は企業経営論の分野でも頻繁に使われだした。経営論の方ではガバナンスはすでに「企業の社会的責任（CSR：Corporate Social Responsibility）」の先駆的な用語として存在したが、他分野からの触発を受けて1990年代から急激に使われるようになったのである。

開発の分野においては、主要ドナー（donors: 援助国・援助機関）または開発パートナーは、開発の効果を高めるためにグッド・ガバナンス（good governance）が途上国にとって一般的に必要であると認識し、さまざまなプログラムを実施している。その経緯としては、開発戦略の路線が政府重視と市場重視のあいだをさまよい、ちょうど中庸の路線を取り始めた際の参考枠組みになったのがガバナンスという概念であった。１９９０年代の開発においては、１９８０年代の小さな政府、構造調整オンリーの行き過ぎた新自由主義が反省され（市場の失敗）、他方１９６０～１９７０年代の大きな政府、つまり放漫な財政運営には戻れない（政府の失敗）認識があった。そこで、両路線の中庸の策として、政府の適正規模、公共・民間分担、組織の能力構築を目指した公共セクター改革（Public Sector Reform）などのガバナンス改革が注目された事情がある。

実際に開発政策においてガバナンスが問われる主要な動機付けとなったのは、１９９０年代初期の民主化の議論であった。ポスト冷戦期には、東西対立が終焉し、途上国の権威主義的な政治体制はドナー側から支持されなくなった。複数政党制と自由な選挙の実施がドナー側のコンディショナリティ(conditionality: 援助の供与条件）となり、政治的自由化（民主化）は援助に依存する途上国、特に低所得国にとって政策の選択肢というよりは義務となった（Young 1991）。また、公選の地方政府を形成・強化する政治的分権化やＮＧＯｓを含む市民社会の形成が民主化との関係で重視されるようになった。したがって、ガバナンスは政治体制全般、つまり政府（中央・地方）、民間セクターと市民社会を繋げる重要な概念となったのである。しかし、この概念の提唱者であった世界銀行は分析枠組みとしては政治権力の問題に踏み込んだが、実施体制としては政治権力や政治体制の改革の問題を避けたかった。そこで政治権力ではなく、適切な経済運営の前提となる制度としてのガバナンスに注目したのである。

1990年代後半の途上国政府の予算拡大を伴う貧困削減戦略（PRS：Poverty Reduction Strategy）もこの路線の延長上にあり、貧困を減らそうとする政府は民主化の程度のみでは評価されなかった。PRSの政策姿勢を示すこと自体はよいガバナンスであるとして、一つの区切りが作られることになった。他方、バイ（二国間援助）のドナー、特にOECD-DAC（経済協力開発機構-開発援助委員会）に所属する一部のドナーは制度の効率性や効果だけではなく、政治権力のあり方や質も大きく問いかけようとしていた。英国の国際開発省（DfID：Department for International Development）が「運転手の交代（driver's change）」という言葉によって開発の主役は一般市民にあるというスローガンを打ち出し、グッド・ガバナンスを指向する政権の支援強化を始めたのはその一例である。マルチ、バイ、国際NGOsといったさまざまなアクターが解釈を変えながら、ガバナンスという言葉を用いていた。参加、透明性（transparency）、アカウンタビリティ、人権及び公正、法の支配、エンパワメント（empowerment）及び腐敗（corruption）の防止はすべてその重要な構成要素である。

本章では、第1節においてこのような多義的で曖昧なガバナンスの概念の論争史を大筋においてつかみ、当初の意味と意図的な用語法、曖昧な概念であることのメリットとデメリットがさまざまなレベルで議論されてきた経緯を確認し、この後の議論の土台としたい。併せて、第2節ではガバナンスの概念として代表的かつ起源的なグローバル・ガバナンスと筆者が重視するローカル・ガバナンスについてもその関連性を確認しておきたい。

1 ガバナンス論の潮流

１９８０年代後半から「ガバナンス」という概念が注目されるようになった。もともと、この言葉は「統治する」、「運営する」という意味の動詞の"govern"と共に１９４０年代から国連などでは国際組織の活動などに関して使われていた。１９７０年代までは、国際法や国際機構、環境保全の分野の研究論文でこの言葉は上記の一般的な意味として頻繁に使われていた。たとえば、１９８１年に米国の元外交官がインターナショナル・セキュリティ誌に「国際情勢（International Affairs）のガバナンス」というコメンタリーを書いているが、それにはガバナンスという言葉の特別な含意はなかった。さらに、１９８０年代後半になって政府の統治能力を意味する言葉として「ガバナビリティ（governability）」という概念が使われるようになり、日本の論壇でも流行した。そして、１９８４年に国連研究者のイニス・L・クロードは統治者の「統治能力（governing ability）」という言葉と区別して、ガバナビリティを被治者の統御可能性を意味するものと規定し、両者がガバナンスを構成していると述べたのである（Claude 1984）。

この頃から、ガバナンスという言葉が国際関係論において急激に使用されるようになる。１９８６年に掲載された国際組織に関する論文では国際的ガバナンスという用語が頻出し、さらにグローバル・ガバナンスという用語も使われていた。(1) しかし、この言葉に画期的な意味を付与したのは国際政治学者のジェームズ・ローズノウ（James Rosenau）であった。ローズノウは１９８７年に「政府なきガバナンス（governance without government）」という論文を書き、ガバナンスに新しい意味を与えたのである（Rosenau 1992）。その内容は彼が編集した同名の本で追求されており、ガバナンスとは単一の強制的な権力が存在しないグローバル・ガバナンスを意味していた。その言葉は国際社会の自然状態を表す言葉でもあったが、１９８０年代末のゴルバチョフの新思考外交と冷戦終焉という、冷戦期の支配と強制のステレオタイプが通用しない状況が現出したことで説得力をもったのである。

ガバナンス論は国連システムの改革の要請とも軌を一にしていた。冷戦期の終焉は国連の大きな役割に対する期待を呼び込んだからである。それを示しているのが１９９２年のグローバル・ガバナンス委員会の設立と、１９９５年の国連システム学術評議会と国連大学によるグローバル・ガバナンス誌の刊行である。同誌の創刊号にはローズノウの論文が巻頭のブトロス・ガリ国連事務総長の民主主義についてのペーパーの次に掲載されている。ただし、ガバナンスの概念は内容として完全に斬新なものではなかった。当時すでに国際関係論で受け入れられていた「レジーム論（regime theory）」の拡張版とも見なせたからである（Krasner 1983）。レジーム論はルール、法規や規範に着目するあまり静態的な分析にとどまる難点があった。ローズノウは、コントロール・メカニズムという概念を提示し、非国家・国家・共同という三つのレベルでそれが世界を動かしていると論じた。また、非国家のレベルにはトランスナショナル（越境的）とサブナショナル（下位国家的）のレベルがあり、それぞれに国家のレベルから権威がシフトしているとした。つまり、主権国家・国民国家レベルのガバナンス・メカニズムはその能力が後退している、と認識されたのである（貫 2004）。

グローバル・ガバナンスは、世界に世界政府のような公的な権威体を確立しようとするのではなく、原則的にアナーキーである世界においても組織や制度が境界なく影響し合い、多レベル、多領域において無数のコントロール・メカニズムが相互依存性を形成する可能性がある、と論じられた。「政府なきガバナンス」とは決して主権国家レベルの中央政府の不在を示すものではなく、世界政府の不在を意味していた。

そして、コントロール・メカニズムは、国連加盟国数の増加、世界の継続的な人口増加に比例してのNGOs数の増加からの増殖が起きており、貿易、通貨・金融、環境などあらゆる領域における制度化の進展を通じてアクター間の協力的な集合行為を高め合う仕組みとして理解された。

ガバナンスの概念はこのように国際関係論において、ローズノウの提示した概念を起点として受容された。もちろん、グローバル・ガバナンスにおける主権国家や国連の今後の役割などについては論者によって相当な見解の差異をみたが、この概念が定着したのは基本的な認識が特に新奇なものではなかったことによる。しかし、ガバナンス論が1990年代に入って主権国家レベルの政治・行政学や公共政策論に浸透するようになると、「政府なきガバナンス」という問題提議は主権国家における中央政府を指したために、より深刻な議論をもたらした。1970年代の石油ショックの頃から中央政府の統治能力の減退が論じられ、1980年代には福祉社会や政府の財政赤字の見直しが論じられ、「政府から市場へ」が語られた。そのときに、主権国家のガバナンス・メカニズムの能力が後退しているという議論はすんなりと受容される背景をもっていた。中央政府の役割を否定する論点には強力な反論も現れたが、ガバナンス論は中央政府だけを特別視せず、さまざまなアクターとのネットワークやパートナーシップを重視する視点を確立したのである（岩崎 2011）。

「政府なきガバナンス」の議論は、政府の役割を代行する新たなアクターを模索していた英国とオランダの政治・行政学などで隆盛となった。1990年代前半は英国で公共サービスの提供をめぐる先鋭な議論が交わされ、保守党のメージャー政権もクライアントとしての市民の側に公共サービスの選択権があるというシティズンズ・チャーターを策定した。こうした政治の流れは、旧来のトップ・ダウンの行政型国家を見直す新公共経営（NPM：New Public Management）や民営化（privatization）を中心とした分権化（decentralization）の議論に連なったのである。ＮＰＭは公共セクターに市場の競争原理を取り入れ、市民のサービス供給機関に対するクライアント・パワーの形成によりサービスの質量を改善する試みである。そのシナリオにおいては、中央政府の行政の命令権や政治家のイニシアティブといったトップダウン的決定はかつてのような重要な意味をもたなかった。

世界社会において政府と政府以外のアクターの協調を目指すグローバル・ガバナンス論は、主権国家レベルの政治・行政学において、中央政府と他のアクターの協調やネットワークを目指す議論のコモン・グラウンドを図らずも形成する役割を果たした。ローズは階層性原理で成り立つ官僚制、価格競争原理で成り立つ市場という二分法では区別できない中間領域を捉えるために自己組織的な、組織間のネットワークという概念を使用し、そのマネジメントのことをガバナンスと呼んだ（Rhodes 1997）。これに対して、ガイ・ピーターズとヨン・ピーレは新制度派の立場から国家や公共セクターの役割、裏返せばＮＰＭやガバナンスの役割が欧米諸国のなかでも相当に異なってきたこと、政府の役割は依然として大きいことを主張している（Peters and Pierre 1998）。

ガバナンスは日本語で「統治」と訳されることが多いが、それは中央政府の統制を重視した言葉であり、他のアクターとの協働関係というニュアンスを踏まえれば、本来は「協治」や「共治」と訳されるべきである。「協治」という言葉は、２０００年小渕恵三首相が委嘱した「21世紀日本の構想懇談会（座長　河合隼雄）」の報告書に「統治からガバナンス（協治）へ」という提案が書かれた頃から使われ始めた。他方、「統治」と訳す習慣を作ったのは、政治・行政学において国家の役割を引き続き重視するガバナンス論があったためであるが、「企業統治」と訳するコーポレート・ガバナンスの影響もあった。世界銀行や国連開発計画（ＵＮＤＰ）などの国際機構のガバナンスの用語法は当初はコーポレート・ガバナンスのラインであり、健全な経営を意味していた。世界銀行は1989年に「サブサハラアフリカ――危機から持続的成長へ」を刊行し、構造調整政策の実施にもかかわらず、アフリカ地域の経済パフォーマンスが悪化している原因として公共制度の失敗を挙げ、その改善策のニーズをガバナンスと呼んだ。ガバナンスの定義は、「国家の経済的・社会的な開発資源の管理に際しての権力の行使の仕方（World Bank 1991：1）」であった。[2]

世界銀行が政府内の事象であるのに、ガバメントではなくガバナンスという用語を使ったのは、この言葉で政治権力による強制や権力をめぐる争奪をオブラートにかける狙いがあった。ポスト冷戦期において民主主義を含めた政治を扱わざるを得ないものの、被援助国の内政に立ち入りたくない国際機構としてガバナンスは中立性を装いながら内政介入ができる便利な言葉であった。類似の例としては、1990年代の「包括的人道危機（Comprehensive Humanitarian Emergencies）」という言葉があり、CHEsは「内戦」の代わりに使われた。ハイデンらは世界銀行のガバナンスの要求は明示的にではないが、暗示的に自由化と民主化を意味すると解釈した（Hyden and Bratton 1992）。この用語法は国際関係論のガバナンスの概念というよりは、国際機構が意図的に利用したものであった。この言葉は政府の代わりに批判できるというクッションの役割を果たした。また、1980年代末には冷戦後の新しい開発援助方針をめぐってドナーのあいだで見解の相違があった。米国は途上国の民主化推進を国際開発援助の主柱に据え、援助供与と引き換えに途上国に大きな圧力をかけようとしていた。しかし、このような直截な方法には北欧諸国などが反対した。そこで、ドナー側で合意のとれる概念として提示されたのがテクノクラティックな響きのあるガバナンスという用語であったのである。

1989年の世界銀行のガバナンス論に対して最も活発な反応を示した地域研究者がハイデンらのアフリカ研究者たちであった。アフリカには国境で囲われたなかに軍隊をもった政府が存在しているが、それが欧米の政治学でいう政府や政治的権威にあたるのかどうかについて厳密な議論を重ねていた政治学者は政府に代わってアフリカの政治の実態を示すこの用語を歓迎した。また、この概念がアフリカの独特な国家社会関係（state-society relations）を論じるのに役立つという考え方もあった。同様に、国家のなかに近代的なフォーマルな制度が整備されていたとしても、インフォーマルな機能を見なければ政治の実態がわからないと語る論者もレジームと並んでこの言葉を使った。政府が比較的に整っている他の地域では１９９０年代初期の段階ではさほどこの言葉は使われなかった。さらに、ガバナンスは望ましい政策を指向する規範的概念としても使うことができた。その典型が「グッド・ガバナンス」である。

世界銀行はガバナンスには３つの局面があるとした（World Bank 1994）。それは政治的レジームの形態、国家が経済社会的資源を開発のために利用する際の権威が行使されるプロセス、そして政策を立案・形成・実施し、その機能を果たす政府の能力である。この定義自体は包括的な概念枠組みであったが、世界銀行は米国などのように政治的レジームの変革を直截に求めようとはしなかった。その代わりに、ガバナンスの改善が行政の効率性や財政の改善という経済開発に役立つという側面を重視しようとした。政治はそれらの改善に伴ってじわじわ変化するという漸進主義をとったのである。他方、政治学者やカーターセンターなどの国際ＮＧＯｓはガバナンスの政府とは異なるインフォーマルな側面を強調し、これを支配の正統化（legitimation）のプロセスとして把握しようとした。

「グッド・ガバナンス」の議論の経緯について確認しておきたい。開発援助が正しい政策環境のもとで行われると開発の効果が増加することは１９９０年代後半から議論されてきた（World Bank 1998, 2000）。そして、政策改革に至らないのはコンディショナリティ政策の失敗であるとする幾つかの研究も発表された。また、国内の利害関係者が積極的に関与すれば政策改革が起きるのではないかという見解もあった（World

Bank 2000: 108－115)。途上国が自分自身の課題として取り組めば開発の効果が上がるという意味で、オーナーシップの重要性が確認されるようになった。世界銀行では「グッド・ガバナンス」とは「健全なる開発マネジメント」であり、それに不可欠な要素はアカウンタビリティ、開発のための法体系及び情報と透明性の3つであるとした(World Bank 1992)。低所得国においても、選挙の過程で各党の候補者は有権者に対して公約を示し、また憲法その他のルールを遵守するようになっているという意味で社会契約(social contract)が社会のなかに浸透する傾向はある。ただ、その趨勢は未だに確固としたものにはなっておらず、特に発言権の弱い貧困者の声に対する政府の反応は弱い。途上国の貧困者は、基本的には各国の政治過程のなかで周辺に追いやられており、政府やサービス提供機関に対して強い発言権を有していない。貧困者が政府から受益するようになるには、ガバナンスの改善が必要であり、その前提としては民主主義の強化と開発プロセスにおける市民や貧困者のエンパワメントが必要である。

途上国、特に低所得国のガバナンスの問題は、近代的国家や社会組織、市民社会の未発達性と関係している。植民地のガバナンスを引きずり、エスニシティや宗教などの個人のアイデンティティが分裂し、非妥協的な対立や相互不信によって安定的な国家体制を構築できなかった社会は常にカオスないし不安定な軌道にあった。独立以降、途上国、特に低所得国では長期間にわたって「新家産制」による権力者の支配が行われ、権力から排除された側には資源が配分されず、反抗すると抑圧された。権力者は国家という制度を私物化し、自分たちのパトロン(patron)―クライアント(client)関係のみを重視したので、一般のサービスは市民、特に貧困層には供給されなかった。そして、冷戦が終結した1990年代には当時の新家産制が衰退過程に入ってクライアントにすらサービスが回らなくなり、多くの国家で集権的な政治体制が動揺ないし崩壊していった（武内 2009）。

ドナー側はこうした政治過程を目の当たりにし、開発援助とガバナンスを密接に関連付ける必要性を感じ、国家のガバナンスを診断・把握するためのアセスメント指標がさまざまな機関によって開発され、100を超えたと言われている。また、バッド・ガバナンスを示す「脆弱国家」についてもドナーや先進国の研究機関がさまざまな指標を開発している。世界銀行が国別政策制度アセスメント（CPIA）に基づき約30カ国の脆弱国家を定めて2005年以降その分類を公開し、英国の国際開発省が2005年に46カ国の便宜的な脆弱国家リストを提示している。米国の国際開発庁（USAID：U.S. Agency for International Development）は2006年に政府の有効性と正統性を33の指標から分析する「脆弱国家」指標を発表した[3]。

しかしながら、アフリカなどのガバナンスを外側の国際社会が評価することが正しいのかどうかという視点にも留意する必要がある。1998年にタンザニアのニエレレ元大統領は外側の国際社会からの評価に左右されないで自分たちで価値を判断しようという趣旨の演説を行った。彼は援助の起源として、国内に福祉社会が誕生する前の時期の英国の慈善団体は窮乏者を助けていたが、助けるに「ふさわしい貧困者（the deserving poor）」を選んでいたと述べた[4]。そして、現代の国際社会も国際的な福祉社会が誕生していない段階において、途上国支援に対して先進国は同じ慈善の原則を適用していると述べた。つまり、グッド・ガバナンスという基準から「ふさわしい貧困者」に該当する途上国を選んでいるが、これによって実際のニーズと開発援助が乖離してしまうというのである。

したがって、グッド・ガバナンスを検討する際には、ドナー側のバイアスを十分に自覚しなければならない。また、開発の進まない低所得国において外部の関与によってガバナンスの改善を促すことの難しさについても同様である。「脆弱国家」においてドナーは急激な変化を強いることができないことを受容すべきであろう。この議論は序章で述べた「ガバナンスの重層性」を想起すれば、納得がゆくであろう。バッド・ガバナンスはたしかに存在するが、それは個人の気まぐれな専制だけから生じているわけではなく、さまざまな社会構造ないし国際関係的な要因から生じている。民主化と分権化はガバナンスの一環としてこのようなドナー主導（donor driven）の開発戦略に位置付けられるので（Crawford and Hartmann 2008）、その成果を性急に追いかけるのは誤りであろう。他方、ガバナンス改革はドナー側から押し付けられたものだけではなく、途上国の市民やメディア、さらには権力エリートの側にすらそれを推進する内発的な動機が備わっていることがあるので、この芽をいかに支援するのかが問われている。

2　グローバリゼーションの影響

主権国家からなる国家間体系はグローバリゼーションには対応できないという議論は多い。コヘインやナイはグローバリゼーションの影響を限定的に解釈しているので、グローバル・ガバナンスは国家間システムの補完となるネットワークであるとしている（Keohene and Nye 2000）。クラズナーはグローバリゼーションによる国家の相対化には懐疑的であるが、それでも国家の主権の一部は衰退していると見ている（Krasner 1999）。ガバナンスにおける中央政府の位置付けは、グローバリゼーションが国民国家にどのような変容をもたらしているのかの評価にも関わっている。まず、現在のグローバルな次元で生じている貧困と不平等、社会的排除といった事象に対して国民国家は有効に対処していないという視点があり、それは主としてグローバル・デモクラシーやオルタナティブ・デモクラシーの論者によって主張されている。彼らによれば、この問題に対してはグローバル・レベルでの改革という意味でのグローバル・ガバナンスが必要ということになる。

グローバリゼーションは、山脇（2004）によれば、「認識可能な経済・政治・文化などにまたがるトランスナショナルな社会プロセスをさす概念」であり、それに対してグローバリズムは「グローバリゼーションを肯定的に主張する思想ないしイデオロギー」をさしている。両者を区別したうえで、グローバリズムについては「グローバリズム、修正グローバリズム、反グローバリズム」の三つの立場があるという[5]。グローバリズム論者は、グローバリゼーションは問題を起こすけれども基本的には人類全体の繁栄に繋がると現状を肯定する。彼らは経済学的なネオリベラリストが多く、現在の国際経済の緊密化は長期的には自由貿易・投資を通じて消費者の効用を向上させると考える。次に、修正グローバリズム論者は現状には多くの問題があり、現在の経済グローバル化を大胆に改革する必要を認める。この両者に共通しているのは、主権国家体系の上部に位置する政治的にアナーキーな空間に対しては特別な改革の処方箋を示していないという点であり、両者の相違はグローバリゼーションがもたらす被害やリスクに対する認識の違いである。

主権国家を超えたグローバルなレベルには世界政府などの政治主体は存在しない。その不在を認めて、修正グローバリズム論者は下位の国家体系のレベルと、その延長上の国家間システムで問題を解決しようとする。これに対して、反グローバリズム論者はそのような処方箋の意義を認めず、世界政府ではないとしてもグローバルないしコスモポリタンなレベルで政治主体を形成するか、逆に振れて国家よりも下位のローカルなレベルから政治を起こそうとする。超国家・国家・下位国家の三層の対応で考えると、グローバリズムと修正グローバリズムが基本的に国家のレベルで問題を解決しようとするのに対して、反グローバリズムは問題を超国家（supra-state）レベルに上げるか、逆に下位国家（sub-state）レベルに下げる双方向性をもっている。反グローバリズムは、１９９９年のＷＴＯ閣僚会議の中止や２０１１年のウォール街の占拠運動のように、ＩＭＦ、世界銀行、ＷＴＯ、さらにはグローバル資本主義の解体やそれに近い改革を求めていると考えられるが、彼らは単に個別の国際機構に抗議しているわけではなく、それを支えている国家間体系に抗議しているという点を押さえておきたい。

冷戦後にグローバル・ガバナンスがどのようなものになるのか、１９９０年代においては今一つ見通せない状況があった。しかし、開発の分野では１９９０年代末に途上国の巨額な累積債務を削減する国際的なアプローチである重債務貧困国（ＨＩＰＣｓ：Heavily Indebted Poor Countries）救済イニシアティブが行われ、２０００年に国連ミレニアム・サミットが開かれると、超国家レベルにおいてもポジティブなビジョンが示されるようになった。グローバルでトランスナショナルな諸制度を民主化しようとする代表的な議論がヘルドやマクグリューの提唱するコスモポリタン・デモクラシー（cosmopolitan democracy）の立場であった。彼らは選挙による世界議会の設立を最終的に想定しながらも、国家だけに限らない多層的な制度の層からなるガバナンス全体の民主化を課題としている（Held and McGrew 2002, 2003）。ヘルドはリージョナリズムの意義を認め、それがナショナルからトランスナショナル、そしてグローバルな変容へのステップになるとしている。

グローバリゼーションのもとで開発の集権主義（centralization）が国民の福祉に寄与していないという見地からローカリゼーションもその脱構築として論じられている。１９９０年代に低所得国においてもドナーと内部の圧力もあり、国家の民主化は少なくとも制度上は進む傾向にあった。ただし、権威主義（いわゆる開発独裁を含む）・民主主義のいずれにせよ、基本的には国家体制が領域保全を重視し、ナショナリズムを形成し、経済浮揚を図る政治体制であることには変わりがない。経済成長が伴う不平等や格差に対して政治的反対派を抑圧するのか、選挙結果による政治変動を許容するのかという差異はあるにせよ、ネイションの意識は人々が開発指向性という共通の価値観を抱くなかで構築された。冷戦時には社会主義も労働者の国家からの解放を旗印にしながらも国家体制を強化したので、両体制は集権主義の開発モデルを進めた。1990年代に入って体制間の競争は消失し、すべての国がグローバル資本主義のなかでの生き残りを目指すようになった。資本主義は選挙民主主義のなかで少なくともレトリックとして社会福祉政策ないし「ばらまき政策」を内包するようになった。

ポスト冷戦期になって現代国家はナショナルの集権的な単位以外によって推進される可能性が示唆されるようになった。それは国家を超えるリージョナルな単位の動き、つまり欧州連合（EU）、北米自由貿易協定（NAFTA）、東アフリカ共同体（EAC）などの地域主義ないし地域経済統合と、国家よりも下位の単位への権限移譲を意味する分権的なモデルの二つである。前者は自由貿易地域（FTA：Free Trade Association）や関税同盟など、通商関税や貿易障壁、外国投資の制限の撤廃などによって市場経済を統合する流れである。後者に関しては、国家よりも下位の地域主義（localization）や分離主義（separatism）を挙げることができる。地域主義は中央のコントロールに対して各地方の独自性や主体性を重視する考え方であり、分離主義はエリトリアやバスク、チベットのように国家からの離脱を求める考え方で、より温和な形態の場合は連邦主義（federalism）となる。連邦主義は、基本的には単一制国家（unitary state）よりも構成体の独立性と自治を重視する。

ローカリゼーションを代表する分権化は1980年代には民営化や市場化（marketization）のような非領域的（non-territorial）な分権化として世界中で進行したが、1990年代以降になると途上国を中心に領域的（territorial）な政府の分権化の進展が著しくなった。これは民主化と共に分権化が公共選択論及び民主的ガバナンス論のいずれからも評価ないし期待されたことが大きく、多くのドナーもガバナンス改革の一環として積極的にプログラム援助を行った。途上国側には援助を受け入れるためにさらに改革を進める誘因がうまれる。これらの動きは今後も続くことが予想されるが、今までのところ真にボトムからの動きになりきれていないようである。民主化や分権化による紛争予防のモデルとして称賛された西アフリカのマリは、2012年3月に軍部のクーデターが起きると、北部地域でトゥアレグによる分離独立の戦闘が起きている。ここにアフリカなどの低所得国における民主化・分権化の深化の難しさを見ることができるだろう。

グローバル（コスモポリタン）・デモクラシーと並んで注目されているオルタナティブ・グローバリズムは、ウォール街占拠運動に見られるように、経済的ネオリベラリズムが貧富の格差を拡大する点を批判している。この考え方はディビット・マクナリーの「もう一つの世界は可能か」から広がったと考えられ（Macnally 2005）、類似の立場は2001年にブラジルのポルトアレグレで始まった世界社会フォーラム（World Social Forum）に見られ、これはスイスのダボスで毎年1月に世界中のエリートを招いて開催される世界経済フォーラム（World Economic Forum）に対抗したものであった。フォーラムには開発が地球環境や先住民の暮らしを破壊することを問題にする環境や人権問題のNGOsも加入している。オルタナティブの思想は修正グローバリズムと反グローバリズムのあいだくらいのレンジに位置付けられるだろう。

さらに、急進的な思想が反グローバリズムになるが、これとオルタナティブ・グローバリズムとの境界を明確に引くことも難しい。反グローバリズムは、一つの陣営はマルクス主義（Marxism）や従属理論（dependency theory）の系譜を引く研究者や運動であり、カジノ資本主義の危険を訴えたスーザン・ストレンジなどが代表的な論者である（Strange 1997, 2007）。トービン税の実現を目指すATTACのようなNGOsは世界的な資源の再配分に熱心である(6)。また、従来のグローバル・ガバナンスに限界を感じ、内発的発展論やフェア・トレードなどの連帯経済（solidarity economy）を支持する動きもある。これらの思想にはグローバルなネットワークから分離し、自立的な地域経済と互助組織を形成する地域主義の考え方が強い。考え方のベースは、資本主義の最終発展段階としての社会主義を目指したマルクス主義よりもグローバル資本主義からの分離を目指した従属理論の方に近い。もう一つの陣営はネオ・ナショナリストの見地からグローバリズムを批判する陣営で、フランスの移民に反対する極右政党フロント・ナショナルなどがある。最後に、正義の実現に暴力を容認する宗教的な原理主義がある。中東の原理主義が強いイスラム教国では政教分離を認めず、イスラム共和国に対する指向がある。他方、東南アジアやアフリカのイスラム教国の多くは世俗国家が多く、政教分離を認めている。

簡略ではあるが、これまでガバナンスやグローバル・ガバナンスの概念やそれをめぐる思潮の動向を俯瞰してきた。グローバリゼーション自体をどう捉えるのかにもさまざまな見解がある。グローバリゼーションの開始時期についても見解は多様である。ギデンズのように近代以降とする場合から、アマルティア・センのように過去からの諸文明の交流史全体をグローバリゼーションと捉える場合もある（Giddens 1990, 1993; Sen 2002）。筆者は前段を別として、グローバリゼーションの顕著な傾向はポスト冷戦から始まったのではないかと考える。長期的に捉える論者の場合は短期的に捉える論者よりもグローバリゼーションを少なくとも部分的には不可避的様相として認めやすい。そして、国家が衰退しているのかどうかについてもより温和な評価が行われやすい傾向がある。「ガバナンスの重層性」との対応で言えば、基底の文化や文明の次元はセンのような長期の捉え方に対応し、次に政治や市場が主として機能している近代国家の次元ではギデンズの捉え方に対応する。ポスト冷戦期の捉え方は、国際経済や技術、ＩＴ情報が急速に世界に普及し、変化が政治を超えて急速になったというやや短期的な見方である。これらは三者択一ではなく、本来は三つの流れの組み合わせから捉えるのが適当なのであろう。

【注】

1 Friedrich Kratochwil and John Gerard Ruggie（1986）“*A state of the art or an art of the state*”, International Organization 40（4）: 753－775.

2 国連開発計画のガバナンスの定義は「国家の関心事のマネジメントにおける政治的、経済的及び行政的な権威の行使」であった（UNDP 1997）。

3 ＯＥＣＤ－ＤＡＣはいくつかの理由から明示的な脆弱国家の定義をしない立場をとっている。

4 Nyerere, J.（1998）“Good Governance for Africa”(http://www.marxists.org/subject/africa/nyerere/1998/10/13).

5 山脇直司「グローバル化の行方」。類似の分類は McGrew, A.（2005）。

6 ＡＴＴＡＣ ＨＰ（http://www.attac.org/）

第2章　民主主義とアイデンティティ

民主主義国である先進国においても、民主的な理念や制度が形成されていても、既成政党の政治に対する不満や政治的無関心が若者を中心に蔓延している。また、ＥＵにおいては地域統合の流れのなかで草の根の人々の意見が吸い上げられない「民主主義の赤字」が問題視されてきた。制度や憲法の規定はあるけれども、既存の民主主義が中だるみとなるなかで、人々の直接的な参加により政治を活性化させる動きが見られる。それには地域主権を回復させるローカルな動きもあれば、ウォール街占拠のような反グローバリズムの動きもある。欧州の既成政党に対しては与党を担う中道政党よりもさらに偏狭なナショナリズムを主張する両極政党への支持が強まる傾向がある。他方、途上国、特に低所得国の民主主義は１９８０年代から２０００年にかけて「第三の波」としてアジアやアフリカなどに波及したが、２０００年以降はその動きも停滞し、パキスタンやタイの軍政のように非民主的政体が復活する例も見られた。

このように１９９０年代以降の民主主義は多様化を続けたが、２０００年代には停滞期に入った。その象徴は、途上国において民主主義的制度が導入されても、実態は極めて独裁的な「ハイブリッド・レジーム（hybrid regime）」の出現である。開始時点を含めて、グローバリゼーションの内容の解釈には諸説あるけれども、それと民主主義の関係を国際関係論の諸見解はどう見ているのだろうか。グローバリゼーションが民主主義の拡大を支持するという見解がリベラリズム、コンストラクティビズムの系譜にはあった。他方、リアリズムはグローバリゼーションを近現代の内部の事象として特別視せず、「第三の波」民主主義も格別に評価しなかった。そして、ポスト・コロニアリズムは欧米中心の民主主義は旧植民地諸国にとっては価値観や制度の押し付けでしかなく、開発援助なども利他的な装いを付けた強制との認識をもっている。

このような民主主義に対する期待・幻滅や批判についての多様性を認識しながら、将来の世界政治がどのようなものになるのかを推測するには人々の民主主義アイデンティティの行方を検討せねばならないであろう。ここで論じられることはその氷山の一角でしかない。第1節ではグローバリゼーションと民主主義の関係を考察し、「ガバナンスの重層性」の観点から民主主義の意味を広く俯瞰してみる。第2節ではドナー側からの介入の論理としてのグッド・ガバナンス論の意義と限界について把握する。そして、これらの理解に立って、第3節ではグッド・ガバナンスの対極であるバッド・ガバナンスとして批判的に捉えられている途上国論を批判的に検討する。

1 グローバリゼーションと民主主義の関係

グローバリゼーションと民主主義の関係については、通例グローバリゼーションが民主主義にいかなる影響を与えるのか、という視点で論じられてきた。開発援助におけるガバナンスのコンディショナリティを強圧的とする評価もあれば、経済的なネオリベラリズムは民主主義を推進するというフランシス・フクヤマの議論もあった（Fukuyama 1992）。いずれにせよ、多くの議論はグローバリゼーションが主権国家に影響を及ぼし、民主主義は国家に位置付けられるので、グローバリゼーションが民主主義に影響するという三段論法に依拠していた（Goodhart 2001）。ここから民主主義を国家のレベルだけで評価することが適切なのかどうかが問われる。ヘルドがグローバルで、多層的なガバナンスがコスモポリタン・デモクラシーの法的な枠組みによって構想されると論じたように（Held 2002）、国家だけが民主主義を担うわけではない。サッセンもグローバルとナショナルな次元の民主主義の相互関係について論じてきた（Sassen 2006, 2011）。他方、既存の民主主義理論は、民主主義には政府を作り出す手続きに関する領域内市民の合意が含まれると想定している（Linz & Stepan 1996）。つまり、国家の成立なしには市民権、そして民主主義の成立はあり得ないというのである。民主的選挙への参加に先立って、国家の境界や誰が市民なのかは事前に決められる必要があるという。

ここから二つの論点がうまれる。第一は、国家に位置付けられる民主主義が、グローバリゼーションの影響のもとでどのように質的・量的変化を経てきているのか。第二は、国家以外の単位での民主主義の構想や形成はどのように捉えられるのかである。第一の論点については、ポスト冷戦期のグローバリゼーションは当初民主化を促進すると認識されていた。ダイヤモンドによれば、グローバリゼーションは自由民主主義の政体と手続きの急速な波及と相関している（Diamond 1992）。１９７４年に39カ国しかなかった民主主義国が１９９０年代末には１１７カ国に増えたことは、歴史的な躍進であった。しかし、２０００年以降から２０１０年までのあいだ民主主義国は増加せず、民主化は完全な停滞期に入った。「中東の春」はその変動の兆しを予感させるものであったが、２０１６年時点での今後の見通しは明らかではない。

民主主義はダールのポリアーキー（Polyarchy）、つまり選挙権や政治的権利が保障された政体を想定するのが基本であろう（Dahl 1971, 1981）。さらに、もう少し定義を広めれば、政府の市民に対するアカウンタビリティや、政治に参加する市民の一定の「機会の平等」、ミニマムな公共サービスの提供などが含まれる（O'Donnell 2004）。ただし、実際には２０００年以降の停滞期には民主主義という仮面をつけた独裁国家が増えただけであった。民主化の「第三の波」を説いたハンチントンも「第三の波」が期待通りにいかなかった場合の、「第三の逆波」の可能性を憂慮していたという（Hungtington 1991, 1995）。９・11後に反テロリズムの嵐が沸き起こった米国でもジョージ・Ｗ・ブッシュ政権のもとで市民的自由よりも秩序や統制を重んじる考え方が強まった。２０００年代には中国、ロシアやアフリカの権威主義的な国家が高い経済成長を示した。タイではクーデター、トルコではクーデター未遂とその後の弾圧が起きた。これらの事象は民主主義の価値を短期的にぼやかせてしまうことに貢献した。

第二の論点については、国家より上位のレベルと下位のレベルで注目すべき動きがあった。上位のレベルについて厳密な意味で超国家（supra-national）と呼べる単位での選挙民主主義が存在するのは現時点でＥＵの欧州議会である。次に、国家間組織も民主主義の問題を抱えている。それは国家レベルの民主主義の問題がＵＮ、ＧＡＴＴ-ＷＴＯ、世界銀行などの国際機構の問題に棚上げされることであり、国際機構の意思決定は国家と国際機構の双方の官僚にほとんど独占され、市民社会のアクターの参加ができていないという認識である。実際にＷＴＯ、Ｇ８、ＥＵをめぐってシアトル、プラハ、ヨーテボリ、ジェノバなどで街頭の抗議運動がうまれている。これらの事件は、民主主義は国家を超えてグローバルなレベルでも正統性の源泉として問われるべきなのかという理論的な質問を投げかけたが、それらは同時に実践的な課題でもあった。

この理論的な問いに関して、ダールは民族国家を超えた民主主義に懐疑的であったし（Dahl, 1999）、コヘインとナイすら国際機構をさらに民主化する強い根拠はみいだせないと述べた（Keohane and Nye 2001）。これらは国際社会の現状から出発した議論であったのに対し、ヘルドは民主主義の赤字が民主的な国際制度の創設とガバナンスの形成によって解消しうると論じている（Held 1995, 2002）。両者の隔たりを構成している問題の一つに国際機構の役割論がある。コヘインらが言ったように、国際機構はその掲げる人類社会の理想を実現する本質的価値をもっていると共に主権国家がその国益を達成するために道具として利用する側面がある（Keohane 1984）。前者の本質的な価値を向上させることが市民社会やＣＳＲに目覚めた多国籍企業の参加によって可能となるのか、国際機構は国家間組織であるから構成国の基本的なマンデートは国益の追求であって、理想の達成にはならないのか。これらの認識と行動によってグローバル・ガバナンスの展望は相当に可変なのである。

グローバル・ガバナンスの国家以外のレベルの民主主義に関して、コヘインの内的な（internal）アカウンタビリティと外的な（external）アカウンタビリティの議論に言及しておきたい（Keohane 2003, 2004）。内的なアカウンタビリティは通常の国家の民主政や企業の近代的経営などにおいて人々の授権と支持によって確保されるものであり、政府は市民に対して、民間企業は株主に対してそれを果たす関係がある。他方、外的アカウンタビリティの問題はグローバルなアクター間の権力分散関係がより複雑となるなかで、頻繁に発生している。たとえば、国際機構のプロジェクトの実施や油田発見をもとに起きた紛争によって強制移住させられた人々の生活の困窮に対して、アカウンタビリティや責任は受け入れ政府だけにあって、国際機構や多国籍企業にはないのかという問題である。通常、外的なアカウンタビリティは正当に果たされていない傾向にあり、この赤字をいかに解決するのかがグローバル・ガバナンスにおいて問われている。

コヘインは米国のような大国は一方的に行動する主体であるわりに外的アカウンタビリティを果たしていないと批判する。ただし、米国も他のアクターの協力を求めねばならない無数の問題を抱えており、すべての問題で他のアクターに期待通りの行動を強制することはできないとしている。そして、より一般的にはグローバル・ガバナンスで長期的なリーダーシップの役割を果たそうとする国家は正統性やリーダーとしての地位については長期的な関心をもっているので、ある程度は外的なアカウンタビリティを果たす動機があるという。そして、外的なアカウンタビリティに対して3つの源泉を指摘している。それらは、貧困国に対する援助、国際機構の組織化、及び大国が多数の問題で評判を気にかけることであり、どれも非常に強いものではない。これらの源泉が実際にはいかに不調であったのかは第Ⅲ部で検討される。

　中央政府よりも下位の単位での民主主義は基本的に地方政府と地方の市民社会である。地方政府は分権化の流れのなかで増加し、住民により近いところでの事業実施や議員・首長選挙が行われるようになった。権力の分散という意味で民主化と同列に位置付けられる分権化は、１９９０年代には順調な進展を見せた。分権化と国家の関係はふつう中央政府からある組織・個人への権限の委譲や委任などとして理解される[1]。分権化には領域的・非領域的ないくつかの次元やタイプがある。領域的分権化は地方機関に何らかの権限や資源が行くとか、市民が地方政府の普通選挙において投票することなどを意味する。他方、非領域的分権化には政府系企業の民営化や個人・組織に対する市場化がある。分権化の傾向は行財政システムの進化という意味では先進国から富裕な途上国、そして低所得国という単線的な展開をたどると考えられやすいが、紛争後の国家形成という観点からは多民族・多文化の低所得国家においても必要である。分権化も２０００年代以降には民主化と同様に、停滞期に入った。

　次に、権力分散という観点からは、ポスト・コンフリクト地域でドナーの仲介もあって量産された権力分有（power sharing）という連立政府も同様な効果をうんだ。その例が２００５～２０１１年の和平合意期間中の南北スーダンである。南部スーダンは広範な領域の自治政府となると同時に、交戦相手であった北部スーダン政府と権力分有型の統一政府を形成した。２００５年の南部スーダンは民主化、分権化、権力分有の３つの次元で権力獲得と権力分散を同時に経験したのである。この背景には南北双方の長年の内戦の疲弊と石油収入の共有の見通しがあり、北部のバシール政権にはこれを契機に「テロ支援国家」の指定から外れたい思惑もあった。南の抵抗運動を進めてきたジャン・ギャランは「新しいスーダン」を標榜しており、南北分離ではなくスーダン全体に民主化革命を行う意思をもっていた。しかし、そのビジョンは実現せずに北部の独裁政権は残存し、２０１１年の住民投票で南部スーダンが分離独立した。独立以降ただちに、中間に位置する石油産出地帯の領有をめぐって南北間で交戦が始められた。その後、南スーダンは政権内部の対立から内戦状況に陥っている。１９９０年代以降に途上国でも紛争予防や政局安定の観点から選挙後に連立政権が形成される機会が増えている。しかし、スーダンのようにその中長期的な効用は明らかではない。

2　グッド・ガバナンスの要求

グッド・ガバナンスはローズノウのグローバル・ガバナンスとは異なり、はっきりしたコンセプトが初めにあったわけではない。途上国の政府の国民を代表していない性格や市場的な効率性のなさなどがバッド・ガバナンスとしてドナーから受け取られ、その対比概念としてうまれてきたと言える（Boas 1998）。したがって、グッド・ガバナンスは当初より国際社会やドナーの側が受け手の途上国社会に期待する価値原理であった。その認識の起点となったのは１９８１年の世界銀行のバーグ報告書である。バーグ教授はアフリカの開発の停滞の原因を国内の開発過程と政策環境に求めた。これに対し、アフリカの政府や一部の研究者は植民地支配がアフリカ社会に及ぼした深刻な影響が原因であると反論した。これはアフリカの停滞と未発達の原因が国家の内部からきたのか、外部からきたのかという論争になった。

この論争は水掛け論のようなところがある。ローズノウがリンケージ・ポリティクスで語ったように国家の内部も外部も相互に浸透し連繋し合うからである（Rosenau, 1969）。ポスト・コロニアリズムは、現在のアフリカのガバナンスの悪さは植民地起源であると内部に見える原因を外部に移す論理となるし、保守から中道までのリベラリズムに立てば、植民地経験を理由としてアフリカの独裁者たちは自らの問題を免罪していることになる。国際関係論のなかでも、いかなるパラダイム・学派に立つのかによってこの問題の見方は変わる。リアリズムは援助と言っても、自己利益を追求する先進国が本気で途上国支援をする保証はなく、開発援助がうまく働かないことは十分にありうると言うだろう。リベラリズムの立場に立てば、ドナー側の協力と善意は存在するので、援助が長期間組織的にうまくいかなかったのはどこかの制度に原因があることになるが、内部か外部かまでは特定しにくい。ポスト構造主義の立場に立てば、この内部・外部論争自体がドナーとアフリカ双方の権力関係を反映している理解になるだろう。

しかし、バーグ報告書以降、世界銀行などのドナーは１９８０年代半ばから内部原因説に依拠したまま議論を進めていき、内部の制度を改善させる論点だけを強めていった。その目標とされたのがグッド・ガバナンス論であったのである。それは当初国家中心の経済社会発展の否定というワシントン・コンセンサスに議論のポイントがあったが、ウェイスによれば、１９９０年代にＵＮＤＰやＵＮ機関が議論に参加したことで民主主義や政治的リーダーシップ、さらに政府や制度一般の改良を意味するようになったという（Weiss 2000）。今振り返れば、これには良い点と悪い点があった。小さい政府を掲げるワシントン・コンセンサスの新自由主義は民間セクター万能主義に近かったという意味で誤っていたが、既存の途上国政府に対する強い拒否感を伴っていた。１９９５年のコペンハーゲンの社会サミットから主張が強まってきた北欧ドナーやＵＮＤＰ主導の貧困削減戦略は政府の役割を一部復活させ、正当に福利や厚生に人々の目を向かせたが、政府の役割を肯定するために人々の自由を抑圧する既存のガバナンス・システムを甘受する傾向もみられた。ただし、既存の政府を肯定しきることはできないので、議論のバランスをとるためにグッド・ガバナンス論が語られたのである。

グッド・ガバナンス論は理論的な研究とドナーの経験から論じられたが、理論的研究としてガバナンスとその他の変数との膨大な相関関係が大規模調査（Large N Study）において考察され、ドナーの経験についても対象が広いガバナンスには相当のデータの蓄積があった。その結果、ガバナンスのアジェンダは膨大なものに膨らんだ。そして、理論的・実践的な関心からドナーや開発研究機関はガバナンスの指標化と計測の作業に熱心に取り組んだのである。こうした経緯を受けて、世界銀行、ＵＮＤＰ、英国国際開発省などのドナーは開発のディスコースにおいてガバナンスと開発の関係を熱心に論じ、ガバナンスを改善するプロジェクトの評価によって途上国に対する新しい処方箋を形成しようとした。

他方、メアリー・グリンドルはガバナンスのアジェンダが膨大過ぎて途上国の能力ではこなしきれず、また背景の異なる国々の状況を一律に指標化している現状を批判し、「ほどよいガバナンス（Good enough governance）」に転換すべきだとした（Grindle 2002）。２００７年の論文ではドナーがその報告書で開発援助の事例を文脈的な要因から切り離して評価し、ドナーのガバナンス支援だけで成否を論じている姿勢を批判している。これは序章に掲げた「ガバナンスの重層性」に連なる問題提議であった。ただし、彼女の発言は基本的には問題提議で終わっている。ドナーのグッド・ガバナンスのアジェンダは個々の指摘には正しいものがあったにせよ、歴史的かつ国際関係的な大きな文脈から捉え直す必要性があった。それはバーグ報告書以来の議論が内部原因説のみに立脚した、偏った視点であったためである。

3　バッド・ガバナンスの類型

西側諸国は冷戦期にはザイール（現在のＤＲＣ）のモブツ独裁政権に多額の援助を供与し、政権の存続に力を貸した。冷戦期に途上国は東西陣営のいずれかに属せば支援されたので、ガバナンスの問題は隠蔽され、民主化は進展しなかった。当時は、経済成長していない途上国に民主化を求めるのは時期尚早ではないかという論調もあった。その根拠としては、民主化はある程度国家が経済成長し、その繁栄が中間層を形成し、中間層の台頭が民主化に貢献するというリプセットの議論があった(2)（Lipset 1963）。冷戦期のアジアでは民主化がなくても経済成長しているではないかという反論もあった。しかし、ポスト冷戦の新しい世界秩序を模索する動きのなかで民主化論に弾みが付いた。１９９０年のヒューーストン・サミットでは20世紀の残された10年間で世界の民主化を達成する宣言が行われた。開発援助資金は冷戦時の西側陣営を維持する目的が消失したことでいったん縮小し、かつそのなかでガバナンスにもコンディショナリティ（政策付帯条件）が課されたことで、１９９０年代には民主化を含むガバナンス改善が援助受入国に事実上強制されたのである。

民主化の制度上の進捗は特にアフリカにおいて著しかった。１９６０年代の大統領選挙26例のうち現職が競争相手と戦ったのは2例だけであったが、１９９０年代には大統領選挙の90％が競争で行われ、２０００～２００５年には98％に上昇した（Posner and Young 2007）。１９６０～１９９０年の選挙で敗北したアフリカの大統領は1名だけであったが、１９９０年以降、現職大統領の敗北率は14％に増加した。民主化への移行が経済成長をもたらしたのかについては一般的な結論は出ていないが、独裁体制の国での人々の政治的権利意識の高まりが権力を抑えて成長や投資を促進したという見方があるし、民主化した体制は経済発展の度合いが高いほど民主化が定着するという研究が示されている。

ポスト冷戦以降、途上国のバッド・ガバナンスについてはさまざまな呼び方があるが、ここでは代表的な三つについて考えたい。それは「脆弱国家」、「新家産制国家」、「ハイブリッド・レジーム」である。筆者はその内容について大きな誤謬はないと思っているが、それらが歴史的、国際的にいかに形成されてきたのか、特に「脆弱国家」と「ハイブリッド・レジーム」についてはほとんど検討されてこなかったと考えている。それらは「ガバナンスの重層性」との関係で考察されなければいけないテーマである。

第一に、冷戦終結後、特に9・11同時多発テロを経て「脆弱国家」という概念が開発の分野で頻繁に用いられるようになった(3)。国際政治学の方では「失敗国家（failed states）」という用語の方が使われる傾向にある。いわゆる「脆弱国家」は、制度的能力、領域の支配や公共サービスの提供能力が開発途上国のなかでも極端に低い、ないし弱い国家をさしており、ドナーには通常の途上国以上の細心の配慮と追加的支援が要請されている。この言葉はこれらの国家が開発途上国や低所得国のなかでも質的に異なった課題をもつという認識を示し、納税者や資金拠出者を抱えるドナー側の不安や焦燥も象徴している(4)。

「脆弱国家」は経済発展から立ち遅れ、それはガバナンスのせいとみなされた。これらの国家には広義の貧困の問題があった。英国・北欧諸国やUNDPなどは1990年代からガバナンスと貧困の問題を取り上げ、その代表的な枠組みが「脆弱国家」であった。他方、米国は民主化には強い関心をもっていたものの、貧困削減には深く関与してこなかった。しかし、9・11以降にテロの隠れ蓑としての「脆弱国家」に対する貧困の問題に米国も向き合わざるを得なくなり、ミレニアム・チャレンジ・アカウント（MCA）を2004年に設立した。ポスト冷戦期の「脆弱国家」は周囲の国家に災禍を及ぼすと認識されたが、それは越境犯罪や難民の流出のような問題が主であった。9・11から「脆弱国家」が他国に与える代表的脅威はテロリズムになった。

「脆弱国家」の定義や国の分類は援助機関や研究者によって異なっているが、重なる部分の方が大きい。当初は国家や政府の強さや効率性が問題とされたが、人々が政府に正統性を認めるかという問題も加えられた。「脆弱国家」の代表的なリストとして世界銀行の脆弱国家約30カ国とUNDPの優先国のうち明示されている約40カ国がある（国の数は年を追って減少している）。世界銀行は「制度や能力の弱さ、または紛争に起因する困難を経験している」低所得国を「脆弱国家」としていた。その過半はアフリカ諸国であり、さらに東チモール、ラオス、コソボ、ハイチなどがある。世界銀行は２００２年にＬＩＣＵＳ（Low Income Countries Under Stress）イニシアティブを立ち上げていたが、２００５年のＥＣ、ＯＥＣＤ-ＤＡＣとの共同フォーラムを経てから「脆弱国家」の概念を用いるようになった。(5) ただし、グローバルな影響をもたらす「脆弱な局面」は低所得国だけの問題ではなかった。脆弱性から自由であったとみなされた先進国の「安全神話」は、２００８年の米国の金融危機と２０１１年の日本の３・11東日本大震災と原発事故によって倒壊したと言うべきであろう。

ドナー側の援助がガバナンスと開発に密接に関連付けられたことから、国家のガバナンスを診断・把握するためのアセスメント指標が多数形成された。筆者はフリーダムハウスの自由度については評価している。「脆弱国家」についてはドナーや先進国の研究機関が力を注いで開発している。世界銀行の情報公開に引き続き、英国の国際開発省が２００５年に46カ国の便宜的な脆弱国家リストを提示した。米国の国際開発庁も政府の有効性と正統性の問題に向き合うようになり、２００６年に33の脆弱国家指標を発表した。そのほかにも平和のための基金やブルッキングス研究所など民間の研究機関が同指標を発表している。他方、ＯＥＣＤ－ＤＡＣは明示的な「脆弱国家」の定義をしない立場をとっている。「脆弱国家」の対策として、紛争後社会における国家建設が論じられている。その対策の中心は中央政府の改造である。たしかに、まずは中央政府がうまく機能しないといけない。ただし、これまでの議論は中央政府の能力形成に集中するあまり、市民社会や地方社会を軽視してきた印象がある。中央政府ですらキャパシティがなく、市民から正統性を承認されていないのであれば、地方社会に期待される役割などあるのだろうかと考えられたのだろう。しかし、ポスト・コンフリクト社会では中央の警察が地方の人々を守れる保証がなく、サービスを地方で供給するのも地方のアクターであった。地方の警察は地元の人々に銃を向けにくい。地方において人々が助け合い、絆をとり結ぶ場を国際社会は看過しやすかった。この反省に立ってボトムからの住民の声や活気のある地方に着目する視点も増えている。

第二に、多くの低所得国においては独立以降、長期間にわたって「新家産制」の支配が行われてきた。「家産制」とは支配階級の長が社会的地位や土地を家産のように扱うことで、マックス・ウェーバーは伝統的支配の一類型としている。ブラットンとファン・デ・ワールはアフリカの政治体制の特色が「新家産制」だとした（Bratton and van de Walle 1997）。いろいろなレジームのタイプがあるが、これが全体の基調になるというのである。名称に「新」が付くのは、現代における官僚行政と古い支配のタイプの共存をさす。この制度では権力者が国家制度と並行してパトロン—クライアントのインフォーマルな関係を築き上げ、国政と家政が分離されず、官僚は臣民への義務を負っていない（官僚が臣民に行った職務は恩恵であったので、臣民は謝礼を求められた）。したがって、この制度のもとでは一般の公共サービスは市民、特に貧困層に供給されにくい。そして、１９９０年代にはこの制度も動揺してクライアントにサービスが回らなくなり、それが多くの政府や国家を崩壊ないし動揺させた。アフリカの「新家産制国家」では受益層が限定され、抑圧しても国民すべてを食べさせるという東アジアでみられた開発主義の姿勢はみられなかった。より部分的な集団の利益を目指した独裁であり、国内の支配の正統性（legitimacy）の水準は低かった。

アフリカなどでは低所得国の政府が市民の生活を保障してこなかった植民地遺制の側面がガバナンスにみられるが、新家産制の問題はこれと繋がっている。アフリカのガバナンスの問題は、近代的国家や社会組織、市民社会の未発達性や人工性と関係しているが、これらは人々がリネージ（血統）や氏族などの人口単位を超えて積極的に支え合えないという問題であり、縦の人間関係を構築する「新家産制」の問題と裏返しの関係にある。植民地のガバナンス（統治構造）は垂直的な支配であり、地方の首長（chief）は統治者にアカウンタビリティをもち、臣民に対してはもたなかった。人々は同じ社会の構成員としてまとまっておらず、エスニシティや宗教などで個人のアイデンティティが分裂し、非妥協的な対立や相互不信によって制度が人工的に形成されていた。「新家産制」はそのような社会関係資本が低い社会において資源が形成（流入）されてからの政治社会を構築する数少ない手段であった。

開発経済学者の石川滋（2005）は1990年代の国際開発潮流をリードした英国の援助哲学と日本の東アジアにおけるそれを対比した。そして、英国と日本の援助アプローチの差異をもたらしている問題の根源を「新家産制」に求め、アジアではその問題が解消されつつあるのに対して、アフリカではその残存が開発の遅れの原因であると論じた。中国では漢の時代から家産制は存在してきた。しかし、今でもその残滓は残っているものの、共産革命のときに基本的に廃止された。このような政治社会の変化がアフリカではみられなかったというのである。石川の問題意識を形成したのは英国国際開発省が開始した「運転手の交代」研究プロジェクトであった（p.36）。この概念的なモデルは、経済社会構造、政治的・行政的プロセスを含む諸制度及び主体（特定の利益を追求する個人及び組織：政治的エリート、公務員、政党、地方政府、軍部、メディア、民間セクターなど）の三つの柱からなっていた。

石川の分類によれば、日本と英国の援助の差異は日本が要請主義（オーナーシップ）―分散的政策決定（各省庁）―成長（特に産業政策）重視―プロジェクト援助重視―コンディショナリティなし、英国はパートナーシップ重視（ドナー、政府、市民社会）―国際開発省に権限集中―貧困削減重視（ＩＭＦ世銀のＰＲＳＰ体制の開発モデルに近い）―プログラム援助、援助協調重視―コンディショナリティありと対比される。両国が主たる援助供与先としてきた東アジアとアフリカの違いは、前者が第二次大戦後、家産制を制度的に廃棄し、近代化・工業化の統一的な政策と財政運営が可能となったのに対し、後者は近代的な官僚組織が登場したにもかかわらず、「新家産制」が残存し、資源配分に重大な影響を与えたことである。石川は１９９０年代末にセクタープログラムや財政支援（budget support）の新しい援助スキームが進展し、従来のプロジェクト援助が英国・北欧諸国から批判されたときに、問題なのはドナー主導型で途上国政府の関与が少ないと批判されたプロジェクト援助ではなく、受け入れ社会の「新家産制」であると議論した。

英国の政策は１９９７年の国際開発白書に示され、「社会的正義」の理念（「機会の平等」とそのための「社会的排除」の除去）を英国民だけではなく途上国の全国民にあてはめるべきという方針を示した。また、それは英国労働党内閣ブレア首相の「第三の道（１９９８）」を背景とした新しい福祉国家観に基づいている。ブレアの政策は無就労者に対する所得補助を制限したが、代わりに低所得者を優遇する税制、国民保健や最低賃金制度などを創設した（非就労労働力及び非労働力を「社会的排除」に創出された犠牲者と捉え、その要因を取り除こうとした）。また、石川は英国の政策とアマルティア・センの貧困脱却に関連するケイパビリティ・アプローチの類似性についても指摘している。開発援助においても海外援助庁が国際開発省に昇格し、クレア・ショートが初代大臣になったが、彼女は日本のプロジェクト援助を歯に衣を着せず「現代の恐竜」

と呼んで痛烈に批判した。

第三に、「ハイブリッド・レジーム」は、1990年代に民主的な制度を導入した多くの途上国が実体としては民主化されていないこと、つまり民主制と権威主義体制（authoritarian regime）の折衷的存在であることをさす言葉である。トリップによれば、権威主義体制と民主主義体制のあいだにはフリーダムハウスの評価基準に応じて半権威主義（semi-authoritarian）と半民主主義（semi-democratic）の国々が存在するという（Tripp 2010）。そして、この二つのゾーンの国々が「ハイブリッド・レジーム」に該当する。これらの国々は制度が非常に弱体で、「新家産制」支配や個人支配が行われやすいので、民主化は制度面を中心とした表面的な糊塗策に堕しやすい。

民主主義とは、自由・公正・定期的な競争によって政府選択が可能なシステムをさし、アカウンタビリティ・即応性・平和的紛争解決の点で優れた政治制度とされている（Diamond 1999）。民主主義体制への「移行」の次に「定着」が議論されてきたなかで、「ハイブリッド・レジーム」という現状を説明する言葉がうまれた。異なるネーミングとしては、偽民主主義、非自由主義的民主主義、選挙民主主義、選挙権威主義体制などがある。この名称の多さは「脆弱国家」についても同様である。2008年のケニアやジンバブエの選挙は両国が安定的な、信頼できる手続き的民主主義になっていないことが判明した事例である。ケニアでは2007年末の選挙集計の不正をめぐりエスニシティ政党の支持者間の抗争が勃発し、1千人以上の人々が死亡、60万人が国内避難民（ＩＤＰｓ）となった。ジンバブエでは予備選挙で劣勢であったムガベ大統領が野党候補者を脅迫し、決選投票において立候補を辞退させて政権が維持された。両国ではその後国際的な介入や批判のもとに選挙時の二大政党による連立政権が樹立されている。

これらの三つのネーミングは正確に現状を表しているのであろうか。途上国、特に低所得国のガバナンスの問題は、同地域における国家や社会組織、市民社会、そして社会関係資本の性格と関係している。低所得国において社会的な発達がなかったわけではない。しかし、旧植民地のガバナンス構造を引きずり、エスニシティや宗教などのアイデンティティ集団が分裂し、人工的に対抗的となり、国家体制を安定的に構築できなかった社会は独立以降結束を重視して権威主義的体制になりやすかった。この体制は冷戦期まで植民地期からの垂直的なガバナンス構造を維持する傾向をもっていた。しかし、ポスト冷戦の民主化期に入って国内・国際社会からの批判や揺さぶりに遭遇し、変容ないしは動揺したのである。

最初に、途上国の独立の時点で隆盛したナショナリズムは、各地域でさまざまなイデオロギーと融合した。それには自由主義、社会主義、国家資本主義などがあったが、アフリカ地域では各種の社会主義イデオロギーが台頭する傾向があった。中南米地域では1970年代まで軍政とクーデターが繰り返され、一部では革命と内戦が起きた。その後は自由主義と社会民主主義が拮抗し、ポピュリズムが台頭した。そして、東西冷戦はどの国家においても内部の集団間の対立を外側から封印する力学が働いた。権力の集中が支持ないしは賞揚され、権力から排除された側には抑圧や弾圧が行われた。このメカニズムによって、多くの途上国は独立時点のナショナリズムの隆盛にもかかわらず、植民地期のガバナンスの問題を「新家産制」を含めて冷戦期まで持ち越したのである。最後に、ポスト冷戦期の民主化は政党再形成がエスニシティや地域などのアイデンティティ集団の分裂と繋がり、社会の集団をまとめるよりは分裂させ、権力の簒奪者たちに政治動員の機会を与えたのである。

こうした政治過程の結果、「脆弱国家」、「新家産制」、「ハイブリッド・レジーム」といわれる特徴が途上国、特に低所得国に多く見受けられる。それに呼応してドナーがガバナンス分野での支援を強化する方針は首肯できる。しかし、こうした議論のなかで注意しなくてはいけないのは、「新家産制」以外の概念は歴史的な「ガバナンスの重層性」を看過し、途上国における現在のバッド・ガバナンスの責任を途上国の権力エリートのみに負わせるなど、極めて表面的な議論をしていることである。その典型は英国や国際報道によって悪の権化のように批判されたジンバブエのムガベであろう。つまり、ムガベのような権力者の非人道性や恣意性が浮き立つことで、歴史的なガバナンスの形成過程が看過され、現在の権力エリートのパラノイア性格だけに問題の焦点が置かれる構図がある[6]。この意味で、現在の事象だけを追いやすい国際ジャーナリズムはかつての植民地期の先進国側の所業や冷戦期の超大国の垂直的な圧力形成を忘れさせてしまう意味で、先進国側には幸便な存在だと言えるかもしれない。

途上国のグッド・ガバナンスやバッド・ガバナンスを検討する際には、ドナー側のバイアスや先進国側の歴史的な関与を十分に自覚しなければならないようである。また、外部の関与によってガバナンスの改善を促進することの難しさについても同様である。いわゆる「脆弱国家」においては、ドナーは通常の関与では十分な変化や改革を強いることはできないであろうし、風変わりで嫌悪すべき特定の独裁者やその取り巻きを打倒しさえすれば世の中が良くなるような西部劇的な価値観は捨て去った方がよいだろう。同時に、開発や国家形成プロセスには非常に長い時間がかかること、グローバリゼーションはそのプロセスに必ずしも良い影響を与えているわけではないことを理解してガバナンス対策を考えるべきだろう。

【注】

1　もう少し正確な定義については第3章を参照。

2　ハンチントンは経済発展がもたらす社会的多様化は政治に要求する負荷を増加させ、かえって政治を不安定にすると主張した（Huntington 1968）。

3　詳しくは、稲田十一編『開発と平和　脆弱国家支援論』有斐閣、２００９年。

4　従来とは異なった政策対応が先進国や援助機関側に求められており、これを実現するために開発や安全などの連携を図る"Whole-of-government"型のアプローチの重要性がＯＥＣＤ-ＤＡＣを中心に強調されていた。

5　世界銀行は分析の目的上、国別政策アセスメント（ＣＰＩＡ：Country Policy and Institutional Assessment）による評定値が３・２以下の国家を「脆弱国家」としている。特に紛争経験国については「安全保障と和解」、「経済復興」、「社会的統合と社会開発」、「公的部門の運営と制度」の分野においてアセスメントを行っている。

6　タンザニア在住の根本利通氏によるムガベ評は興味深い（「辛口のジャーナリズム」ダルエスサラーム便り、Habari za Dar es Salaam No.81, http://jatatours.intafrica.com/habari81.html）。

第3章　分権化の現在

分権化とは、広く公共セクターにおける権限や責任の委譲、委任や移転を意味する。過去四半世紀のあいだに途上国において分権化は急速に進展し、何らかの形で取り組んでいる国は全体の8割にあたる（ICHRP 2005:11）。途上国では冷戦期に集権的な支配が行われてきたために、ポスト冷戦期に１９８０年代からの政治経済体制の自由化の潮流と野党や少数派、市民社会からの異議申し立てから分権化を求める動きが起きた。また、１９９０年代に入ってからドナーは民主化と共にガバナンス改革の一環として公共セクター改革と共に分権化を推進した。この変化を短波と位置付けると、中波として指摘できるのは、アフリカなど多くの途上国社会が前植民地期に分権的な社会であったという見方であり（Hyden 1983）、その社会がポスト冷戦期に復活したということである。

この章では、グローバル・ガバナンスを構成する途上国の分権化の方向性と課題について考察したい。第1章で述べたように、ローズノウにとってもサブナショナル・アクターはトランスナショナル・アクターと同様に中央政府からの権威のシフトを担う重要なアクターであった。ここで検証するのは、（主として地方政府に対する）分権化はいかなる政策動機のもとに推進されるのか、それは着実な成果を上げているのか、果たして上げ得るのかである。また、国際関係において分権化とは何を意味するのかも検討する必要がある。さらに、分権化政策が何らかの手段的価値として用いられる場合と、それ自体が本質的価値である場合の二つの側面に注目する。前者については、分権化を通じての貧困削減という課題が１９９０年代に主要な国際開発課題となったので、その関連も含め検討する。次に、後者について、本質的価値としての分権化の課題を考察する。

貧困とガバナンスは、途上国、特に低所得国では常に重要な問題となった。ただし、独立以後の途上国の集権的な政治体制はそれらの問題に真剣に取り組もうとはせず、冷戦期にその傾向は助長された。１９８０年代末からの民主化過程はガバナンスのさまざまな問題を暴いた。そして、自由なメディアの活動と共に深刻な問題が明らかになってきた。食料危機、エイズ、成人の非識字、公務員の腐敗、財政赤字、地域紛争が日常的に報道されることになった。それらの集約が貧困とガバナンスの問題であると言えるかもしれない。これらの問題が解決されなければ、途上国の民主政治の運営や国家形成にとって甚大な影響が及ぶことが予想される。分権化政策はその際の最強の切り札として期待されたのである。

民主化と並んで、グローバリゼーションを背景とした経済の自由化と市場の発達は分権化の進展に大きな影響を及ぼしている。この過程はローズノウが21世紀における進展を予想したグローバル・ガバナンスであり、主権国家のガバナンス・メカニズムの能力は後退した。国家の役割の後退と共に、企業やＮＧＯｓ、市民団体、国際ないし越境テロリスト、信用格付け機関など、さまざまなアクターの役割が注目されるようになった。途上国においても都市部でしか購入できなかった物品が農村の市場でも購入できるようになると、消費規模が拡大し、財政的分権化を全国展開できる基礎となった。このように分権化はアクターの多次元化や国家・国際経済の発達のなかに位置付けられ、近年の意味には民営化・市場化や、市民による参加、たとえば参加型予算の策定も含まれる。ガバナンスは政府と民間セクター、市民社会に関わり、分権化もそれらの関係性を説明する原理になってきている。

本章の構成としては、第1節で分権化の概念について多面的な定義を行い、かつその動機付けや制約条件などについて概観する。また、国際関係における分権化について検討する。第2節では分権化の本質的な価値として、民主化と紛争予防に対するインパクトについて考察する。ここで本質的な価値というのは、分権化が民主化と同じようにガバナンスを支えている側面である。手段的価値としての分権化が貧困削減に貢献している側面については次章でみてみたい。これらの議論において、分権化が国家の内外において重要なガバナンスの調整原理であることが判明するだろう。

1　主要な概念の定義

(1)　さまざまな分権化

分権化についてロンディネリ（Rondinelli 1998）は、「中央政府から半独立的な政府組織、或いは民間セクターへの公共的機能の権威と責任の移転」であるとした。政府のみならず、民間セクターへの民営化も分権化に該当するわけである。分権化には、「脱集中化（deconcentration)」、「権限委任（delegation)」、「権限委譲（devolution)」及び「民営化」の四つのタイプがあるといわれる。中央が実質的な権限を保持したまま、同じ機関内の地方の部局に業務を分散するのは脱集中化という。業務権限・責任を大臣から一定の範囲で地方や民間セクターの機関に委ねるが、最終的には中央政府に帰属しているのが権限委任である。委任の対象が地域・コミュニティの選挙された公共機関である場合には権限委譲になる。民営化は委任や委譲の対象が民間企業であり、個人に委任・委譲する場合は市場化という。

四つのタイプの定義は、1980年代の産物であった。さらに、1990年代にガバナンスの概念が広がったことで、分権化の根拠、目的及び形態についての考え方も広がりをみせた。政治的分権化においては、参加型予算策定のような公共的な意思決定への市民社会組織の参加が加わった。分権化の発展した形態は、政府、民間セクター及び市民社会組織のあいだの多様なパートナーシップとなった。従って、新しい定義としては、政府内の権威の移転から「広汎なガバナンス制度のあいだの権力、権威及び責任の共有」になる（Cheema and Rondinelli: 2007: 2）[1]。

次に、分権化には政治的、行政的及び財政的分権化の三分類がある（Evans 2003）。政治的分権化は地方政府議員・首長の普通選挙を通じて民意により政治家を選出することから始まる。権限委譲は通常、政治的分権化が行われないと達成されない（Manor 1999）。つまり、究極の分権化は政治的分権化ないし民主化を要求する。他方、行政的・財政的分権化は集権的な地方機構においても部分的に進捗することができる。行政的分権化は脱集中化と同義の意味で使われる場合もある。上記の「脱集中化、権限委任、権限委譲」と「政治、行政、財政」の対応関係から３×３の９通りのタイプが設定できる（World Bank 2004:189）。

領域的分権化には連邦制国家（federal state）と、単一政府制国家（unitary state）における分権化がある。連邦制は二つ以上の単位が結合して主権を移譲している国家である。主権の流れは、ＥＵと加盟国のように国から上位の機関に移動することになる。連邦制国家としては米国、ドイツ、オーストラリア、ロシア、ブラジル、インド、カナダ、メキシコ、パキスタン、マレイシア、エチオピア、ナイジェリアなどがあり、連邦制に近い国家としては州などに相当の自治を与えている英国、中国、タンザニアなどがある。単一政府制国家は日本、フランス、イタリア、スペイン、韓国、タイ、インドネシア、ケニア、モザンビーク、チリ、コロンビア、サウジアラビアなどがあり、国家の中央政府に主権が存在している。

他方、非領域的分権化は、民営化、市場化、エージェンシー化など、権威や権限の委譲・移転先が政府とは限らない。さらに、社会的少数派に対する閣僚ポストの配分、少数派の言語や文化の尊重など、いわゆるアファーマティブ・アクション（積極的差別是正措置）も広義の分権的制度にあたる。[2] 非領域的分権化が及ぶ範囲は、政府、市民、社会・政治集団、サービス提供機関など多岐に及ぶ。これには政府の効率性の改善を企図した公共セクター改革（Public Sector Reform）[3]、それを受けたサービス提供機関の民営化、クライアントに対するバウチャー（サービスと交換される兌換券）発行などの市場化、市民社会の行政機能への参画、日本でも導入された司法制度における市民の裁判員制度などが対象に入る。さらに、少数派のアイデンティティ集団からの政府スタッフの採用（中央と地方政府の人事政策）、少数派や貧困者に対するアファーマティブ・アクション、そして市民の多様な人権の尊重などがある。

このように分権化は政府内部の権威や責任の再配分だけではなく、ガバナンスを構成するさまざまなアクター間のパートナーシップとして広く定義される傾向にあり、広義には民営化、市場化、市民社会が含まれ、「多極共存型民主主義（consociational democracy）とも関係している。Decentralization は日本では「地方分権化」と訳されてきたが、それは領域的分権化だけをさしている。昨今の分権化はそれよりも広義になっているので、日本語においても単に「分権化」と呼ぶのが望ましい。

近年の途上国における分権化への要求は、多くの国で政治変動や政治統合、民主化、自由化、民営化や市場改革の一部として増加している。これらの改革は近年まで異なるジャンルの事象として捉えられてきたが、ガバナンスという概念と同様、包括的に分権化と呼びうる流れを形成している。つまり、政治的意思決定過程や資源配分メカニズムの生産と分配に関する権限は、その純便益（net benefit）ないし価値を把握する能力をもち、かつ社会的公正についての判断を行える最下位の単位に与えられるべきというサブシディアリティの原則である。欧州の国家であれば、シェンゲン協定加盟国は国境検査なしで人が国境を越えられる（英国はこれに加盟していなかった）。つまり、人の移動に関してＥＵが上位機関としてあり、それからビザを発給する国家、事務を執務する自治体という階層構造がある。議会にしてもＥＵ議会、各国の議会、自治体の議会がタテに存在している。欧州においてはこのようなマルチレベル・ガバナンスが働いており、分権化は主権国家から上位と下位に向かっている。

最後に、国際関係における分権化である。主権国家がＥＵなどの地域機構、国連などの国際機関に一定の業務、予算などを委任ないし委譲することも分権化である。これまでみたように、分権化は国家からみて上位・下位の機関に対して行われる。また、国家から非国家アクターに、同位の機関に分権化することもある。ただし、一般の国際機関は原則的に国家より上位に存在せず、国家が国際機関との合意に違反しても取り締まれないことが多い。他方、世界という単位から考えると、主権国家体系を分権的な秩序と呼ぶ論者もいる。その秩序のなかで一極化、二極化、多極化といったパワーの変動が起きる。超大国が衰退し、他の新興国が興隆してきた場合は、国際関係では二極化や多極化が起きる。ただし、これらは自立したパワーの相対的な関係であって、分権化そのものではない。

ただし、これらの応用編とも言える現象が生じつつある。経済的な多極化が２０００～２０１０年代の世界で起き、ＢＲＩＣＳやG20を構成する新興国が台頭した。そして、これらの新興国は各地域で形成されている地域機構や地域主義の有力なメンバーであることが多い。ここにおいて世界のセントラル・バランスと地域主義の動きが連結する可能性がでてきた。ただし、現段階ではドイツを除いて、中国、インド、ブラジル、ロシア、南アフリカなどが積極的に地域機構を主導する趨勢にはなっていない。地域の大国は純粋に地域統合を目指すというよりは、地域機構を利用する傾向が強かった。地域機構のなかの確執や競争もある。他方、アジア欧州会合（Asia-Europe Meeting:ASEM）のように地域同士が交流するチャンネルも形成されてきている。

(2) 分権化の意味

2005年の小泉改革を問うた郵政民営化選挙、2009年の財政改革や分権化のマニフェスト選挙が衆議院で行われたが、一貫して広義の分権化が争点となった。2014年の衆議院選挙は与党の誘導でアベノミクスが争点となり、2016年の参議院選挙でも維持された。IMFや世界銀行のネオリベラルな国際機関は1990年代から市場重視論を後退させ、新制度派経済学及び公共セクター改革のアプローチを推進した。新制度派は地方政府が市場の歪みを是正し、取引コストの削減をもたらすと考える。他方、米国と国際NGOsの一部は民主主義論を重視し、9・11以降はテロ治安対策のうえからもローカル・ガバナンスに着目している。UNDP、ユニセフ(UNICEF)や北欧諸国・英独は民主主義と並んで社会セクター政策論を重視した。これは構造調整融資の一律的な財政削減の手法に距離を置き、政府の役割を見直した立場であったが、社会セクターはサービスの提供に関して分権化政策を組み合わせることで貧困削減プログラムに連なることが議論された。

1990年代後半にはポスト・ワシントンコンセンサスと呼ばれた開発援助潮流の転換があったが、ドナーの左右両派が分権化については支持していた。そして、この現象は広く欧州の政治の世界においても看取することができた。ネオリベラル右派は分権化を中央の国家の権力の縮小を意味する観点から支持し、左派は分権化を地方のボトムや進歩的な市民社会組織による民主化の浸透という見地から支持した(Crawford and Hartmann 2008)。これらは分権化に世界的なニーズがあることを示すと共に、その多義性がさまざまなアクターの支持に連なった事情を示すものであった。分権化は支持を広げているが、その意味するものも指向性も多様化しているのは避けがたかった。欧州においてはリーマン・ショック後の不況が響き、移民問題もあり、右派ないし極右派が台頭し、リージョンやローカルよりもナショナルの単位へのアイデンティティが強調される傾向にある。２０１６年６月、英国はイギリス独立党の影響もあって、国民投票でＥＵ離脱を決めたが、これはＥＵへの分権化をやめるという意味で集権化ないしナショナルの単位が強調された結果である。

分権化に熱心なアクターの背景は多様である。途上国における一貫した主唱者は、ドナーと村落開発のＮＧＯｓ、反権力側のアイデンティティ集団及び地方における民主主義普及の推進者、連邦制論者などであろう。Thede（2008:3）は、分権化を推進する各アクターのコンセンサスが多様な利益や動機を隠していると指摘する。国際社会における分権化の主唱者は、途上国が独立した１９６０年代は主権国家論者であったが、２０１０年代は国際社会と国家の関係を前提に、地域主義や地域の経済統合を重視する論者・政府や企業の関係者、市民社会などのトランスナショナル・アクターの方に移っている。また、人々が地域にどれだけアイデンティティや信頼を感じているのかも大きく影響する。そして、国内における分権化と国際社会における分権化は主権国家や中央政府からの権威や資源の移転という意味で共通の課題をもっている。

分権化を擁護する代表的な見解として、ウォルマン（1990）は、効率、ガバナンス及び配分の３つの価値を挙げた。さらに、ここではもう一つ地域固有性価値を追加したい。効率的価値とは、サービスの提供や公共財の形成において地方政府は中央政府より効率性が高いという見解である。地方機関は地方の人々のニーズや期待をより正確に見定められ、人々は遠隔の中央まで行かなくて済む。これは効率により社会福祉が最大化されるという公共選択論である。ガバナンス的価値とは、地方政府を通じて、国家の市民への近接性が意思決定における参加や反応、多様性、アカウンタビリティの向上をもたらすという考え方である。分権化は市民の参加の拡大と、民主化とコミュニティの参加の促進をもたらすと考える。地方政府の拡張は中央政府の縮減とトレードオフになるという意味では、分権化はガバナンス全体をより反応的にすると考えられる。

もともと古典的な自由民主主義には分権化が政治権力をさまざまな層の人々に広げることに政治的価値をみいだす考え方があった。トクヴィルやJ・S・ミルは民主的な地方政府、市民参加、参加の教育的な効果について価値を認識していた。トクヴィルの1877（明治10）年に翻訳出版された「アメリカにおける民主政治（1835）」は、政権（government）と治権（administration）を分けて考えており、これは治権を全国に普及させて士族の不満を抑えようとした福沢諭吉の「分権論」に影響を与えた（遠山茂樹 1970:120-121）。他方、自由民主主義を実質的な寡頭制として批判してきたコミュニタリアンの立場でも小さなコミュニティを重視しながら、分権化や社会活動を伴う公共領域を重視する論者もいた（Taylor 1995）。

効率的価値とガバナンス的価値は、1990～2000年代の世界的な民主化の機運とグッド・ガバナンスの議論のなかでつながり、ドナーや国際機関の一般的な考え方を形成した（World Bank 1997）。世界銀行は分権化を非常に熱心に称揚したし、UNDPは分権化とローカル・ガバナンスの支援をガバナンスのプログラムの5つの重点項目の一つと考えた。1990年代には1960～80年代の集権的なガバナンスや計画経済が失敗したという認識がドナーの側に確立していた。また、中央のエリートによる民主化だけでは社会的インパクトに限界があると認識され、民主化が社会の底辺においても追求されるべきという考え方が広まった。

次に、配分的価値があり、これはアクターによってプラス、マイナスが異なっている。集権化や分権化によって政治的意思決定の構造が変わることは、社会集団ごとに異なる利害関係がもたらされる。たとえば、米国では少数派集団、貧困層、都市部の利益集団及び労働者組織は各州政府よりも連邦政府により影響力をもっている（Wolman 1990）。領域的分権化は中央における少数派が地方議会において多数派となる機会を与え、また身近な問題に関心をもつ集団に地方政治に関わるより一層の機会を与える。中央と地方の事業配分にはセクターの比較優位も関係している。エネルギー、電気通信や大規模インフラのような「規模の経済（economy of scale）」が働くセクターでは分権化の効果は減少する。ただし、多様なサービスを提供する多層性の政府が存在する限り、この問題は必ずしも二者択一とはならない。（サブ）セクターの優位性は各国の置かれた事情によっても変化する。基礎教育は高等教育とは異なり、教員の人件費を中心とした経常予算の規模が大きく、教師の人員管理の必要性からも集権制の採用には限界がある。(4)

最後に、地域固有性価値とは、分権化が地域集団の独自のニーズに対応した個性ある開発計画の作成に向いているという考え方である（Cheema and Rondinelli 1983）。これは地方の歳入向上策や独立型経営といった地方資源の活用の仕方とも関係する。地方の人材の活用という観点からは地方公務員を登用し、重視する考え方となる。地方において分権化が政府のプログラム、人々の選好及び実施条件を最適に均衡させるという論点もある。

次に、分権化の効果を批判する議論に移りたい。それには、固有の問題とリスク、及び実施上の問題がある。よく指摘される固有の問題とリスクは、アイデンティティ集団による分離運動、政治的不安定性、ローカルエリートによる権力の占有、地域間の所得の不平等、地方政府の財政赤字の累積、等である。このうち、権力の占有とは地方政治家の行政介入の容易さや閉鎖社会における意思決定過程の非透明性のことである。さらに、地方政府によるモニタリングの困難性からの「腐敗の拡散」の危険性や（Prud'homme1995）、パトロネージ政治と弱いアカウンタビリティに依拠した、分権化を推進する政治力学としての中央と地方の権力エリートの結託がある（Crook2003）。地域間格差は、中央と地方の政府間移転、つまり交付金の供与が良好に行われなければ、分権化によって助長される場合がある。歳入の多い地域は自らの境界内でこれを使用し、歳入の少ない地域に回らなくなるからである。先進国の経験によれば、成功した財政的分権化はよく計画された移転プログラム（中央からの交付金）がなければ達成されない。

分権化の実施上の問題としては、制度趣旨がよいとしても、制度や政治家がそれを担う能力ないしマインドをもっているのか、社会にそれが根付くのかという問題がある。分権化を推進する法整備の不足、中央政府と地方政府の責任分担の曖昧さといった問題があり、1999年インドネシアの分権化の初期の混乱にみられた準備不足からくる側面もあれば、中央のエリートが総論賛成、各論反対している場合もある。さらに、地方政府の人員や能力、メンタリティの問題や、地域社会の民主主義や社会関係資本の不足の問題がある。このように政治の意思決定から社会の能力形成の問題に及び、問題の解決には長い時間が必要となる。分権化は政治的意思、強い授権された法的枠組み、強い政党とその競争的制度、及び地方政府への実質的な資源という前提条件が揃わなければ、失敗する可能性がある。

2　分権化とガバナンス――近年の研究動向

分権化はガバナンスの形成自体にいかなる影響をもっているのか。ここでは分権化がガバナンスの多側面性のうち民主化と紛争予防にいかに寄与するのかの二点について考察する。

（1）民主化へのインパクト

民主主義はさまざまな制度やルール、価値観により支えられている。狭義には選挙民主主義、つまり民主的な選挙を管理する体制や自由な選挙活動、関連した司法制度などがある。広義には人権に基づいて政府が国民のニーズに最低限応じることで支持を得る社会契約（social contract）の観念が含まれる。何が国家の最低限の機能なのかについては議論があるが、コアの部分に暴力の独占（安全）、政治秩序、公共サービスの提供の三つがあるだろう。民主化も分権化も相互に影響しながら、これらの機能形成に関与している(5)。

政治的（民主的）分権化は参加という部分で民主化と共通している。地方政府が市民に責任ある政府や民主主義について教育し、選出され、地方で活躍したリーダーが将来国政にも参加しうること、政治的及び民主的プロセスにおいて多数の市民の参加が可能になる点が指摘されている（Olowu 1997:108）。地方制度は市民にとって身近な機会であり、地方社会には構成員に共通の課題があるため、参加は市民の意識と政治的な成熟性を促進する。これらは参加が地方の市民や分権化に有益というトクヴィル（1945［1835］）からダール（1981:47-49）に至る見解に連なっている。さらに、参加は計画の妥当性を高め、市民に自尊心を与え、計画プロセス及び国家全体の正統性を高める（Conyers 1990:16）。

政治的分権化の民主化へのインパクトを4つのレベルから捉えてみる。

〈1〉**政府間の権限移転**：下位政府の段階で民主的な選挙を行い、中央政府がその権限を委譲する法的枠組みと、それに関連した人権と公民権、法の支配の遵守を保証する。これらを導入するには政治的意思、地方政府に対する資源、中央政府の能力なども併せて必要となる（Rondinelli et al. 1989:77-78; Crook and Manor 1998: 83-84)。分権化は中央における政党間対立を緩和させるかもしれない。民主化は各国で政党間の対立をアイデンティティ集団レベルで熾烈化させて国内の暴力紛争の要因となってきた。トクヴィルが言うように、人々が同じ権利に目覚めてしまうと、それまで意識しなかった集団間の不平等が問題にされるようになる。政党はこうした集団の憤懣を背負い、利害を代表するから、暴力を呼び込みやすい。1990年代のウガンダ、エチオピア、マリでは積極的な分権化が分離運動の傾向を減殺する手段として使われ、少なくとも一時期は効果をもった。

〈2〉**地方政府の能力強化**：地方政府の権能には自己歳入の権限、予算の管理、政策形成、技能と専門性などが含まれる。地方政府が権限委譲によって中央から独立した権威をもち、意思決定を行えることが重要であるし（Manor 1999:13）、それはやる気や能力構築の進展に影響する。

〈3〉**地方政府―市民**（民主的ローカル・ガバナンス）：地方政府が市民に対してアカウンタビリティ、透明性及び反応性をもつことと、それを可能とする倫理的な基準、パフォーマンスの測定、情報の公開、監査、透明性が国家において必要となる（Crook and Manor 1998）。これに関連して、地方政府公務員の訓練と共に市民社会からの意見や要求に対するフィードバックが求められる。

〈4〉**市民社会の育成と役割の拡張**：政治家と選挙民の公正な関係、選挙の自由競争、公共の会議や公聴会へのアクセス、市民掲示板（citizen board）、政府との共同の意思決定がある。さらに、地域の市民の参加促進は、手段だけでなく価値である。ナイロビでも近隣集団が形成され、公共的活動を行っている。信用、規範及びネットワークとして規定された社会資本がある地域ではそうでない地域よりも権限委譲が成功しやすい（Putnam et al., 1993:167）。また、社会のなかでさまざまな意見を交換するフォーラムの開催、特に女性を含む少数派の参加が必要である。

然しながら、これらの形成は容易ではなく、分権化の改革が実際には委譲された権限が少なく形式的になり、中央政府の支配を正当化する偽装になることが多く（Crook and Manor 1998）、地方政府に実体的な権限が委譲されていない場合も多かった（Manor 1999）。この趨勢は１９９０年代に入り民主化の動きが加速してからも急激に変わることはなかった（Crook and Sverrisson 2001）。２０００～２０１０年代においては、独立変数である分権化も従属変数である民主化も期待されたような進展がうまれていない。民主化は、政府の能力形成以上に権力エリートの意図がボトルネックになっている場合が多い。権力エリートは何らかの事情で分権化を進展させることがあるが、内外の関係者に象徴的に示したいだけの場合もある。また、民主化は大きなテーマであるので、分権化政策だけで寄与できる範囲は限られている。ただし、１９９０年代末のさまざまなドナーが加わった民主化とミレニアム開発目標などがすべて加わった政策改革機運のなかで、民主化も進展する期待感があった。こうした予感は１９９０年代末の債務救済の国際的な動きから２００５年の英国のグレンイーグルズ・サミットまでは非常に大きなものがあった。しかし、グレンイーグルズで貧困やガバナンスを重視した援助アプローチは一つの頂点を迎え、２００８年の世界同時不況以降になると改革の機運は下降した。

（2）紛争予防へのインパクト

1990年代の「脆弱国家」の国内紛争は下火になったとはいえ、多くの国ではガバナンスの弱さや集団間の対立が引き続き懸念されている。アフリカでは1980〜2005年に47カ国中32カ国で126の紛争が起こり、戦闘の過程で約百万人が死亡し、被災過程で数百万人が死亡したとされる（UCDP/PRIO, 2007）。関連した飢餓や病気を含めれば、その数はさらに膨れ上がるし、社会経済的な損失は計り知れない。アフリカでは現在も南スーダン、チャド、ソマリア、コンゴ民主共和国などで紛争が続いており、他の地域でもイラク、シリア、アフガニスタン、グルジア、フィリピン（ミンダナオ）などで生じている。

途上国政府のみならず、ドナーにとっても紛争予防と平和構築は国際開発とも関係して重要な政策領域となっている（OECD 2004）。紛争予防に対する分権化のインパクトには直接的なものと間接的なものがある。分権化が民主化や貧困削減などに資することで将来の紛争が予防されることが間接的な効果であるが、分権化が紛争予防に直接的に働く場合がある。逆に、分権化によって紛争が促進されてしまう場合もある。分権化によってあらゆる資源が以前よりも公平に分配されれば紛争は沈静化するかもしれない。逆に、分権化した政治単位のなかで政党やメディアの活動が活発化して分離運動が強まり、紛争に繋がることもある。

1990年代に紛争が多発した低所得国において分権化と紛争の関係には次の三点が指摘できるだろう。第一に、民主化が紛争を引き起こすために分権化が導入される側面である。冷戦の終結によって圧政がドナーから承認されなくなり、複数政党制が導入されたが、政党間の対立から政治的不安定性が増加した。冷戦時に維持された集権的体制の崩壊過程で紛争に入った国では分権化は過渡的措置を含めて国家の新しいビジョンとして歓迎された。分権化と自治は一つの集団が国家の権力を独占することを防ぎ、少数派の観点からは統治の有効な原則であるとみなせる（Horowitz 1985）。連邦制は比較的に大きな国土で各州に自治を与えることで中央での衝突を緩和させる狙いがある。ポール・コリアー（2009）らによれば、所得水準が１３００ドル以下の国々の民主化は紛争を招きやすい。このゾーンでは民主化をゆっくりした過程で進行させ、分権化を並行して強化する政策が有効になるかもしれない。第Ⅲ部でみるルワンダではこうした対応がとられていなかった。

　第二に、アイデンティティ集団に自治を与えて紛争を緩和させる側面である。国家を構成するエスニシティ、宗教及びその他のアイデンティティ集団のあいだの抗争を低減させるために分権化は有用である（Bangura 2006）。スチュワート（2008）はアイデンティティ集団が資源の配分や政治的意思決定の権威、または文化的伝統の存続に関して不平等がある際に紛争のリスクが増加すると指摘している。ただし、大衆は集団間の不平等を厳密に知ることはできないだろう。また、より豊かな集団が紛争を仕掛けることもありうる。不平等の計測は原初主義的な特徴が残る集団間の分析では有効であるが、セン（2006,2011）が指摘するような変幻自在なアイデンティティを摑むことはできないだろう。一般的な傾向として、集団間の不平等は人々のあいだに漠然とした相対的な剝奪の感覚として広がり（Gurr 1970）、開発の初期段階において増加すると考えられる（Cramer 2005:4）。この観点からは配分の公平や地方自治が不平等を減らすようであれば、政治的に支持されるだろう。

　第三に、新家産制を含む植民地遺制を根絶させる政治過程としての分権化がある。植民地遺制の刻印を受けたガバナンスは、冷戦の影響もあって、権力の集中を招きやすかった。そして、「新家産制」がうまれた。この権威主義的な体制においては、利益はパトロン―クライアントの関係において分配され、広く国民一般に公平に分配される保証がない。経済的に順調な時期や冷戦のように外部によって強力に支持されているときには問題は少ないが、それらがなくなると配分の不公正の問題が顕著になる。これは分権化が取り組むべき根源的なガバナンスの問題であり、この問題が解決しなければ、民主化で権力が交代しても新たな「新家産制」が復活する可能性がある。

【注】

1　権力分有と分権化・自治のあいだにも関係があり、レイプハルト（1997）は連邦制を多極共存型民主主義の構成要素とし、シスク（2003）は分権化を権力分有のなかに含めている。
2　ホロウィッツは紛争マネジメントに関わる戦略を、党派の和解調停、領土的取り決め（連邦制や地域的な自治）、分配的政策（ポストの登用や共同所有権）としている。
3　公共セクター改革は、サービス提供の効率性や一定のサービスを所与とした際の政府の定員や予算の縮減、事業評価方法などの一連の改革をさす言葉である。
4　保健セクターでは、小児ワクチンの摂取などは集権的な実施が必要であるが、地域の疾病には地方政府・機関に裁量権限が与えられる必要性がある。
5　近代国家は中央における軍隊の設立が不可欠であるとの見解もあるが、ウガンダやナイジェリアなど軍隊が特定のエスニシティ出身者から構成されて起きた紛争もある。軍隊をさまざまな集団により構成させるという措置も広義の分権化になろう。

第4章　貧困と不平等

１９７０年代から東アジアは権威主義的体制のもとで政府主導型の開発を進めてきた[1]。これに対し、中南米は１９８０年代、アフリカは１９９０年代に民主化を進め、開発や経済成長の成果は芳しくなかったが、対等な市民による国家統合を進めて今後の開発を展望しようとした。途上国にとっては、「開発（経済成長）優先」と「民主化優先」の二つのモデルがあった。前者のモデルは政府が産業振興策を行い、輸出主導型の経済成長をすることで社会を豊かにし、それがいずれは国民一般や貧困層にも裨益するものであった。開発が為政者にとって支配の正統性となり、貧困削減はその結果入手されるとされた。後者のモデルは民主化による国民のナショナル・アイデンティティの形成や選挙権・市民の確立に支配の正統性を置き、開発は民主化プロセスの結果求められるとされた。両者は選択肢として対照的なガバナンスであったが、１９９０年代の民主化を経て、２０１０年代の国際社会においては市民権が相当な程度定着し、そのうえでの開発が求められている（第Ⅳ部第1章を参照）。

アジアにおいても１９９０年代に入って「開発主義」だけで国家が維持されることは難しくなった。インドネシアのスハルト大統領は32年間にわたり軍事独裁を敷いていたが、１９９８年に7選を果たした後に一族や側近への権力と富の集中に対する批判が止まらず、学生の街頭での抗議行動などの退陣要求が激しさを増した。この過程は１９９７年のアジア通貨危機からの経済不振が認められるという意味で、リーマン・ショックからの経済不振が背景にあった「中東の春」と似ている。1998年5月のジャカルタ暴動では大規模な略奪が起き、中国人街が焼き討ちされ、1200人以上が死亡した。これが「開発主義」体制の幕引きとなり、副大統領のハビビが後継大統領に就いたが、新大統領の政治改革姿勢に満足しない若者のデモは止まらず、失業者も増加してハビビは1999年の選挙で敗北した。ハビビは政権の正統性を維持するため懸命な努力をした。総選挙の前倒しを約束し、改革派指導者との会合をもち、民主化を進める重要な決定を行った。民主化に関しては、パンチャシラへの忠誠の強制をやめ、基本的人権を尊重し、大統領の非常大権を廃止し、大統領・副大統領の任期を2期上限とし、政治的分権化と腐敗対策を推進した。しかし、それでも市民の支持は得られなかった(2)。

インドネシアの貧困率は1976年の40%から1996年の11%へと20年間で激減した。しかし、アジア通貨危機以降貧困人口は1996年2月から1998年12月のあいだに半分近く増加し、深刻な食料価格の値上がりが起きた。こうした背景を受けて、分権化は民主化と貧困削減の双方から不可避的なテーマとなった。1999年に地方行政関係法案が国会で可決され、中央政府から州と県に大幅な権限が委譲された。ワヒド新内閣となり、2000年には連立を組んだメガワティの副大統領府が貧困や社会福祉を担当することになった。分権化改革は即座に断行されたが、経済状態の回復はすでに始まり、貧困率は1999年には1996年レベルにまで減少した。これは貧困ラインを超えた一時的貧困層が2年間で急減したためであった。

本章では、第1節で貧困削減をめぐる国際開発の理論的・実務的潮流について振り返り、第2節で前章との関係から分権化が貧困削減に及ぼす影響について先行研究を整理し、第3節では貧困削減と不平等是正をめぐる新しいガバナンスの動きについて考察する。主たる検討対象となるのは、一つは1995年から10年間、国際開発潮流のなかで主流を占めた貧困削減戦略であり、これは社会セクター援助と分権化を中心としたグッドガバナンス・アプローチによって支えられていた。その開発戦略は１９５０～７０年代の政府主導型、１９７０～８０年代の市場主導型の国際潮流との関係で言えば、ネオ政府主導型であったが、従来の大きな政府の再来は求めない路線であった。２００５年以降はネオ市場主導型路線がいったん浮上したが、リーマン・ショック以降景気の低迷と共に世界的に不平等が問題となり、貧困削減・不平等とガバナンスとの関係は引き続き重視されている。

1　貧困削減戦略（PRS）

貧困の多面的な捉え方とドナーの貧困重視の政策転換が確定したのは１９９０年代後半の国際社会の動向を受けて[3]、２００1年の経済協力開発機構／開発援助委員会（ＯＥＣＤ／ＤＡＣ）の貧困削減ガイドラインの策定、１９９９年9月のＩＭＦ・世界銀行合同開発委員会による低所得国における「貧困削減戦略ペーパー（Poverty Reduction Strategy Paper: PRSP）」の作成の決定、世界銀行による貧困を特集した「世界開発報告書２０００／０1年版」の刊行という一連の事象からであった。従来、貧困削減に最も熱心であったドナーは北欧諸国であったが、これにウォルフェンソン総裁の世界銀行と英国労働党ブレア政権が同調したことがドナー側の貧困重視を決定付けた背景となった。

貧困は所得や社会指標、環境やジェンダーなど多くの要素から構成されている。「ＤＡＣ新開発戦略（１９９６）」もその多義性に立脚している。1日1ドル以下で暮らす世界の所得上の絶対貧困層を12億人前後と推定し、２０１５年までにその半減を目指すと共に、初等教育、保健、ジェンダーなどの貧困の分野でも改善目標を定めた。その後、世界の所得上の貧困層の割合は急減しているが、人口の絶対数が増えているので、地域によっては絶対数に大きな変化はない。現在、初等教育の就学人口やジェンダー格差は順調に改善している。

乳幼児死亡率は短中期的には大きく変化していないが、前世紀の半ばから長期的には改善している。1990年代の低所得国においては対外債務の増加と共に財政運営が混迷化し、市場自由化が解決できない貧困の問題が認識された。貧困の多面的側面に対する認識の深まりの結果、社会セクター（保健、初等教育、飲料水等）や、ガバナンスの重要性が強調された。また、累積債務の元利払いで途上国の経常収支は圧迫され、社会セクター予算が圧縮を余儀なくされたことも問題視された。これらの全体が貧困削減の制度構築の課題とみなされたわけである。

「DAC新開発戦略」の形成で主導権をとったのは、北欧諸国と英国であったが、当時ODAを急速に拡大していた日本も積極的に対応しており、バイ（bilateral:二国間）のドナー共通のイニシアティブであった。これに対し、途上国のオーナーシップとドナー・途上国政府社会のパートナーシップという同戦略の原則を踏襲しつつも、IMF世界銀行のマルチ（multilateral）のドナーが3年後の1999年に打ち出したのがPRSPであった。世界銀行は従来の新古典派経済学による新自由主義的政策を一部修正し、低所得国の債務削減を積極的に計画すると共にPRSPの策定を通じて政策対話及び貸付のサイクルにおける貧困重視の視点に取り組んだ。また、ウォルフェンソン総裁が提唱していた「包括的開発枠組み」の原則に従い、PRSPは他ドナーの協力を得て実施される参加型の開発プロセスとして形成されることが構想された。

もともと貧困削減を重視していたのはスウェーデンをはじめとする北欧諸国であった。北欧諸国は社会民主主義路線、社会福祉路線を進めてきており、開発援助の分野では貧困削減を重視し、人道援助にも熱心であった。英国は保守党の時期には援助が低迷し、民営化を推進する援助などを行ってきたが、

1997年に労働党政権が成立してから北欧諸国と政策の協調を進めることになった。米国はDACにおいて最大の援助国として最も発言権のあるドナーであったが、1990年代末には英国・北欧が最も発言権のあるドナーとなった。日本やドイツ、フランスも単独で援助額は大きかったので援助協調の動きには部分的にしか乗らなかった。日本は1990年代末はまだODAの最大の拠出国であったので、どんな分野でもそれなりの参加と貢献を行う用意があったようである。

さらに、世界銀行は世界開発報告（WDR）2000／01年版のなかで貧困削減の主要な柱として①「機会（opportunity）」、②「エンパワメント（empowerment）」、③「安全（security）」を提案した。そして、貧困を解決できない社会・経済・文化的要因をもつ国の経済成長は長期的に持続しないという議論のもとに財政支援（budget support）の奨励などの新たなパートナーシップ論を展開した。①は成長を促す政策や制度が市場を貧困層のために働かせ、彼らの資産を形成する機会をもつことである。②は成長や貧困削減に影響する国家や制度の活性化であり、すべての市民に対する制度の効率性や説明責任、包括的な分権化とコミュニティ開発の促進、社会資本の形成や社会的障害の除去を意味する。③は「貧困者の声（voices of the poor）」などの調査結果を受けた、貧困層に対するリスク及び脆弱性対策である。

PRSPに代表される世界銀行の新たなイニシアティブは、実施国によりアプローチや具体的な展開は多少異なるが、途上国や他ドナーに対して大きな影響を与えた。PRSPは途上国自身のオーナーシップを有した政策といっても、具体的には世界銀行の融資受け入れ国を対象としている。DACの貧困削減ガイドラインの作業部会でもPRSPとの関連性が国別開発計画の形成のところで重視された。しかし、外部から見れば大同小異かもしれないが、先ずバイのドナーのパートナーシップとしては、このレベルで受け入れ政府とPRSの原則を確立させようという問題意識があった。実際にはPRS策定・実施・モニタリングを支援する国際ドナー・コミュニティの取り組みはＰＲＳＰの動きと殆ど重なっており、いずれにしてもパートナーシップが低所得国におけるドナー間の行動規範とされたのである。

ＰＲＳＰの形成から少し遅れて２００１年５月のハイレベル会合で採択された「ＤＡＣ貧困削減戦略ガイドライン」は、地域間格差・環境・ジェンダーを含む貧困の多側面性（multi-dimensionality）の観点から貧困削減の視点を確立させようとした。ＤＡＣの貧困の定義も非常に広義であり、厳密な概念規定は行われなかったが、個人消費（必要栄養摂取が可能な所得）・資産に加え、人間開発、社会資本や政治的エンパワメント、安全（脆弱性）を含んでいる。オーナーシップやパートナーシップも「ＤＡＣ新開発戦略」からの継続したキーワードとなった。このガイドラインには、開発援助以外の政策が途上国の開発効果にマイナスに働かないように先進国が政策一貫性（policy coherence）に努力することや、オペレーションの分権化、人材の育成など援助機関自体の改革案も盛り込まれていたところが注目される。

「ＤＡＣ新開発戦略」は２０００年に国連ミレニアム開発目標（ＭＤＧｓ：Millennium Development Goals）の達成というフレームワークに発展した(4)。同目標決定のときまではＰＲＳや援助量の拡大に比較的に消極的であった米国ジョージ・Ｗ・ブッシュ政権は翌年の２００１年に９・11が発生すると、安全保障の観点からＰＲＳを重視せざるを得なくなった。同政権は、貧困が弱い制度と腐敗と共に、途上国をテロリストや麻薬ネットワークに対して脆弱にするという認識をもつに至ったからである(5)。この方針は２００２年のモンテレイの支援国会合で明らかとなり、米国は欧州ドナーと共に援助の拡大をプレッジした。このような１９９０年代後半に現れたＰＲＳと援助量拡大の流れは２００５年の英国のグレンイーグルズ・サミットで頂点を迎えた。それ以降、世界銀行や地域開発銀行、米、日、仏、独はＰＲＳ重視の姿勢は変えていないが、経済成長を通じて貧困削減の実現を図る方針を強く打ち出している。その手段は、広域インフラの形成や民間セクターとの協調融資、産業振興策、さらにマイクロファイナンスなどである。社会セクターとガバナンスの援助は、これらの成長促進援助とのバランスがとられるようになってきた。

バイのドナーとして2000年代は日米が新自由主義路線であったが、欧州でも2005年のメルケル、2007年のサルコジと類似の路線が現れ、英国でも2010年にキャメロン連立政権が登場した。新自由主義が先進国では復権したものの、2008年に世界金融危機が発生し、この流れの揺り返しも起きてきた。2009年に米国でオバマ、日本で鳩山民主党政権が誕生した。2012年にはサルコジが敗北し、オランド社会党政権になった。英、仏、独は2005年のグレンイーグルズ・サミットにおいて政府開発援助（ODA）を国内総生産（GDP）の0・7％にすることを国際目標として公約した。それは2013年までの目標値であるが、2015年段階で達成しているのは英国だけである[6]。日本は支出純額ベースで2005年まで2位であったが、2011年は米、独、英、仏に次いで5位に低下した（GDP比は0・22％）。明確な趨勢としてあるのは、主要先進国はODA拡大路線で一致しきれなかったこと、及びいずれのドナーもODAをより民間セクターとの協調や成長を重視した内容に組み替えていることである。他方、新興ドナーが台頭しており、それらはチェコやハンガリーのようなDACに参加する中東欧諸国、中国やインドのようなBRICS諸国、サウジアラビアやクウェートのようなアラブ諸国に分類される。

2　分権化と貧困削減

1995～2005年のPRS、社会セクター重視の援助は、援助量の拡大と累積債務の削減、重点セクター政策の形成によって進められてきたが、同時にそれを担う制度として地方政府や地方の制度を必要とした。地方に貧困層も通える病院を作る必要があると、その経営主体は中央政府であるよりも地方政府の方が先進国的にみれば経営は容易である。(7) しかし、従来地方政府や地方制度が極めて弱体で、マンパワーも養成されてこなかったとすると、分権化政策をしてもうまくいく保証はない。医師やパラメディカルは、都市部やその近郊で働きたがる傾向をもつし、地方の施設では水や電気の供給の問題もある。こうしたセクターの問題すべてが分権化やそれと関連したガバナンスの問題になる。1990〜2000年代には幾つかの国々で分権化支援が急激なテンポで開始された。

貧困にはグローバルな要因と国内的な要因があると考えられる。世界的規模の貧困の拡大やその放置はしばしばグローバリゼーションが原因であると言われる。たしかに、グローバリゼーションは国内的にも国際的にも所得格差を広げる傾向がある。次に、貧困の国内的側面をみるときに、分権化は貧困削減にどれだけ寄与しているのだろうか。先ず直面するのは、分権化や貧困削減の進展をいかに計測するのかという問題である。貧困は多面的な要素をもっているが、ここでは議論を限定し、所得貧困を取り上げる。

分権化の所得貧困の削減効果についての実証的研究は限られている。分権化は計測の仕方が容易ではなく、しかも方法論が確立していない。さらに、冒頭の地方病院の例でみたように貧困削減は通常他の政策・改革と一体的に運用しないと効果がでないので、分権化政策だけの効果の測定は容易ではない。分権化と貧困の関係の分析は、先ずプロセス指標として、住民の公共的な意思決定過程への参加と、政府の住民に対するアカウンタビリティの向上があり、同時に地方政府が地域の情報に詳しい、ないし住民に対する近接性から公共サービスの効率性が向上する。次に、結果指標として一般的な社会経済的な指標で捉えられる貧困の減少や変化の予測がある（Steiner 2007）。プロセス指標とは異なり、結果指標の部分はローカルだけでなく、ナショナル、グローバルな影響も含むところが評価が難しい。

途上国10カ国とインドの2州の分析では、分権化が「反応性と参加」、「社会的経済的結果」を改善した納得させる証拠はないと指摘された（Crook and Sverrisson 2001:5）。OECDの調査は、途上国19カ国の分権化の政治経済的なインパクトをエンパワメント及びサービスのアクセスの観点から検討した（Jütting, et al. 2004:7）。特にエンパワメントは参加と地方政府の能力から評価したが、分権化と貧困削減のあいだに明瞭な繋がりは認められていない。分権化の貧困削減への貢献度は肯定的、やや肯定的、やや否定的、否定的の4グループに分類すると、全体の3分の2が「やや否定的」か「否定的」となっている（否定的なグループは低所得国に属し、殆どの肯定的なグループはボリビア、ガーナを除き中所得国に属している）。類似の調査も基本的に肯定的な観察結果を述べていない。

これらの観察結果を見ると、分権化が貧困削減に寄与していないように見えるが、調査手法の制約も指摘されている。これらの研究が文献解析を中心に行われており、分権化の当初の目的が貧困削減ではなかった改革も含まれている（Crawford and Hartmann 2008:20）。また、対象文献は1990年代の事象の観測結果に基づいており、PRSが国際的に共有された目標となってからの計測値は含まれず、その後の大きな調査もなかった。

従来の調査結果は、分権化の測定方法はおろか定義すら共有していなかった。さらに、筆者は従来の調査結果の問題点を2点指摘しておきたい。第一に、多くの分析は貧困の結果（outcome）の分析というよりも半分は参加やアカウンタビリティなどガバナンスの達成度評価になっている。また、貧困一般の評価についても基本的に当該地域の住民の家計所得や社会指標の変化までは立ち入って分析していない。第二に、何が分権化なのかについて異なるタイプと段階の国々を一括して比較している。分権化は根本的な法規が作成されたとしても、関連のルールや機構や予算や人員の配置に何年もかかるのが普通である。さらに、公共サービスの普及率の向上には政府全体やセクターごとの予算の増減も影響する。これらの時間経過や外部要因まで検討しないと、調査結果は非常に曖昧なものになってしまう。民営化が分権化に入るということも看過されている。従って、従来の調査結果は分権化が貧困削減に容易に結びつくという幻想を戒める教訓を導き出す以外の役割はなかったと考えられる。つまり、多くの調査研究は国別比較を可能にする正確な概念と計測方法、分権化政策の推移した時間や外部要因の影響の考慮といった精密な分析過程を経ていなかったと言えるだろう(8)。

開発途上国の貧困削減の状況は「構造的な貧困」ないし「貧困の罠」と言われるように非常に厳しいものがあり、所得貧困にしても、一般に分権化政策だけで目に見える効果が上がるものではない。現時点の途上国の所得貧困の状況は、世界銀行の研究によれば、新たな貧困基準(1日1ドル25セント以下)による途上国の貧困層の人々は1981年の19億人から2005年の14億人、2015年の8・4億人に減少した(Chen and Ravallion 2008; UN 2015)。ただし、人口に占める貧困者の割合は、東アジアでは1981年の約80%から2005年の18%に減少しているが、アフリカでは1981年から2005年が50%、2015年が41%と大きくは変化せず、近年は絶対数では増加している。ミレニアム開発目標は東アジアでは相当程度達成されたものの、アフリカでは弱い達成となっている。また、貧困はかつて低所得国にのみ多かったが、最近は人口の多い中国、ナイジェリア、パキスタンなどが中所得国に移行したことを反映して、中所得国で増加する傾向があり、また紛争が頻発する「脆弱国家」においては低・中所得を問わず増加する傾向がある(Gertz and Chandy 2011)。

3　貧困削減・不平等の新しいトレンド

グローバル・ガバナンスのさまざまな動きのなかで貧困削減はある程度成果を上げてきた。中央政府、地方政府のみならず、地方政府と市民社会の関係、政府と民間セクターの関係、市民社会と民間セクターの関係、さらには国際ＮＧＯｓなど越境的（transnational）アクターといった多次元のガバナンスのなかで貧困削減は進められた。民間セクターには外国資本も、ＢＯＰ（Base of the Pyramid）のような貧困ビジネスも含まれるが、これらと政府の適正な関係も重要になっている。[9]この政府と民間セクターのパートナーシップも最新の分権化の定義に合致するものである。市場メカニズムの活用により貧困問題の解決を図るという発想は２０００年代に入ってから本格化し、ＢＯＰ関連の著述も増加した。他方、不平等はリーマン・ショック以後、米国では景気と雇用の回復基調のなかで所得・資産に大幅な格差があることが指摘され、２０１０年代に入りさまざまな調査結果や研究が発表され、注目を浴びるようになった。

本節では貧困削減と不平等について先進国と途上国の動向を簡単に概観し、イシューの全貌について可能な限りふれながら、それらにおけるガバナンスの意味を考えたい。第一に、先進国と途上国では問われている貧困の意味合いが違うが、それぞれにとって深刻な問題であることには変わりがない。所得貧困にはある社会内部の絶対的な基準以下の「絶対的貧困」と内部の社会経済格差を反映した「相対的貧困」がある。タウンセンド（1979）は貧困を「相対的剥奪」という観点から定義した。それには物質的な剥奪と社会的な剥奪がある。アマルティア・セン（1985）は貧困を「潜在能力の欠如」という観点から捉えた。その定義からは、人々の潜在能力は異なるので、財が消費者に与える効用も一様ではないとされる。チェン‐ラバリオン（2008）は各国の貧困ラインを研究し、最貧国では貧困ラインが低く、国内の経済格差も少ない一方、世界の平均消費より上の国では貧困ラインは平均消費につれて上昇するとした。貧しい国では絶対的貧困が貧困を測定する重要な基準であるのに対し、消費水準の高い国では貧困ラインが上昇するので相対的貧困の方が重要になるというのである。

絶対貧困はアジアを中心に減少しているが、各国内での生活水準の格差は「勝ち組、負け組」として拡大している。この傾向は、先進国・途上国を問わず、リーマン・ショックが起きてから若者の失業と共に増している。格差や不平等の拡大は、社会的排除や政治的な混乱を引き起こしかねない。２０１５年、米国の大統領予備選における民主党サンダース候補、英国労働党のコービン党首も不平等是正を訴えて支持を広げた。欧州における移民問題を含めた若者の不満は右傾化や暴動の発生を進めている。独におけるネオナチ支持層の拡大、２００５年のパリ郊外のイスラム系若者の暴動、２０１１年の英国主要都市の若者の暴動、同年のノルウェーのキリスト教原理主義者による銃乱射事件、２０１２年のフランス大統領選挙における極右国民戦線の躍進は欧州における相対的貧困や移民問題を背景としている。また、欧州国内で移民2世・3世のテロリストが育ち、２０１５～１６年、ＩＳ（イスラム国）の指令や宣伝も介在して、イスラム過激派によるテロ事件が急増した。紛争、特に内戦やテロの発生という意味では、絶対的貧困よりも相対的貧困の方が問題となる[10]。２０１０年代の国際社会やドナーは引き続き途上国の「絶対的貧困」の削減に努力しながら、併せて先進国内の「相対的貧困」に取り組まねばならない。途上国では福祉社会が形成されていないが、先進国では福祉社会を形成した後に財政赤字や受給資格の問題が起き、これを解消しようとすると緊縮政策になり、失業者など国民の不満を買いやすい。

第二に、グローバリゼーションは貧困を増やすとは言えないが、先進国・途上国を問わず、国内社会で格差と不平等を増やす傾向があるようである。所得面での不平等を測るのはジニ係数と所得階層別比較などである。経済成長戦略との関係では、不平等は成長の初期には顕著となるが、成長が進むにつれて緩和されるというクズネッツ仮説はかつての説得力を失いつつある。格差社会のガバナンス上の対策としては、ヘルド（2002, 2003）が言うコスモポリタン社会民主政における福祉社会の実現が想定としてはあるが、これが速やかに実現するとは考えにくい。金融グローバリゼーションの適切な規制や地下採掘資源をめぐる公正な貿易ルールの設定や途上国に対する国際開発などの各種対策を進めながら、どの国の政府も国内的には税制を改革し、福祉社会の実現の方向に政策を積み上げる必要がある。そして、福祉を考える際に「開発主義」という枠組みではその実現が保証されていないことにも思い至る。福祉は基本的に民主的社会を想定している。次に、社会的排除は、1980年代のフランス社会学から発展した観念で、完全な市民権を保証するべき主要な社会システムの崩壊または機能不全を意味している（Berghman 1995）。EUは社会的排除を経済的・社会的・政治的権利が否定されているか、あるいは実現されていないという観点から定義している（バラ／ラペール 1999, 2004）。欧州では移民労働者対策を進めて排除を包摂（inclusion）に転換しようとしたが、これには不景気な時期に失業した若者たちの反発を受けるトレードオフの関係がみられるようになった。

1980年代から2010年代までの一世代のあいだ、所得の不平等を示すジニ係数はブラジル、ドイツなどの例外を除き多くの国で増加している（World Bank 2016）。大きな不平等は、独立以後にすでに存在しており、さらに1980年代の経済自由化や体制転換の時期に加速した。たしかに、南米では大規模農場の地主と都市部のホワイトカラーや商工業者の中間層と零細農民・先住民のあいだの格差は当初から大きかった[11]。1980年代後半になって社会主義路線を撤回したタンザニアでは、市場自由化のなかで、貧富の格差が拡大した。途上国、特に低所得国ではそもそも中間層があまり発達していない。最近の変化は先進国や一部の途上国で富裕層がさらに豊かになっていることである。先進国では厚い中間層が存在したが、2010年代にその分解が叫ばれ、2012年の米仏、2016年の米国の大統領選挙ではその対策が最大の争点になった。グローバリゼーションをいつの時期からの事象と捉えるのかにもよるが、それをポスト冷戦期のIT革命と繋げた、新しい現象として解釈すると、この時期は一部の層だけが急速に富裕になっている。

第三に、先進国と途上国の1人あたり所得や資産の格差の問題がある。クレディ・スイス研究所(2010)のグローバル資産報告書によれば、最上層では世界の人口の0・5%の成人が35・6%の資産を占めており(1人あたり資産は百万ドル以上)、反対に最下層では68・4%の成人が4・2%の資産しかもっていない(1人あたり資産は1万ドル以下)。オックスファムは、これを受けて世界1%の富裕層の資産が残り99%の人々の資産に匹敵すると言っている。ミラノビッチ(2013)によれば、世界の各国間のジニ係数は1980〜2000年のあいだ拡大傾向にあったが、2002〜2008年には若干だが1・4%改善した。この原因は、中国とインドの経済成長に求められるとしている。他方、各国内部のジニ係数は多くの国で悪化しているという。1988年〜2008年のあいだで世界人口の富裕層上位1%の所得は60%増加し、最下層5%では所得変化がなかった。さらに、オックスファム(2016)は、世界の富裕層62人の資産が貧困層36億人の資産に匹敵するとしている。この問題が世界の深刻な不平等と格差の問題を表しており、最も反グローバリズムが攻撃している点となるが、新興国の成長が世界の不平等を減らす要素となれば歴史的に画期的なことになる。

他方、この最下層の大きな人口規模と潜在需要に着目したのがBOPビジネスである。ハモンド(2007)

の定義によれば、BOP市場の1人あたりの所得は1日1～3ドルに過ぎないが、全体では50兆ドルという巨大な消費者市場を形成しているという。BOPの求める市場を開拓し、これを現地で生産すれば雇用の創出となる。こうした開発戦略は企業が貧困削減の主たる担い手となる意味で1990年代の地方政府主導型のPRSとは異なっている。ここで重要な論点は、BOP向けの市場形成を外国の大企業が手掛けた場合、それは途上国の市場をさらにグローバル資本主義に引き入れることになるのか、きっかけは別としていずれは企業経営や市場メカニズムをローカルに形成できるのかである。ここでも政府の役割が問われている。政府は民間セクターの活力を引き出しながら、外資と国内資本のあいだでうまく触媒として働かなければならない。ここでは「開発主義」における輸出指向型経済を牽引する政府とはまた異なる形の役割が求められており、途上国政府にかなりその荷は重い。現在は、バイもマルチもドナーはBOPビジネスを普及しようとしている。UNDP（2008）も貧困層を市場に取り組むビジネスモデルについて担当部局を設置し、JICA（国際協力機構）も民間企業との協力案件を募集している。日本の民間企業には欧米や韓国・中国と比べてこの分野での出遅れ感があった。「安かろう悪かろう」製品の開発が主流製品のイメージを損なうという不安もあって、開拓市場を新興国で勃興している中間層・貧困層上層だけに絞ろうとする傾向があった。

BOPと並んで注目される制度にフェアトレードがある。これは途上国の原料や製品を市場価格だけによらず、適正な価格で継続的に購入することで、途上国の生産者の自立を促し、労働者の貧困を削減する制度である。[12] これはマイクロクレジットなどと並んで「連帯経済（solidarity economy）」を支える運動でもあり、企業やNGOs、学生組織、市民社会が担い手である。フェアトレードの起源は東欧の経済復興のための工芸品輸入と言われるが、EUにはもともとロメ協定の輸出所得安定化制度のような途上国にとっての一次産品の価格変動リスクを支える考え方が存在した。[13]「連帯経済」は１９９０年代の南欧・南米から世界に広がり、アジアでもフォーラムが開かれている。これに対し、１９８０年代のフランスのミッテラン政権は協同組合、ＮＰＯ、財団からなる「社会的経済」を提唱していたが、両者は合流しつつある。

最後に、途上国の貧困削減や世界的な所得・資産格差の減少に対してグローバル・ガバナンスに何ができるだろうか。グローバリズムの見方は基本的に世界がこのままの進展でいてもよいという考え方である。修正地方政府を拡張させる分権化には熱心ではないが、民営化や市場化といった分権化には関心を示す。修正グローバリズムの立場は国際機構の活動を強化し、国連のような国際フォーラムや各国の多国間主義やＮＧＯｓとの協調を推進してより途上国の人々の声が反映されることで漸進的に問題を解決するものである。開発援助は質量ともに改善されていけば途上国に貢献できるとの想定のうえで、貧困削減を分権化などのガバナンス改革と連動させて進めようとする。反グローバリズムの見方は既存の国際機構や外交では根本的な問題は解決しえないと考え、国家間組織としての国際機構の役割に限界を感じている。その一部には世界連邦政府のような超国家組織や国連の発展、さらには政治統合を進めるＥＵのような地域機構に期待する声もあるが、多くはローカリゼーションを支持する。ローカリゼーションはグローバル資本主義とは一線を画し、途上国の生産者や労働者が搾取されない仕組みを検討し、内発的発展もその一つのモデルである。

このように見たときにローカルに解決策をみいだそうという視点がグローバリズムにはないのに対し、修正グローバリズムと反グローバリズムにはあることがわかる。ただし、修正グローバリズムは政府と多くの接点をもち、貧困削減や人々の参加の拡大を目指す分権化に期待しているのに対し、反グローバリズムはローカルの協同組合やＮＧＯｓ／ＣＢＯｓ（Community-based Organizations）、自助的・互助的な組織の役割に期待し、（中央）政府にはあまり期待しない傾向がある。ローズノウがグローバル・ガバナンスを担うコントロール・メカニズムの提供者として非国家主体（トランスナショナルとサブナショナル）を強調したことは意義深い。国家は引き続き重要であるが、組織の増殖とその相互作用・相互浸透は人間活動のあらゆるレベルに及び、何か一つの階層的な権威の構造のもとにまとめられるものではないと彼は述べている（p.16）。これは現在の貧困削減をめぐるグローバル・ガバナンスのさまざまな動きにおいても通じ合う指摘であったと言えるだろう。

ミレニアム開発目標は２０１５年に目標年次に到達し、さまざまな評価を経て、２０１５年9月の「持続可能な開発サミット」において国連加盟国は「持続可能な開発のための２０３０アジェンダ」を採択した。持続可能な開発目標（ＳＤＧｓ）は17項目までに拡大している。これらの目標は「民主的なガバナンスと平和構築」のみならず、「持続可能な開発」、「気候変動と災害に対する強靭性」、「不平等の是正」に関する目標などガバナンスと密接な関係をもっている（国際連合広報センター 2016）。不平等の問題は、今回重要な目標として取り込まれることになった。さらに、議論が進んでいる。２０１３年、フランスのトマ・ピケティ（2013）は資本収益率が経済成長率よりも大きいために所得と富の分配の不平等が進んでいるとした。世界的な格差是正にはグローバル資産課税や各国別の累進課税を導入すべきだと提案している。他方、先進国内の格差の問題から途上国の格差の問題に連帯しようという声も上がるようになっている。これらをトータルに解決しようとするのがグローバル・ガバナンスの課題である。そうしたなかでＢＯＰ戦略は途上国に貧困人口が多いということを逆手にとってビジネスを解決しようとしている。このような発想の転換がグローバル・ガバナンスにおいても必要なのであろう。

【注】

1　ここでは東アジアは北東アジアと東南アジアを併せた領域をさしている。
2　パンチャシラは、建国の5原則で、１９４５年にスカルノが試案を作った。
3　１９９５年コペンハーゲンの世界社会サミット、それを受けた１９９６年のＤＡＣの新開発戦略の策定などの機運をさす。
4　ミレニアム開発目標は８つの Goals、18の Targets に分類できる。８つの目標は、①極度の貧困と飢餓の撲滅、②初等教育の完全普及、③男女平等・女性のエンパワメントの促進、④子供の死亡率削減、⑤妊産婦の健康の改善、⑥ＨＩＶ／ＡＩＤＳ、マラリアなどの疾病の蔓延阻止、⑦持続可能な環境、⑧グローバルな開発パートナーシップの構築である。
5　Bush, G.W. "The National Security Strategy for the United States", *New York Times*. September 20, 2002.
6　英国は０・71、ドイツは０・52、フランスは０・37。OECD Net ODA (https://data.oecd.org/oda/net-oda.htm)
7　地方に病院があると薬を定期的にもらいに来るエイズ患者は助かる可能性が増える。貧困者にとって交通費や移動時間は大きな負担である。
8　よく引用される成功例は共通しており、インドの西ベンガル・カルナタカ・ケララ、ボリビア、ブラジルのポルトアレグレ、フィリピンなどとなっている。アフリカについてはウガンダやマリが相対的な成功事例、ガーナと南アフリカがある程度肯定的な事例と言われた。
9　Base of the Pyramid は Hammond らの命名で、Praharad は Bottom of the Pyramid と呼んでいる。
10　絶対的貧困層は長期にわたる疎外状況から衰弱化し、人々を紛争に動員する社会的ネットワークから孤立している場合が多い。相対的貧困層は急激な社会的立場の悪化に強い不満を抱きながら、ネットワークは維持している。

11　都市部の商工業者は1970年代までは輸入代替政策によって世界経済から守られてきたが、1980年代の構造調整の流れは彼らの経営環境を厳しいものとした。

12　日本でもスターバックスやイオンのコーヒー販売で知られるようになった。

13　1975年にEUとアフリカ、カリブ海、太平洋地域（ACP）46カ国とのあいだで締結された協定。EUの一方的な特恵供与、欧州開発基金による支援に加え、輸出所得安定化制度（STABEX）があった。これは輸出収入が一定割合以下になった国に所得補償を行う制度であったが、米国からのWTO違反とのクレイムを受けて廃止された。

第Ⅱ部
途上国の政治体制

国際開発のガバナンスを考えるうえで、この第Ⅱ部では東アフリカを中心とした途上国の国内政治を扱い、第Ⅲ部では国際開発レジームという援助体制や先進国側の外交、地域統合といった国際政治を扱う。ただし、途上国の国内の政治といっても、現在のガバナンスは歴史的な刻印を受けた重層構造であり、もともと国際的に形成されたものであり、純粋な国内政治で終始するものではない。東アフリカでは前植民地期のガバナンスは王国が存在する地域もあったが、非常にルースな集団形成だけの地域もあった。そこから植民地期の統治として分断統治や間接統治が形成された。そして、独立の時期を迎えて短期的に民主的な政治体制になるが、冷戦期に徐々に集権的なガバナンスに移行する。それは植民地期に形成された臣民に対するアカウンタビリティをもたない垂直的な支配への回帰でもあった。

ここで検討される東アフリカ3カ国の場合、前植民地期には地方の自助的な単位が存在していた。ウガンダではブガンダ王国を除いて明確なエスニック集団の存在を認めない見解がある一方、北西部のアチョリなどが17世紀末に形成され始めたとする見解がある。アチョリでは首長が意思決定をするようになり、再配分的な貢納も行われ、20世紀前半に英国の開拓者が集団化を進めたときには相応の単位になっていたという。植民地支配者にとってのアチョリの重要性はブガンダと比べて限られ、換金作物としての綿花の生産、植民地政府の兵士や警官の供給及びブガンダへの出稼ぎ労働などであった（Forrest 2004）。ブガンダは17世紀には中央集権化を推進した。ウガンダはブガンダのスワヒリ語名である。植民地期になってアチョリや他の王国には首長制度がなかったのでブガンダ人が代理人として就任した。

前植民地期のケニアやタンザニアには王国は存在せず、地方で分散的で自助的な社会が形成されていた。ケニアではエスニック集団は伝統的に個人ではなく長老会議によって運営される傾向があった。タンザニアでは首長は通常は民主的に選ばれ、構成員に対してアカウンタビリティをもっていた。首長が構成員に対して名誉と信用を失ったときには交替させられることもあった (Shivji and Peter 1999)。タンザニアの最大の集団スクマも平等主義的な社会で、他集団との抗争を指揮するような首長はいなかった。

植民地期に入り、ウガンダとケニアでは首長制度が導入された。間接統治とは本国の負担をかけない行政と政治の集権的支配を意味していた。首長は州総督によって任命され、強大な権限をもち、徴税と法秩序とインフラ整備を担当した。ケニアは英国の植民地となり、首都ナイロビは当初海岸からウガンダへの中継基地として発展した。ウガンダは1894年に英国の保護領となったが、そのときの英国の軍人行政官は20人足らずであった。タンザニアはドイツの植民地期には間接統治ではなかったが、第一次大戦後に英国領となって首長制度が導入された。ケニアでは植民地期に白人の開拓者のための地方議会が開催された。アフリカ人のための議会は1924年に導入されたが、ウガンダとタンザニアでもほぼ同時期であった。独立運動の機運がうまれてからは一部の議員が互選されたが、すべての議員に拡大したのは独立後であった。植民地の地方政府は植民開拓者が権力を末端に浸透させるための制度であったが、それは民主主義と分権化という美辞麗句によって称賛され、正当化されていた。

アフリカは英国、フランス、ドイツ、ポルトガル、ベルギーなどによって植民地にされた。ドイツ以外の国は1950年代から1970年代までアフリカの支配権を手放さなかった。分散性は王制以外の前植民地期社会の特徴であったが、植民地期には分断政策としても利用された。西アフリカではアフリカ人の協力を必要とした世界大戦の後に行政的分権化が進んだ。幾つかの仏語圏中央アフリカでは独立直前に分権化が進んだ。1947年には英国の植民地省大臣がアフリカを訪問し、行政の成功の鍵は能率的で民主的な地方政府制度の発展にあると表明した。植民地期に分権化された政府をフランスは「協会」と呼び、英国は「現地行政—地方政府」と呼んだ。後者は間接統治のもとで運営された。植民地統治のために東アフリカだけではなく、ナイジェリア東部、殆どの仏語圏、幾つかの南部アフリカで首長制が形成された。

これらの政策はアフリカに「両肢国家」を形成し、アフリカ人は慣習法で暮らし、欧州人と都市部住民は市民法に従うことになった。このシステムは国家の同質性や統一性を阻害し、アフリカの開発にとって深刻な制約条件となった。分断統治という言葉は、住民を都市部の市民と地方の臣民に分断すると共に、アフリカ人をエスニック集団に分断する意味があった。マムダニ（1996）はこのような認識に立って、独立後のアフリカ諸国が民主的改革を行うには「両肢国家」の除去が必要だと述べた。

前植民地期と植民地期のエスニック集団の形成は、前者が「情の経済（Hyden 1983）」の延長として、後者が人工的な集団対立として、現在もサブナショナリズムの機運を形成している。上述の歴史的な経緯を背景として、第Ⅱ部の３つの章は異なる角度から広義の分権化を論じている。第１章のケニアの事例は「マジンボ」という言葉の意味の変遷を通じて集権体制が強固であったケニアの独立以降の政治史を把握し、簡潔にマレイシアと比較する。第２章は１９９０年代からドナーや国際社会から注目されたウガンダの分権化政策の意味論であり、権力エリートによる公式・非公式の動機を通じてその多面的な文脈が語られる。ウガンダの地方評議会（ＬＣ１）は当初自助的な合議体として形成され、評価されたが、政策の方向性は徐々に「上から」の視点に変容した。第３章は東アフリカの市民社会と分権化の関係を論じており、分権化は行政や政治の中央から地方への権限委譲というよりも、中央政府、地方政府と市民社会の３つのアクターのあいだの相互浸透のネットワーク形成過程であることが論じられる。

第1章 「我々の」共同体

冷戦終結後からアフリカの下位国家体系（sub-national system）が急激に変容している。それは市場経済の浸透や地域文化の衰退に対する反発であり、植民地期に形成されたエスニック集団の自治や分離を求める動きであり、失業や土地から追放されて不満をもった若者の反乱による政治の流動化である。本章ではそれらの動きをローカリゼーション（localization）と総称する。国家秩序を前提にしたローカリゼーションの動きとして政府やドナー（援助機関）が推進する分権化政策がある。政府やエスニック集団、ドナーなどのアクターの自治や分離を求める動きは、各地域の固有の事情を反映すると同時に、国家を超えたグローバルな、またはトランスナショナルな社会経済の影響を受けている。

ハリス（2004）らは「グローバリゼーションの文脈における政治の地方化」に着目する。そして、現代の世界はグローバリゼーションと政治のローカリゼーションの双方から規定されていると説く。人々や国家をグローバルな市場に同質化させる強制力が強まる過程において政治の地方化が台頭するのは、多くの国家レジームが低迷に向かう変動を経験し、政治的権威が地方（local）、国家（national）、地域（region）、グローバルな各段階のアクターに分散するからだという。ジェソップ（2002）はグローバリゼーションとは「巨大に拡張された地方性（localities）のネットワーク」を超えないと述べている。グローバリゼーションに突き動かされて国家レジームの低迷が進行する一方で、新しいネットワークの形成が国際、地域、ローカルの3次元で進行している。

リージョンの次元ではAU（アフリカ連合）やEAC（東アフリカ共同体）などの地域経済統合の動きがある。アフリカが独立した際には、植民地主義へのアンチテーゼとして越境的な連帯や汎アフリカ主義の期待があった。そうした熱気はやがて忘れ去られ、各国は冷戦体制のもとで集権的な国家体制や一党制の構築に専念していく。しかし、現在、地域主義（regionalism）が復活している。他方、ローカルや下位国家の次元に分離や自治、地域的文化の尊重などの動きがみいだせる。フォレスト（2004）はアフリカでは分離運動はこれまで少なかったが、今後は幅広い地域的な主張や自治獲得のサブナショナリズムが活発化すると予想している。

アフリカの国家レジームが低迷していても、地域主義とローカリゼーションが発展し、国家の上位と下位が国家とリンクすることで全体のガバナンスが政治的安定性を確保する可能性はある。しかし、各層の動きが同じベクトルに向かうとは保証されていない。ケニアにおいては、東アフリカ共同体（EAC：East African Community）が国家の上位を、マジンボイズム（majimboism、以下マジンボ）が国家の下位を代表するテーマであった。本章はこのうち人々の自治を政府が尊重する民主的分権化が課題となったマジンボについて考察し、ローカリゼーションの動きの多様な意味を解明したい。第1節では集権的国家の動揺というアフリカの現状から入り、アフリカ及びケニアの多層的な地方化、分権化の動きを把握する。第2節はマジンボの意味の変遷を扱い、この言葉に彩られたケニアの歴史を概観する。第3節では有力なアイデンティティ集団の政治闘争という側面からマレイシアのブミプトラ政策とマジンボを比較する。分析手法としては、主として構成主義（constructivism）の視点からエスニック集団や権力エリートの駆け引きや対立を理解したいと考える。

1　多層的な分権化の動き

（1）国家レジームの低迷

独立後のアフリカ国家のガバナンスには、支配装置と集団の亀裂の問題があった。支配装置は、新家産制的ないしは個人支配の国家が領域内の市民に最低限度の生活を保障せず、人権を抑圧するという植民地遺制的側面である。集団の亀裂は、同じく植民地期に起源をもち、国家の内部がさまざまなエスニック・宗教集団に分裂し、社会の構成員の相互の信頼が形成されず、民主化の進展が排他的なアイデンティティ政党の形成となって集団間の対立に拍車をかけた側面である。両者は融合している場合もあり、武内（2009:62-66）はエスニック集団の対立に見えるものは新家産制的なパトロン―クライアントのネットワークが複数に分枝し、特定エスニック集団のネットワークが競合したものであると指摘している。

支配装置のもとでは、統治する側とされる側とのあいだに明確な社会契約が存在しなかった。これは植民地時代の徴税の仕方に顕著に現れている。税金は地方の指導者である首長を通じて集められたが、それは住民のためではなく、植民地政府のためであった（松田 2003）。多くのアフリカ諸国は1960〜80年代の抑圧的な政権のもとで、国家の資源を必ずしも国民のために利用しなかった。集団の亀裂は、植民地時代の間接統治が効率的な統治のためにエスニシティの境界を強調し、特定のエスニック集団に支配構造の中間層を担わせたり、国境が人為的に引かれて集団が分断されたり、独立後の機会主義的な競争にリネッジ（出自集団）をベースとした集団がエスニシティを名乗り参入したことに起源がある。政権を掌握する集団にはエスニシティ・バイアスがあったので、政権から外れた集団は配分の不平等に不満をもった。

しかしながら、この2つの問題は冷戦期以降の新しい世界秩序を模索する動きのなかで急激に変容し始めた。古い支配装置は解体過程に入り、集団間の抗争が激化した。1990年代前半にはODAは冷戦時の西側陣営を維持する目的が消失したことでいったん急激に縮小し、また対外累積債務が増加する中で外国投資も減少し、かつ政治的なコンディショナリティが付されて民主化とガバナンスの改善が援助受入国の責務となった（Young 1991）。国家内部の民主化・反政府勢力も息を吹き返し、非・反政府系の報道も行われるようになった。

1990年代にはアフリカの政府も民主化を受け入れ、大統領・議員選挙において競争的選挙が実施された。他方、国内の集団の競争が激化し、冷戦時の武器も出回って、1990年代には内戦が劇的に増加した。UNDPの「人間開発報告書2005」によれば、世界の殆どの国内紛争が開発途上国で発生し、そのうちの4割をアフリカ大陸が占めた。暴力紛争は1993年まで増加の一途を辿り、1980年から1995年までのあいだで47カ国中の32カ国で126の武力紛争が起きた。その後は減少し、2004年にはピーク時の半分になった（Marshall 2005）。しかし、社会の傷跡は癒えず、将来の紛争再発の危惧も立ち去ったわけではない。冷戦後、集権的な新家産制国家が衰退し、紛争に陥った例がシェラレオネ、ルワンダやコンゴ民主共和国（DRC）などである。しかし、1990年代に大規模な紛争がなく、集権的な体制を維持し、ソマリアなど近隣国の紛争を調停してきたケニアが2007年末の大統領選挙後に世界中を驚かす騒乱にみまわれた。他方、過去の内戦や政治変動で既得権益が倒壊したなかで新政府が分権化政策を推進したのがウガンダ、エチオピア、南アフリカなどである。これらの国々では1990年代にある程度内部の緊張が緩和され、大規模な紛争が回避された。ケニアは従来殆どの行政を中央から州、県に至る強固な集権的制度が担っていたが、2010年の国民投票により新憲法が制定され、県を地方行政の単位とする分権化が決定された。

本章で考察する集権的な国家の低迷とは、安定段階では社会契約の不在による公共サービスの減少や欠如を意味する。この段階では集権的な国家は支配の正統性に対する国民のコンセンサスの低下に直面して、国家の支配の中枢に位置する警察力ないし軍隊を強化しようとする。つまり、国民からの正統性が得られない代わりに物理的な強制力やその威嚇により支配を続けた。資源の分配は新家産制のパトロン―クライアント関係を通じて行われるが、そこでもスムーズな配分が途絶えがちになる。不安定段階になると、それらの強制力も弱まり、対抗的な強制力が登場し、支配装置は動揺し、支配の及ばない下位集団が活動するようになる。資源の分配は極めて限られたクライアントにしか行われなくなる。従来の集権的な国家が低迷するなかで、アフリカにおいてはローカリゼーションの動きが展開する。

ローカリゼーションを文化、近現代的制度、政治過程の3つのカテゴリーに分類して考えてみたい。政治の場としては近現代的制度と過程に分け、かつ伝統的に存在する制度を社会構造と呼び、民主化・分権化などの近現代的な国家形成に関わる新しい制度とは分けて考える。グローバリゼーション、IT革命や国際メディアなどの新しい動向は政治過程のなかに入るだろう。社会構造は歴史的にアクターの行動を制約してきたが、新しい政治過程のなかで人々はそれに縛られない行動を示すようにもなる。また、それぞれのカテゴリーには政治的な安定段階と不安定段階に位置付けられる要素があると考えられる。

(2) アフリカ

ローカリゼーションのカテゴリーと政治的安定・不安定の段階を対比して表したのが**表1**である。国家が完全に安定した段階は表の上側の部分に該当する。そのなかに「国家の抑圧機構化、暴力の威嚇」が加

表1　ローカリゼーションのカテゴリーと段階

ローカリゼーション／段階	文化	近現代的制度	政治過程
安定段階（政治体制の維持）	再伝統化	民主的分権化	国家の抑圧機構化
不安定段階（政治体制の崩壊・転換）	分離運動	自治要求	地方の武装集団による暴力

（筆者作成）

わっているのは先進国的には考えにくいが、アフリカの国々ではむしろ普通のガバナンスの状態であろう。国家が不安定化すると、それぞれの要素は相互作用しながら表の下側の部分に移行することになる。この不安定性への移行には国際関係も影響する。

ポスト冷戦期に集権的な国家レジームが低迷し、動揺するなかで、アフリカにおいてはローカリゼーションの動きが多層的な展開をみせた。それらを図式的に表現すれば、上表1の(1)民主的分権化、(2)自治要求、(3)再伝統化、(4)分離運動、(5)国家の抑圧機構化、(6)地方の武装集団による暴力になる。

(1)民主的分権化は、中央政府から地方政府への権限委譲を意味する。地方政府の議員や首長の公選による選出や、さらには住民の政治や行政への参加を進める。[1] アフリカでは国家と住民の関係が弱かったが、分権化はそれを補い、繋げる試みと言える。

(2)自治要求は、一部の地域が現状よりも高度の自治を要求することである。潜在的に多くの国にあるが、これらを妥協させるために民主的分権化が用いられたのがウガンダ、エチオピア、マリなどである。さらに、連立政権などの権力分有政策が加わったのが1994年の南アフリカや2005年のスーダンである。

(3)再伝統化は、独立以降の過程で権威を失った王制ないしは首長制の部分的な復活や集団の伝統的文化の復活である(2)。

(4)分離運動は、過去の歴史的社会構造が文化のみならず、政治の次元でも浮上した場合である。東アフリカでは、エリトリア、ソマリランド、南部スーダンで起きた。東アフリカでは緩やかな分離指向性の運動が独立以降ウガンダのブガンダ、タンザニアのザンジバル、そしてケニアのソマリで起きた。

(5)国家の抑圧機構化は、政治的な流動状況に対応して政府や警察が支配装置の維持を公式な暴力によって達成することを意味する。ケニアの暴力では、1990年代の選挙前などに国家機構の一部が秘密裏に行っており、2007年末の暴力はこれが与野党の政治家や警察、武装集団など広汎なものになった。

(6)地方の武装集団は集権的な国家の政治的な資源が枯渇した際に、ギャングや自警集団、宗教的結社となって台頭した。この現象は、シエラレオネ、ソマリア、DRC東部などでも見受けられた。

以上の多層的なローカリゼーションの動きは、アフリカが植民地起源の集権制を脱却して新しい分権的な社会に変わるという意味で、脱植民地化の過程である。しかし、それは国家レジームの低迷、崩壊や政治的不安定性を内包しており、下からの民主主義に必ずしも支えられてもいない。民主的分権化は集権制の代替として期待されるが、地方政府が良好に機能するためには、政治制度と共にアイデンティティ集団間の緊張を緩和するメカニズムが必要である。再伝統化はその一環にもなるが、従来は集団内の紛争収拾メカニズムであり、集団間では利用されてこなかった。

(3) ケニア

アフリカの植民地行政は集権的な意思決定構造であった。アフリカの社会が独立後もこの構造を部分的に維持し、少数の権力エリートが国家の富を独占してきたことから、アフリカの知識人には集権制が植民地遺制の支配装置であるとの認識が強い。特に、抜本的なガバナンス改革のなかったケニアでは行政制度の植民地機構からの連続性が顕著である（Mamdani 1993）。植民地期においては、白人開拓者の欧州型県政府とアフリカ人のネイティブ型県政府の領域が別々に形成され、異なる権威のハイアラーキーが形成された。後者においては公共サービスが十分に提供されず、当初から地方政府ではなく、教会などの非政府組織の役割が大きく求められていた（Oyugi 1995）。

ケニアの州行政（Provincial Administration）システムは白人がアフリカ人から税金を徴収するために形成した制度であり、首長には中間管理職として一定の行政権限が与えられていた。首長は人々に対して回答しないが、県知事に対して回答するという縦の関係であった。たとえば、キクユの首長制は協議型であったが、植民地期以降は住民に対するアカウンタビリティを欠落させた。独立後のアフリカ各国の集権化の過程において、分権化は事実上中央の権力の地方における浸透を意味した。ケニアの１９６６年からの県開発計画は上から伝達された。１９７２年のタンザニアの分権化政策は州を重視し、県の党組織は残ったが、県議会が解散された。ウガンダの１９６０～７０年代のオボテ、アミン政権は地方政府を廃止した。

１９９０年代の分権化は市民の参加と政治や行政のアカウンタビリティの形成という点で民主化と密接に関わり、地方政府や地方のサービス提供機関の能力強化という点においてアフリカで広く展開された貧困削減戦略（ＰＲＳ）のサービス・デリバリー強化策とも関係した。隣国のウガンダ、タンザニアはドナーからの援助依存度が高く、大規模な債務削減も受けていたので、１９９０年代末から一連の改革や政策が実施された。ケニアは援助依存度が低く、ＩＭＦとの交渉も難航しがちであったので、改革やＰＲＳも遅れて２００２年に作成した。ケニアの民主化とサービス・デリバリーの制度的制約は集権的な州行政システムがもたらしていた。この制度は植民地期から事実上存続し、憲法上の規定も存在しない。末端の首長制は植民地期に形成された組織であった（Hyden 1970）。州は8州あり、州のもとには県、区、居住地(location)という行政階層があった。州知事から居住地の首長に至るラインは選挙で選ばれていない。他方、２０１０年まで自治体と呼べたのはパラレルに存在する市町村であるが、主要なセクター行政は任されず、かつ行政の中枢は中央からの出向者であった。

ここでケニアのエスニック・グループについて説明しておきたい。植民地化のまえのケニアには拡大した血縁集団しかなく、明確な集団はなかった。植民地統治によって言語文化的、政治的に統合された集団が人為的に形成されたのである。２００９年の人口センサスによると、ケニアの約50のエスニック・グループのうちの最大の集団はキクユ人（6・6百万人）で、ケニア山周辺など首都ナイロビ近くの豊かな土地に住んでいる。次いで、ルイヤ人（5・3百万人）、カレンジン人（5・0百万人）、ルオ人（4・0百万人）の順である。複数の集団がまとまった「超エスニック集団」として、19の集団からなるカレンジン人、17の集団からなるルイヤ人などがいる（KNBS 2010）。

カレンジンはナイロビに隣接するリフトバレーという豊かな土地に住む牧畜民であった。１９６２年の人口調査ではカレンジンと申告した者は人口の1パーセントにも満たなかったが、独立後の69年には第5位のエスニック集団に急成長した。カレンジン化を進めたのは副大統領のモイであり、彼はカレンジンのなかのトゥゲン人であった（永岡 2011）。急速に人口が増加した背景には、カレンジンの緩い集合的な性格と、モイの登場によって集団所属にメリットが感じられたことがある。次に、ルオはケニアの西部、ウガンダ寄りの出身であり、ウガンダ東部やタンザニア北部にも一部居住している。アフリカに最も多いバンツー言語系ではなく、ナイロティック系に属し、その起源はウガンダの北部集団と同じであった。ケニアの植民地政府は言語・地域的分類からバンツー系、ナイロティック系、クシ系（オロモ、ソマリ）を分断統治し、特に有力なバンツーのキクユとナイロティックのルオを何十年にわたり遠ざけてきた。

土地問題にもふれておくと、ケニアで豊かな土地はケニア山周辺とリフトバレーに集中している。それ以外の土地は乾燥した土地が多く、生産性が低かった。白人居住者は豊かな土地を占有したが、キクユはケニア山近くに住んでいたし、カレンジンやマサイはリフトバレーを移動していたので彼らはどちらも土地を奪われたと思っていた。多くの白人居住者が独立後に土地を手放し、それを購入したのは主にキクユであった。キクユはもともと豊かであったし、植民地時代、独立後のケニヤッタ政権のときには優遇される立場にあった。しかし、それに対してカレンジンなどの遊牧系はキクユに自分たちの先祖の土地を奪われたという感覚をもった。モイ政権の形式的な民主化期（1991〜2002年）になってキクユとカレンジンなどの土地をめぐる集団間抗争が過熱化していった。それは、特に選挙前の期間になると熾烈になったのである。

2　マジンボイズムの変遷

アフリカ社会では多層的なローカリゼーションが進行してきたが、ケニアの州行政システムは中央集権的な秩序としてその対極にあった。しかし、独立以降このシステムと対立する政治制度・理念がうまれ、議論されてきた。それがマジンボである。ここではマジンボという言葉の意味の変遷を形成期、復活期、変容期の3つの時期に区分して説明する。

(1) 形成期

マジンボのジンボは、スワヒリ語で地域（region）を意味し、マジンボとは政治的にはエスニック連邦制を意味し、エスニック集団が各州を占有する意味がある。独立時に植民地政府はケニアをリフトバレー、西部と沿海部の3つの自治領域に区分しようとしていた。当時はキクユとルオという優勢な集団が協力していたので、移民の白人系ケニア人を含む少数派集団は多数決民主主義から排除されることを危惧していた。ケニアにおいてキクユは独立闘争で植民地政府に最も反抗した集団であり、同時に最も優遇されてきた集団であった。キクユとルオは協力してKANU（Kenya African National Union）という政党を支持したが、カレンジン、マサイや沿海部の少数派はKADU（Kenya African Democratic Union）を支持した。後者には少数派集団の自治を尊重する指向性があった。

1960〜63年における英国との憲法制定会議においてケニア側代表団は当初ウェストミンスター・モデルの政府を想定していた。KANUは反植民地的傾向で、労働組合や都市部住民の支持を受けていた。

KADUはより温和な政治指向で、英国系ケニア人も入っていた。1962年、KADUはウェストミンスター・モデルの支持を撤回してマジンボを提案し、受け入れられないなら独立交渉を急がないと主張した。独立を急いでいたKANUはこれをやむなく受諾した。

マジンボ憲法のもとで少数派のエスニック集団は地域政府において多数派となる展望をもつことができた。KADUは土地問題が地域行政のもとで扱われるよう主張したが、KANUは州行政が共有地の土地を扱い、白人居住者の土地と直轄地は中央政府が管轄すべきと主張した。1962年の合意では白人居住者の土地のみが中央の土地委員会の管轄となった。こうした努力は少数派にとっては、多数派に土地を奪われない保証であったのである。

マジンボ憲法に反対した隣国がソマリアであり、国内のソマリ系住民であった[3]。英国はケニアとソマリア双方に受け入れられる草案を探しており、ソマリ系の居住領域を北東部地域（North Eastern Region）と呼んだ。ソマリアのモガデシュで独立運動が起き、両国の軍事対立にエスカレートしたが、ソマリア政府が十分に兵力を提供しなかったのでケニア軍は鎮圧に成功した。しかしながら、後にマジンボ憲法が撤回されると、北東部は自治をもたない地域になった。

マジンボに類似した連邦制の憲法規定は、ナイジェリア、ウガンダ、DRCでも採用されていた。ケニアの連邦制は土地問題、白人移民社会の将来といった独立国家が直面する課題に少数派重視の観点で取り組むことを意味した。マジンボは地方社会の権力構造の抜本的な変更を想定し、国家のレベルでは二院制が植民地期の一院制に代わって導入され、8つの地域議会（Regional Assembly）が中央政府と共同か単独で立法権限をもっていた。しかし、この憲法は1年しか存在しなかった。治安を維持する警察機構も原案では地域ごとに分権化されて配置する予定であったが、交渉過程で中央政府に統合された。

マジンボがKANUから支持されなかった理由は、KANUがマジンボを旧植民地政府と白人系移民の利益を維持する制度と考えたからである。KANUにとっては多数決型民主主義で自由な政治的権利を確保できるので、連邦制の規定は邪魔であった。また、中央と地域の調整は難しい仕組みであり、多大な予算と人員が見込まれた。特にKANUは中央・地方政府が歳入をシェアし、貧しい地域に予算を再分配する条項を好んでいなかった。しかし、マジンボの憲法規定の削除は独立前の1963年の選挙で勝利したKANUにとっても容易ではなかった。憲法の修正には下院の3分の2と上院の8割の支持が必要であった。このためKANUはKADUの議員を飴と鞭を使って取り込み、64年にKADUはマジンボを放棄した。

2007年末の暴動の背景には独立後のケニアの政治にあったエリートの結束がモイ政権後期から崩れていたという指摘がある（Branch and Cheeseman 2008）。たしかに、KANUはKADUを吸収して事実上一つの政党になった。しかし、初代大統領のケニヤッタのときに政党のエリート間で実質的な結束があったわけではない。マジンボのためにKANUはKADUを取り込む必要があり、ポスト提供はあっても結束の内在的なダイナミズムはなかった。ただし、ポストの面ではカレンジンに属するモイは1967年に副大統領になり、ケニヤッタの急死により78年には大統領になった。大統領就任の直前には暗殺されないように身を隠したといわれる。

（2）復活期

マジンボ憲法の廃止により植民地期のガバナンスの主要な骨格が事実上復活した。その中心にあったのが州行政システムであった。それから一世代が経過し、モイ政権とKANUがドナーの圧力を受けて1991年に複数政党制を受け入れ、翌年の大統領・議会選挙を控えた時期にマジンボは復活した。モイは複数政党制の批判のためにこの用語を歪曲した意味で復活させた。マジンボは人々がもといた土地で暮らすべきというスローガンとなり、カレンジンやマサイにとって豊かな土地、リフトバレーへの回帰を意味した。モイのＫＡＮＵにとって複数政党制は権力維持にとって脅威であった。キクユやルオはＫＡＮＵの支持勢力から相当に脱落しており、民主的選挙になれば大きな対抗勢力となることが予想されたのである。

独立当初からキクユは優遇され、白人入植者が撤退したリフトバレーなどの土地を優先的に購入した。モイは１９８２年のクーデター未遂事件以降キクユを警戒し、抑え込む路線に立った。マジンボという言葉にはケニヤッタ時代にキクユが入手した白人入植地を本来の所有者、他の集団に返すべきというメッセージが埋め込まれた。白人が入植する前にはカレンジンなどの牧畜民が住んでいたという含意もあった。少数派出身のモイにはケニヤッタとは異なり、パトロンを続ける政治的資源がない事情もあった。同時に、その言葉は複数政党制を支持するキクユやルオの人々に対する脅威となった。カレンジンやマサイなどはキクユ、ルヤ、ルオをリフトバレーにおける「外国人」と呼んで差別し始めていた。

その結果が１９９２年選挙におけるリフトバレーのキクユ追放の暴力抗争であった。これはキクユに不満をもつ人々を組織した政府の陰謀とされ、選挙区からキクユを追放することでカレンジンなどの得票をより反映させる狙いであった。マジンボという言葉はキクユにとって潜在的・現実的な迫害を意味するようになった。ヒューマンライツ・ウォッチ（1993）はマジンボが実現すると何百万人という国内避難民がうまれるとしてこの動きを牽制した。97年の選挙の際にもリフトバレーと沿海州で暴力抗争が起き、モイ政権において政治的暴力は反対派（ＫＡＮＵ不支持の集団と複数政党制推進論者）統制の常套手段となった。

（3）変容期

２００２年の選挙は、モイの後継者としてケニヤッタの息子ウフルを立てたＫＡＮＵに対し、キバキとオディンガの両政党が連立して勝利し、暴力事件は起きなかった。キバキはキクユ、オディンガはルオの出身であり、その連立は独立闘争のＫＡＮＵ創設期以来の組み合わせであった。オディンガのＮＤＰ（National Development Party）はエスニック連邦制としてのマジンボと首相制の導入による権力の分散を主張していた。キバキのＤＰ（Democratic Party）はオディンガと連立してＮＡＲＣ（National Alliance Rainbow Coalition：国民虹の連合）という改革派勢力の連立を代表したが、大統領に就任してからＮＤＰの方針に反対した。また、政権獲得後にオディンガを首相にする約束も反故にした。

ＮＤＰの考え方は２００４年に作成されたボーマス憲法草案に近い。ケニアは高度に権限を委譲された13の地域（region）に分割され、その下位には県政府があり、両者に権限の委譲が行われる。しかし、ボーマス草案にマジンボという言葉はなかった。マジンボは独立時の分離主義的な運動が背景にあったが、ボーマスは不可分な主権の存在を明らかにしている。北東部と沿海州、リフトバレーの人々はマジンボを支持したが、中央州、ナイロビなどの地域の人々は州ではなく県を基本単位として考えた。一般論として権限委譲に反対した政党や市民団体はなかった。しかし、ＮＡＲＣの決裂後、ボーマス草案はキバキ政権により権力分散に消極的なワコ草案に作りかえられた。それが２００５年に国民投票にかけられ、賛成43パーセント、反対57パーセントで否決される。賛成票を投じた選挙区は中央州、東部州中部、すなわち「マウント・ケニア地域」とリフトバレー州中部に集中していた。キクユの人口比率が高い地域だけがキバキが先導したワコ草案に賛成した結果となった（津田 2007）。

２００７年末の選挙はキバキのＰＮＵ（Party of National Unity）とオディンガのＯＤＭ（Orange Democratic

Movement）によって争われたが、マジンボの賛否も争点となった。(4) ケニアの選挙は所属するエスニック集団から大統領を選択する傾向があるが、政権の政策評価から支持が決まる部分もないわけではない。従来の経緯からキクユはマジンボに批判的な傾向をもっている。ODMはマジンボがエスニック排外主義になってはならないと言うが、この政治的シンボルがカレンジン、マサイからの支持を集めやすいことを認識していた（ICG 2008）。また、ODMは抑えられていた集団の土地の権利を約束していたし、有力政治家のルトはキクユに対する憎悪演説を行っていた。

KANUは分裂して一部がキバキのPNUに入った。PNUは権限委譲を認めたもののケニア人の統一性を強調し、分権化に熱心ではなかった。(5) 選挙結果の中継はオディンガ優位で報じられていたが、突如としてキバキ勝利が伝えられ、就任式が決行されてしまう。開票結果に端を発する暴動は、オディンガ勝利を祝おうとしていた若者達の街頭デモから始まった。デモが広がるなかで警官隊の鎮圧や商店街の略奪が始まり、やがて武装した村人が隣人を襲撃する事件に発展した。村での暴力は同年夏から脅迫や殺傷事件として始まっており、ODM、PNU双方の政治家がムンギキ（Mungki）という若者の暴力集団を支援したり、警察が違法な殺人を行ったことも指摘されている。ムンギキとはキクユ語で人々の結束を意味し、もともと秘密宗教結社的な集団であったが、モイ政権とは繋がりを有していた。彼らはケニアの元来の伝統に回帰し、グローバリゼーション、欧米化や植民地化に反対する思想をもっていたといわれる。

ケニアの紛争はアナン前国連事務総長の仲介調停によってキバキ大統領、オディンガ首相という5年前に想定された権力分有、連立政権の導入によって終結した。この紛争により1133人の死者と30万人の国内避難民がうまれた（CoI 2008）。PNUは集団としてはキクユ、エンブ、メル、ODMはルオ、カレンジンによって支持される傾向があった。不正開票に激怒した若者がPNUを支持するキクユを襲撃したという見方もあったが、実際には主体はより複雑であった。２００９年に入ってからは、再び連立政権を組んだキバキとオディンガによる憲法改正案に対する動向が注目されたが、２０１０年に発布された新憲法はＯＤＭの主張を受けて首相制と県への権限委譲などの分権化を導入した一方、州の単位は権限移譲先として認めなかった。この憲法は両勢力の均衡に立ち、自治を進めながら、独立以来の争点となったマジンボという言葉を巧妙に外したのである。

（４）意味の変遷

マジンボという言葉は、ケニアにおいて州行政システムに代表される集権制に対置する言葉として独立当初から現在に至る政治史に刻まれてきた。その言葉がしばしば政界の中央に躍り出るとき、その言葉の発言者は変わり、意味も変化した。この言葉には、政治の当初の分権化の理想と上塗りされた醜悪さの双方の意味が込められている。２０１０年新憲法ではマジンボを類推させる概念は姿を消し、２０１３年総選挙ではＫＡＮＵ出身の国民連合のウフル・ケニヤッタ（初代大統領の息子）がオディンガに勝利した。地方自治は現政権になって稼働し始めている。また、２００７年末の選挙後の暴力に関して国際刑事裁判所（ＩＣＣ）はウフルと副大統領のウィリアム・ルトを召還していたが、２０１６年証拠不足により訴えを取り下げている。

マジンボの各集団にとっての意味は多義的であり、合意はないにもかかわらず、強力な存在感をもった。マジンボ憲法は連邦制を構成する地域政府のみならず、その下位の地方政府も規定していた。[6] その点からマジンボをどう見るのかも識者によって意見が分かれている。マジンボはボーマス草案と重なる内容もあるが、独特な連邦制であってボーマスや新憲法のような単一制政府ではない。それらを踏まえて、マジンボには次のような３つの論点があったと考えられる。

　第一に、ＯＤＭの正式な立場は２００４年の県を中心としたボーマス草案の支持であるのに(7)、これがマジンボとして作為的に報じられやすかった(8)。ケニアの政界においては、マジンボは「地域」という上位の地方政府に対する分権として議論されるが、県以下の地方政府やその民主的分権化のあり方については十分に語られてこなかった。マジンボは地方の階層的な議会を指向し、ボーマス草案の原案の内容に近かった。しかし、ボーマスの審議の過程で村の議会はコスト面から不要とされ外された経緯がある。

　２００４年のボーマス草案は地方政府を地域、県、居住地で構成し、県が地方の中心として権限と資源が委譲されるとした。これに対し、２００５年のワコ草案は県のみを地方政府の単位として認め、中央からの権限の委譲も曖昧な表現となった。ここにキバキのＰＮＵとオディンガのＯＤＭの立場の違いが現れていた。マジンボがケニアの政治的自由や開発の公平性を解決する保証はないが、キバキには州行政システムを全面的に変更する意思がなかった。それは権力者にとって重宝するシステムだからである。ただし、ボーマス草案にある13の地域は意図的に複雑なエスニック構成であり、域内に「新しい少数派」が多数誕生する可能性があった(9)。

　第二に、マジンボはエスニック集団の対立を緩和するのか、激化するのかという論点がある。マジンボがモイ政権期以降に他の集団、特にキクユを排除する意味を伴ったために、この言葉に不安を覚える者は多い。アフロバロメーター（2008）の質問を受けたキクユの43％はこの言葉を「もとの住処に帰れ」という意味に解釈している。これは一般の回答の22％の倍である。２００７年選挙時の主張者はカレンジンからの支持を狙ったＯＤＭやルオであり、彼らはモイ政権のキクユ襲撃事件には関与していなかった。しかし、２００７年末選挙後の暴動では与野党共に個々の政治家が武装集団の「エスニックな暴力」を支援していた（CoI 2008）。

第三に、マジンボは資源の再配分によって支えられなければ分離運動を促進するリスクがあった。ケニアの集団間格差は大きく、集団がナイロビとリフトバレー以外殆ど凝集的に居住しているため、これが地域間格差となっている（Oyugi 1995:124）。他方、ケニアの国民総生産の半分がナイロビ市でうまれている[10]。都市部やリフトバレー、セントラルの資源を貧しい地方に再配分可能なのかが問われている。分権化の先行例としてのウガンダ、タンザニア、エチオピアでは援助資金が財政の4～6割近くを占め、資源の移転が可能であったが、援助依存度の低いケニアでは事情が異なっている（IMF 2003）。

マジンボのような制度の長所に警察の分権化がある。州行政システムは、安全は集権的な機構が独占する方式をとっていた。モイ政権においては弾圧と恐怖が政治を支配し、反対派は地下に潜った。１９９０年代は民主化の定着よりは腐敗、ギャングの横行や武装勢力の台頭が起きた。キバキも暴力装置や選挙管理組織を手放さないことをモイの手法から学んだ。２００７年末からの暴動鎮圧において警察は各地で市民に躊躇せず水平射撃を行った。国家が低迷するなかで抑圧装置としての警察が復活した。マジンボ憲法の原案が規定していた地域警察であれば、全国的な指令に基づいて住民を射撃するようなことはなかったであろう。

ケニアの州行政システムは植民地遺制を多分に残したガバナンスであった。その機能不全は明らかであるのに、民主化が形式的に進展してからも、ケニアはその代替案を形成することができなかった。マジンボは植民地遺制を解消する言葉であったのに、その言葉に集団を超える合意が形成されることはなかった。障害となったのが、各集団によるこの言葉の認識の違いであり、地域に染みついた暴力の連鎖であった。多くの地域では前植民地期は分権的、分散的な社会構造であった。ルールの形成、社会的統制、資源の配分、争いの仲裁を分権的な制度が担っていた。「アフリカの農村社会は国家によって捕捉されない」という言葉が基底のガバナンスを象徴している（Hyden 1983）。この構造に大きな変化を与えたのが植民地主義である。東アフリカにおいては英国の間接統治が首長制のうえに君臨し、人々は首長という「分権化された専制」のなかで生活した（Mamdani 1996）。この集権的なガバナンスは独立後も存続したが、ケニアでは州行政システムとして純化した形で残った。首長制は州行政システムを支えたので、マジンボはそれへの対抗を意味した。マジンボは植民地政府の提案に起源があるにせよ、形成期の解釈としては、植民地的な抑圧から人々を解放する言葉であり、地域社会の復権と地域住民の協力を想定していた。

3　ブミプトラ政策との比較

マレイシアは東アジアのなかでも多数派のエスニック集団の比率が低いため相対的にアフリカ諸国との比較が可能であろう。1960年時点でマレイシアの1人あたり所得はケニアの倍を超えていたが、いずれも非常に低い数字であった[(11)]。2010年にエスニック集団の比率は、マレー系60・3%、華人系24・6%、インド系7・1%となっている（DoS Malaysia 2000）。ケニアの場合、最大のキクユが22%、ルヤ14%、ルオ13%、カレンジン12%である（CIA 2015）。ケニアでは最大の集団キクユが土地の配分で優遇されてきたという他集団の不満がマジンボという用語を伝播させてきたが、マレイシアではブミプトラ政策が非公式には1957年の独立前後、公式には1971年の「新経済政策（New Economic Policy: NEP）」から開始され、独立憲法の153条「マレー人の特別な地位」という法的根拠もあって社会に定着している[(12)]。

「ブミプトラ」とは「土地の子」を意味し、マレー系及びサバ州・サラワク州の先住民を意味する。ブミプトラ政策は、人口の6割を占めるブミプトラが非ブミプトラ（華人、インド人など）より相対的に経済的地位が低いことから彼らを優遇しようとする政策である。英国からの独立後、マレー系と経済的に豊かな華人系の対立が進み、1969年5月の総選挙では華人系野党勢力が台頭し、双方の住民の街頭での争いから死者196人、負傷者439人を出した（「5月13日事件」）。この事件の後にNEPが導入され、政府によって本格的な集団格差是正が試みられた。**表2**はマレー系、華人系、インド系の1970年から2000年までの1人あたり所得の推移である。マレー系は他集団よりもだいぶ所得が低かったが、20年間の所得成長率は最も高かった。ラーマン首相の後を受けたラザク首相はNEP実施の政治的枠組みを鋭意形成した（小野沢 2012）。さらに、マレイシアは資源に加え、輸出工業化を進め、1971〜1990年に年率6・7%、1991〜2000年に7・1%、そしてスローダウンしたものの2001〜2010年に5・1%の経済成長率を達成している。ブミプトラの実施はケニアの土地問題とは異なり、経済活動や公務員の就職や教育機会などに反映されたので、経済的な実権を握る華人にとって致命的な打撃とはならなかった。また、華人系の人口成長率が低く、集団のシェアが小さくなったことも争いを局限化した。ただし、自由な雇用や経済活動を阻害する、インド系の扱いが看過されているなどの問題がある。

ブミプトラ政策はアファーマティブ・アクションであるが、最大の集団に対しての適用であることが他国の政策とは異なっている。それは非領域的な分権化政策とみることもできる。もちろん、これは拡張しすぎると、市場を歪め、民族差別的な政策になる危険性がある。実際に、ラザク首相の息子でもあるナジブ首相は非マレー系にマレー系の保留地を長期貸付できるように法改正したり、同政策の見直しも示唆している（小野沢 2012）。この政策が一定の期間正当化しうるのは、ケニアの土地問題と同様に植民地的な起源をもっていることが挙げられる。英国はマラヤ植民地においてケニアと同様に集団の分断支配を行った。

表2　エスニック集団別の1人あたり所得の推移

		マレー系	華人系	インド系
1人あたり所得	1970	2,455	4,394	3,455
	1990	4,609	8,609	5,938
	2000	5,591	9,992	8,433
平均年間成長率 1970-1990（%）	所得	5.96	5.33	4.41
	人口	2.77	1.86	1.58

単位マレイシア・リンギット（MR）　　（出典：Yusof et al.,〈2015〉）

マレー系は主に農業に従事させて、錫産業に華人労働者を、天然ゴム農園にインド人（タミル人）を受け入れて多民族社会を形成したのである。それが独立時点の所得格差に反映されていた。

マレイシアは連邦立憲君主制国家であり、統一マレー国民組織（United Malay National Organization: UMNO）がマレー系政党であり、華人系・インド系の政党と国民戦線（Barisan National）を形成している。スルタンという伝統勢力が温存され、政治のエリート・レベルにおいて集団間の協調が図られ、マレイシアという共同体意識が醸成されている。ただし、国家形成におけるサラワク、サバの領域内の取り込み方は、ケニアのソマリのように人工的なところがある。この政治の基本形は連邦という分権制であり、連立政権という権力分有も行われている。こうした枠組みのなかで植民地遺制としての民族分業を克服し、マレー系住民の福祉を向上させる政策がブミプトラであった。これに対し、ケニアは植民地遺制としてエスニック集団の分断と土地問題があり、主要エスニック集団間の駆け引きが政治であり、植民地起源の集権的な支配が続き、自治が重視されなかった。特にキクユ、ルオとカレンジンのあいだで合従連衡策が模索されてきた。マジンボはその政治力学におけるキクユ排除・カレンジン受容の象徴となった。マレイシアは依然として課題はあるものの、ブミプトラを通じて植民地遺制を乗り越えて経済成長した。他方、ケニアは植民地遺制を乗り越えてこなかったが、遂に本来の自治を重視した憲法を制定し歩を進めた。

【注】

1 選挙を行う地方政府が憲法規定されている国家は、２００８年時点で、エチオピア、ガーナ、マリ、カメルーン、ケープ・ベルデ、ナミビア、ナイジェリア、セネガル、南アフリカ、ウガンダ、タンザニア、ガーナなど。

2 王制の復活は、文化的、象徴的な意味においてガーナ、ウガンダ、モザンビーク、ニジェール、ナミビア、ギニアービサウで起きた。首長制は当初の状態を問わず、衰退していたものが見直され、紛争後のシェラレオネにおいては地方の政治行政過程に再編成された（落合 2008）。

3 ソマリ人は、居住地域がソマリア、ジブチ、ケニア、エチオピアにまたがる。

4 Business DailyAfrica November 9, 2007.（by George Ogola).

5 http://kenyavotes.org/node/93（２００９年４月アクセス）。

6 通常連邦制は構成する州（地域）政府のみを憲法で規定し、州のなかの地方政府については言及しない。

7 http://www.kenyavotes.org/node/109（２００９年４月アクセス）

8 「ＯＤＭはマジンボを権限委譲またはスワヒリ語の“Ugatuzi”としてパッケージしようとしている。（中略）定義は理解できる。しかし、どこでも移り住んで商売をする権利の保障が求められる（Daily Nation “The Majimbo debate is back; who will make sense of it?” March 23 2009. by Jackson Mwalulu)」。また、２００９年３月、東アフリカ協力大臣を含む7名の国会議員は連邦制（マジンボ）は土地問題を解決し、歴史的な不正義を終わらせると発言した（The Standard "MPs want majimbo after law review" March 17, 2009. by Paul Gitau,)。

9　インタビュー、憲法改正の政府委員であったWalter Oyugi 教授（２００６年８月）。

10　The Standard "Why growth eludes rural communities," March 17, 2009. by XN Iraki.

11　２０１５年時点の１人あたり所得はマレイシアが９５５６ドル、ケニアが１３８８ドル（IMF World Economic Outlok 2016.4.)。

12　憲法では公務員職の採用、政府の奨学金・訓練の付与、公共事業や政府調達、政府の許可・ライセンスの付与についてマレー系に合理的な割合が与えられる。ただし、非マレー系の既得権益を侵害してはならないという付帯条項も付いている。

第2章　ウガンダの分権化と貧困削減(1)

ウガンダは東アフリカの内陸部に位置する目立たない国であるが、１９９０年代の開発協力の世界においては、「希望の星」と呼ばれていた。(2) 内戦からの復興過程にあったとはいえ、当時の経済成長率６～７％という数字は域内で珍しかったので、ＩＭＦ世界銀行をはじめドナーは賞賛していた。また、ウガンダは政府の規模を縮減する公共セクター改革にも成功し、１９９７年に途上国で最初にＰＲＳを作成したが、そのオーナーシップの発揮でも評価された。さらに、所得貧困の低下、ＨＩＶ・ＡＩＤＳ対策、ＵＰＥ（Universal Primary Education: 初等教育普遍化）政策の導入による就学児童数の拡大など注目すべき政策を行ってきた。

こうした社会経済的な成功とは対照的に政治体制では２００６年まで「無政党政治（No Party Politics）」と形容された与党ＮＲＭ（National Resistance Movement）の事実上の独裁政治が続き、市民の政治的権利は抑制されてきた。民主主義という意味では懸念のあるウガンダであるが、ガバナンスを構成する要素のなかで分権化は域内で進展が早く、高く評価されてきた（Olowu and Wunsch 2004: 187–192）。「いかなる国の権限委譲政策よりも最もラディカル」との評価もあり、国際社会やドナーも当初は歓迎ムードが強かった（Mitchinson 2003）。

ウガンダの分権化政策は、１９９０年代のアフリカ諸国で最も注目された公共政策である。同国が域内で最も急進的な分権化を進めたのは事実である。政策としては今でも続いているが、本格的な推進期間は

1997年から2006年までのおよそ10年間であった。分権化はPRSと同様、ウガンダ政府の内発的なイニシアティブにより実施されてきたが、ドナー側も積極的に支援した。分権化の目標に関する政府の公式のスタンスは、地方におけるサービス・デリバリー体制の構築による貧困削減と民主化の促進であった[3]。ただし、分権化も本格稼動から10年が経過して、さまざまな問題が露呈した。

本章ではウガンダの分権化について大きく二つの課題を検討したい。第一の課題は、手段としての分権化と貧困削減の関係である。第I部第4章でみたように低所得国の分権化政策の目標についての先行研究は多いが、貧困削減効果についての研究は少ない。ウガンダを研究したスタイナーは分権化の貧困削減効果は3つのルートを通じて実現するとした（Steiner 2007）。それは、公共的な意思決定過程への参加、公共サービスの効率性の向上、及び紛争解決能力の形成である。ウガンダの分権化はそれぞれのルートで高い評価を得ていたが、その通りに機能しなくなってきたと論じている。本章では開発援助を通じての分権化と貧困削減の関係を考察し、ウガンダの分権化の本質が上からのものであったこと、また貧困削減と分権化とは大きく有意な関係になかったことを論じる。

第二の課題は、ウガンダの分権化の政策動機を総合的に把握する必要性である。もしウガンダ側の動機が公式に表明された立場だけであったなら、第一の課題を検討すればだいたいの全体像をみることができる。しかしながら、権力エリートに隠れた動機や動機の変化があったかもしれない。一般に低所得国にとって分権化が何であるのかを問うことは、公式の政策やプログラムの検証のみでは解明できないことが多い。もしドナーがこれらの問題を看取していなかったならば、それは開発に取り組むドナーの視座の制約を意味することになろう。

本章ではウガンダの分権化と貧困削減の関係、分権化の政策動機という2つの課題を検討することで、同国の分権化のダイナミズムの全貌に近接できると考えた。以下の構成としては、第1節で1997年を中心としたウガンダの分権化政策やPRSの経緯を説明し、そのなかでドナーが果たした役割について解説する。第2節ではウガンダの貧困削減と分権化の関係について考察する。ここでは分権化政策の貧困削減に対する関与の可能性を論じる。第3章では権力エリートの分権化をめぐる真の動機や10年間のあいだの変化について検討する。最後に、2010～15年前後での暫定的な結論を付すことにしたい。

1　中央から地方へ

(1)　1997年の軌跡

1997年のウガンダでは財務計画経済開発省によって担われた多くの政策改革が並行して進展した。貧困撲滅行動計画（PEAP：Poverty Eradication Action Plan）というウガンダ版PRSの作成が着手されたのもこの年であった。国際社会で途上国全体に対するPRSの作成が討議されたのは、99年のIMF世界銀行の合同委員会であるので、ウガンダではその2年前にはオーナーシップを伴ったプロセスが始まっていたことになる。PEAPはIMF世界銀行のPRSP進捗状況報告書においても「参加型貧困調査などで最も綿密な検討が行われた」と評価されている(4)。また、PEAPは地方分権を貧困削減のための重要政策項目の一つに挙げており、その改訂版は憲法を引用して「ウガンダの民主主義は分権化の文脈のなかで追求される」ことを確認している(5)。

ウガンダにおいてPEAP策定が急がれた理由は、ムセベニが1996年に初めて公開の大統領選に出馬し、そこでUPE政策を公約したことであった。同年末は、世界銀行をはじめ多くのドナーの協力を得て「全国道路10カ年整備計画」が開始され始めた時期であった。世界銀行の常駐代表は、来年度の予算は重点セクター全般の拡充と道路で手一杯であり、さらにUPEを行う余裕はないと述べていた。実際、初等教育については国際金融機関と政府のあいだで合意がとれていなかった（Piron 2004:16）。96年11月にパリで開催された援助国会合で教育大臣はUPEを説明したが、ドナーの反応も芳しくなかった。ところが、97年になってムセベニ大統領はUPEをただちに実施する旨のラジオ演説を行ったのである。

教育を支援していたドナーからはUPEによる初等教育の質の低下を懸念する声が上がった。懐疑的なドナーの対応を変えるために、財務計画省はPEAPに基づく中長期的な優先セクターを明示し、これからの方向性を示す必要があった。ムセベニ大統領は機会あるごとに、ウガンダで優先されるのは道路と初等教育だと説明した（Piron:18）。このような状況で、ドナーで真っ先に対応を変えたのは英国であった。英国は中等教育支援プログラムを終了させ、初等教育にシフトすることを決定した。英国政府はムセベニ支援を強化すると共に、ドナーの内部で新しいタイプの援助モダリティ（援助様態、aid modality）を推進する機会を得ようと考えていた。

1997年2月にUPE政策が公式発表されると、英国は教育のセクター・プログラムの実施をウガンダ政府及び他のドナーに対して呼びかけた。セクター・プログラムというのは個別のプロジェクトを超えたセクター全体に対する開発戦略と投資計画のことである。そして、地方の貧困削減のニーズに応えるコンポーネントとしてバスケット・ファンドという新しい援助モダリティを提唱した。これは初等教育の教室建設を対象とし、スクールファンドとも呼ばれた。英国はオランダ、アイルランドなど北欧ドナーに援助協調を呼びかけたが、彼らは地域拠点（Area Based）アプローチという貧困削減の多セクター事業を地方で展開しており、単一セクターの基金には消極的であった。北欧諸国は従来から多国間債務基金によってウガンダの債務の利子払いを代行していた。それが１９９９年のケルン・サミットにおいて最終合意された ＨＩＰＣｓ救済措置の導入によって不必要になることから、同基金を原資に地方開発を支える基金を作ろうと英国は議論した。

１９９７年に開始された、もう一つの重要な改革が分権化政策である。93年から政策実施の準備過程に入り、地方政府省にデンマークの支援で分権化事務局が設置され、95年に発布された憲法には分権化の規定が盛り込まれた。「国家目標及び国家政策の根本原理」の（Ⅱ）-ⅲは「国家は人々が最良に運営し、彼らの業務を遂行する適切なレベルに政府の機能と権限を分権化及び権限委譲する原則によって指針を与えられている」と述べている。[6] 97年に発布された地方政府法には政治的、行政的及び財政的分権化が明確に規定された。

１９９７年10月9日の独立記念日の演説でムセベニ大統領は、分権化によって中央政府から地方政府に移転された予算に草の根レベルの人々がアクセスし、準郡レベルの歳入の65%が地元で使えるようになる、地方政府が中央政府に相談することなく計画、財政、案件の優先順位を決定できるようになると語った。[7] 他方、中央政府の役割は、国家政策の実施、国家的基準の確保、グッド・ガバナンス、腐敗と職権濫用の阻止、検査、モニタリング及び地方政府に対する技術支援に限定されていくと述べた。

１９９３年から中央政府から地方政府へのグラント（交付金）には、条件付き（conditional）、無条件（unconditional）、平等化（equalization）の3種類があった。北欧諸国は、地方政府には開発プロジェクトの優先順位の変化に応じて柔軟に支出を変えられる裁量権が重要であるとし、中央政府の公務員を地方公務員にする際、給与定員をセクター分けにしない無条件グラントとして確保するように働きかけた。地方政府省はこの要求に応え、グラントに占める無条件グラントを１９９４／１９９５年度の10%から１９９７／

１９９８年度予算に24％に拡大した[8]。条件付きグラントは初等教育、地方道路などのＰＥＡＰの重点セクターの事業経費として開始された。平等化グラントは、開発達成度の低い県に対する追加的な交付金であった。条件付きグラントは、交付金全体に占める比率が１９９４／１９９５年度の90％から１９９７／１９９８年度に76％に減少したものの、２００１／２００２年度予算で87％に回復し、その後も変わらない。平等化グラントはグラント全体の１％未満である。

ムセベニが急進的な財政的分権化を指向したのは、ＰＥＡＰと同様、１９９６年の選挙活動を経て国民のニーズに直接応えることの重要性を痛感したからであった。また、村の地方評議会ＬＣ１（Local Council 1）は１９８０年代の内戦期のＮＲＭの末端協力組織ＲＣ（Resistance Council：抵抗評議会）を起源としていた。97年当時最大の二国間ドナーであったデンマークは、経常予算と開発予算の多くの執行権限を地方政府に交付すべきと唱え、地方政府省といくつかの地方政府の支持を取り付けていた。これに対し、ＩＭＦ、世界銀行、財務計画省は地方政府には未だ十分な行政能力がなく、中央政府が大きく指導する必要があるという漸進主義の立場をとった[9]。最終的に、権限委譲としての分権化を漸進的に進めると共に、中央に地方に対する貧困削減基金を導入するという折衷案が打ち出された。

１９９７年11月にパリで開かれた援助国会合においてオランダはＥＵの議長国として、民主的な政治改革を求め、特に権力の分立、司法と議会の強化が必要で、野党の活動自由化については２０００年までに実現すべき、至近の地方選挙は分権化にとり重要なステップになるとの声明を出した。北部地域については南部との格差拡大、治安の不安定化に懸念を有し、反政府集団ＬＲＡ（Lord Resistance Army）との政治対話が必要と表明した。分権化については、多くのドナーからの支持表明のなかで米国は地方政府の能力と政情不安定化のリスクに懸念を呈した。また、地方開発基金については世界銀行と北欧諸国が必要性を確認した。英国は同基金が政府財政の一部を構成すべき（on budget）と注文を付け、独は経常予算の長期的支援がもつ援助依存リスクを指摘した。

１９９７年のウガンダはドナーからの厚い支持と前年の大統領選挙勝利を背景に分権化政策を本格的に稼動させた。ＰＥＡＰにおいて優先セクターを明示し、それらのサービス・デリバリーを地方政府のもとで実施しようとした。こうしたイニシアティブのもとでムセベニは世界銀行常駐代表の示唆すら聞かず、巧みにドナーを取り込んでＵＰＥ政策や分権化の推進に邁進した。それを開発計画と各省・ドナー協議のうえで支えたのが財務計画省であり、政治から行政にいたるリンクには高いオーナーシップが備わっていた。この時点で、ウガンダ政府の政策においては〈分権化―サービス・デリバリー―貧困削減〉の目的と手段が明確にリンクしていた。

（２）新しい援助のモダリティ

１９９７／１９９８年度は、ウガンダにおいてさまざまな援助のモダリティが試みられた。セクター・プログラムはその一つであり、政府とドナーが共同で計画・投資し、結果重視のモニタリングを行うアプローチであった。97年に道路と教育セクターにおいて導入され、道路分野は世界銀行、教育分野は英国がドナーのまとめ役となった。この2セクターはＰＥＡＰにおいて最も高い予算の伸びを示した。セクター・プログラムと分権化は地方の貧困層を削減するという共通の目的を有し、条件付きグラントはセクター別の事業予算であるので、〈ＰＥＡＰ―セクター・プログラム―条件付きグラント〉という整合的な計画を中央で作成することが可能であった。

英国はオランダと共に初等教育と保健の2セクターでバスケット・ファンドを開始することで合意し、

これがＰＡＦ（Poverty Action Fund：貧困行動基金）の原型となった。１９９８年12月の援助国会合においてＰＡＦの対象は初等教育、保健、地方道路、水の４セクターとなり、世界銀行も条件付きで参加を表明した。ＰＡＦはＰＥＡＰを実現するために一般予算のなかで特化された（ring-tenced）基金である。ウガンダ政府にはＨＩＰＣｓ救済措置によって浮いた資金をＰＡＦに回すことが義務付けられた。ＰＡＦの政府歳出に占める割合は年々増加し、政府のコミットメントの高さを示した。開始された１９９７／１９９８年度には歳出の17％であったが、２０００／２００１年度には29％になった。地方政府は四半期ごとに中央政府に対してモニタリング進捗報告を行った。

２００７年時点でも地方財政のうち条件付きグラント、平等化グラントの９割がＰＡＦにより担われている。イヤマーク型援助や条件付きグラントの多様化により地方財政には30くらいの異なる資金移転システムが存在し、政府の手続きが非常に煩瑣となった。予算全体の執行状況は悪くなかったが、条件付きグラントが効果をうんでいないことが問題とされた。県と準郡の段階で計画や実施、予算管理能力を高めることも課題となり、同年に財政分権化戦略が策定された。地方政府のグラントの利用の弾力化と中央に対する報告の簡素化が狙いとされ、多くのグラントが統合された。さらなる分権化の試みがパイロット県で行われ、下からの分権化計画や弾力的な予算執行と中央の予算制度との調和をめぐり、さらに高度の技術が求められた。

１９９０年代前半の北欧ドナーは地方におけるサービス・デリバリーと草の根民主主義を推進するために、県以下で地域拠点型開発を支援していた。これらのドナーは総合的な開発と住民自治などのガバナンスの向上施策を組み合わせて支援した。このアプローチにおいて問題となったのは、県以下の行政単位が政府予算の計画・執行権限を有していないことであった。プロジェクトの予算はいきおいドナー丸抱えとなり、コスト高から対象エリアが縮小され、面的な成果を広げられなかった。ウガンダ政府も面的な偏りがNRMの政治的不支持に繋がる懸念を有していた。両者の思惑が合致して1997年までにすべての県に対する財政的分権化が開始されたのである。それは90年代後半に飛躍的に進捗し、地方政府の政府予算に占める比率は1994／1995年度の14％から2000／2001年度に34％に増加し、現在も同水準にある。

多くのドナーは地域拠点プロジェクトの資金をPAFに振り向けた。また、アフリカでその後普及する財政支援が開始された。これはPAF同様に財務計画省の中央銀行の口座にドナーの援助資金を直接投入する方式で、ウガンダ政府が提案した。特に一般財政支援というタイプは、使途が完全に自由な予算であった。ウガンダではPEAP—セクター・プログラム—PAF—条件付きグラントという、地方を受益者としながら、中央において運営される予算スキームが発達した。これはドナーにとっても拠出資金のアカウンタビリティを確保しやすかった。特にPAFのイヤマーク資金は支出が遅延することはあっても、大規模な腐敗や軍事費に転用される可能性が少なかった。

図1における①地域拠点型は北欧諸国、アイルランド、オーストリア、ベルギー、UNICEF、WFPなどが実施し、県や市、村でプロジェクトを実施していた。中央省庁は、事業が中央で管理できないので熱心に支援しなかった。PAFと一般財政支援の発達によりこのアプローチは急減した。②セクター・プログラムは中央のプロジェクトを一部吸収し、セクター財政支援やセクターバスケット・ファンドに転換したが、どの省庁も実施したがった。③一般のプロジェクト援助はウガンダでは半減した。全体傾向としては、分権指向が弱い中央政府に対するプロジェクト援助と分権指向が非常に強い地域拠点型援助が減少し、適度に分権化指向のあるプログラム援助が増加した[10]。また、政府財政の半分が援助で支えられる傾

向が続くようになった。

1997／1998年度は分権化政策ともリンクしてさまざまな援助モダリティが形成された。それは計画作成のプロセスや資金の配分メカニズムに及び、多数のコンサルタントが来訪した。しかし、セクター・プログラムは集権性の強い援助で、かつセクター縦割りであった。また、開発資金の枠組みであるPAFや一般財政支援はHIPCsなどの資金を吸収し、かつこれを中央からの条件付きグラントとして供与したことで予算執行体制としての集権性を維持した。分権化による地方のサービス・デリバリー強化の目的とは別に、援助モダリティが集権的な性格を維持したことによって、ウガンダの分権化政策は中央主導の傾向を維持し

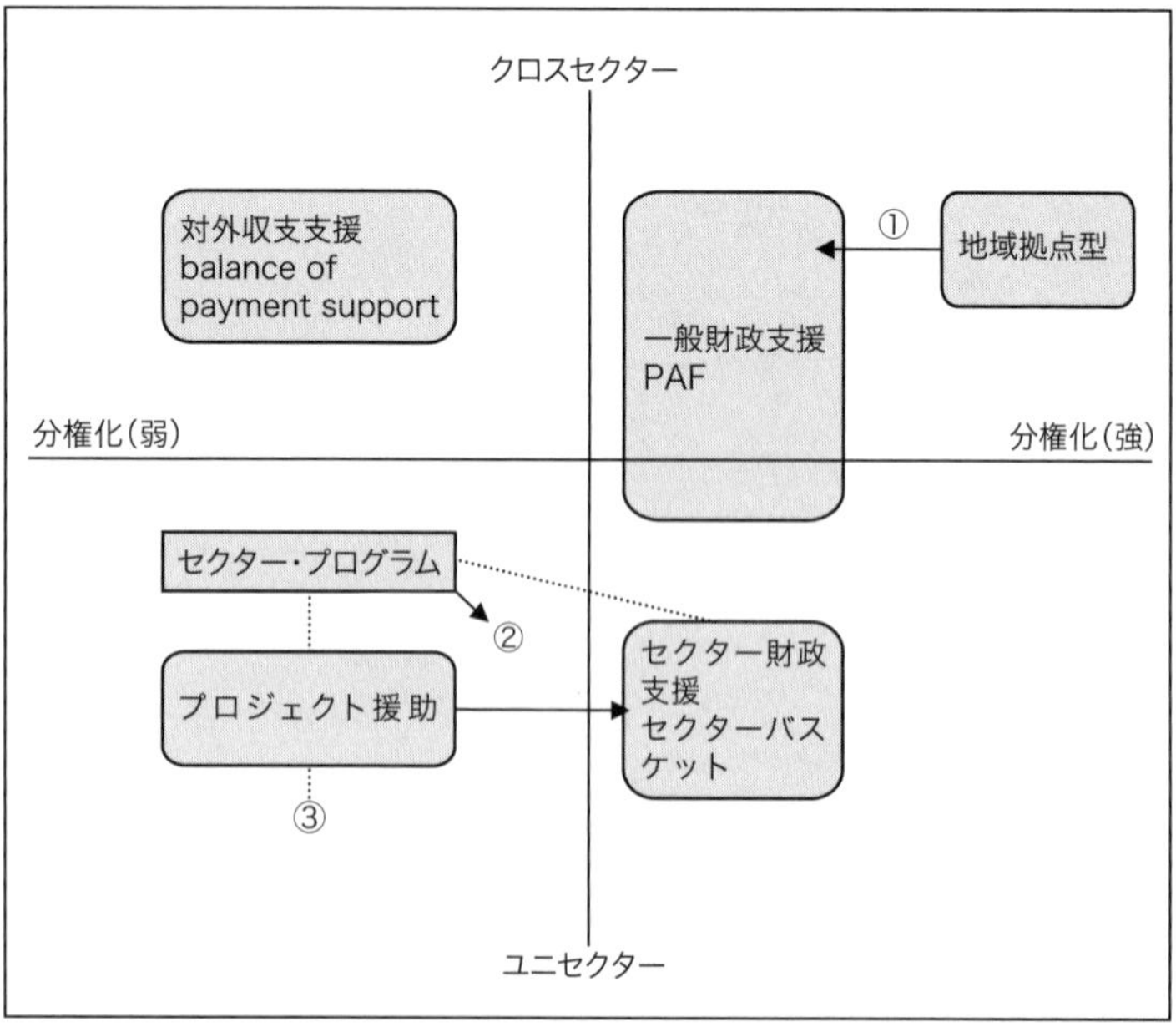

図1　開発支援手段の分類
（筆者作成〈2009〉）

たのである。

2 貧困の削減

1992年に人口の56％を占めていた絶対貧困層は97年に46％、2000年に34％に減少した。この最大の要因としてはコーヒー市場の自由化が挙げられる。これには250万人の小農が従事しており、彼らの得た現金収入が家計に現れた。98年から同輸出は減少したが、魚、花の輸出が増え、99年から隣国のDRCで産出された金も輸出された。貧困率は2002／2003年度にGDP成長率の低下と交易条件の悪化により38％に増加したが、2005／2006年度に再び31％に減少している。対外債務は90年代後半には全体の3分の2が国際金融機関からのもので、経常予算の3割が返済に充てられていた。構造調整の努力が評価されたウガンダは、1998年4月にHIPCsの適用により30年間にわたり6億5000万ドルの債務が削減され、その後も二国間債務の減免措置が続いた。HIPCs適用後は外国直接投資も2001年の1億5000万ドルから05年の2億6000万ドルに増加した。

PEAPの優先セクターのなかでも、初等教育と保健は特別の扱いを受けた。ウガンダのUPE政策は、各家庭4人の児童の授業料無償化として始まり（1996年12月、大統領声明）、2002年7月に各家庭の児童全員に拡大された。97年にUNICEFの協力により就学児童の人数確認が行われた。児童数は96年の290万人から97年8月の530万人に急増し、その4割は小学1、2年生であった。さらに、2002年に690万人、04年に740万人に増えた。この量的な拡大は、ジェンダー格差の改善と共に評価されている。ただし、児童の留年・退学率は依然として高く、内部効率性が問われており（Nishimura et al.: 2008)、児童の両親の学校への関わり方は貧しい地域ほど弱かった（Sasaoka and Nishimura 2009）。

従来の社会セクターの予算は地方の現場には届きにくかった。初等教育の学校運営経費も条件付きグラントの一部として地方政府に交付されたが、1991年と95年のあいだは予算の13%が学校に届いただけであった。こうした現状を調べたのが世界銀行の公共支出追跡調査である（Reinikka and Svensson 2004）。この調査では、初等教育・保健資金のサービス機関への到達した資金額を分析した。この結果を受けて、政府は月ごとに機関間の資金の移転を新聞に公示した。学校は地方政府から受領したグラントの明細を校舎の壁に張り出した。こうした対策に立脚して97年のUPEは行われたので、1999／2000年には資金の80～90%が届いた。ただし、その到着は遅く、校長や学校運営委員会による横領も報告されている。

保健政策もヘルスケアのミニマム・パッケージを貧困層、女性と子供を重点対象として、公平に提供しようとした。保健事業は、分権化政策を踏まえて複数の行政段階に対応して活動内容を定めた。県病院は国から県の管轄に移行した。ミニマム・パッケージの実践は、準郡以下に多くの役割を期待したが、初等教育と同様に施設設備、人員の配置などの対応は遅れた。HIV・AIDsは他国に先駆けて飛躍的に改善した分野である（1992年の感染率18%から2006年に7%）。ウガンダが情報公開に熱心であったことや村レベルの普及活動が効を奏したといわれている。2001年には基礎保健のコスト・シェアリング制度が廃止され、診察料が控除された。サービス提供機関は住民に近くなったが、多くの住民は問題があっても同機関や政治家に対して抗議することはできなかった。

1980年～2006年の社会指標を比較したのが**表1**である。1998年から2006年のあいだに各指標は改善した。これは治安の安定やHIV感染率の低下、90年代の経済成長、さらにはUPEなどセクター予算の増加によるところが大きい。分権化との関係は特定しにくい。5歳未満死亡率や初等教育の

表１　ウガンダの社会指標の変化

	1980	1990	1998	2006
人口（百万人）	12.8	17.8	21.0	27.4
初等純就学率	50	74	74	84
５歳未満死亡率	180	160	170	137
平均寿命	48	51	42	50.4

（出典：Uganda Bureau of Statistics, Statistical Abstract 各年版）(11)

就学率はアフリカ一般でも改善している。所得貧困の減少も社会セクター指標の改善も援助の拡大と共に漸進的に進んできた。98年には参加型貧困調査プロセスが９県で実施された。この調査は、家計調査において貧困が減少しているといわれた90年代末に貧富の拡大が起きているという貧困者の意見を紹介した。実際に、２００２／２００３年の家計調査では貧困率が増加したので、この観察結果はおおいに注目された。

さまざまな援助モダリティが考案されたが、セクター・プログラムにしてもＰＡＦにしても、資金を拡充して全国に展開する貧困対策であったが、絶対的な貧困者の参加と受益は限られていた。ＰＡＦにより地方に施設が建設され、行政の活動経費が提供されたが、もともと資産をもっている者により利益が与えられ、小農や地域社会は周縁化されたという見方もある（Lentz 2002)。

貧困の国内格差は大きく、なかでも北部地域は立ち遅れている。北部では１９９０年代末にＬＲＡの急襲から逃れた国内避難民が80万人を超えた。北部はＮＲＭにとって内戦期に交戦した旧政府軍の輩出地であり、最も政治的な支持の薄い地域であった。ムセベニとＮＲＭはもともとは南部と西部を支持基盤にし、北部と東部の支持が低かったが、同時に両地域は貧困の度合いも高かった。これに対し、政府は分権化政策が機能しない北部に資源を提供する特別のプログラムを実施し、世界銀行も大規模な社会基金借款を供与した。しかし、20年にわたる紛争が社会経済を疲弊させ、さらに人口の増加率や移動率の高さにより、社会指標は改善しなかった。ＮＲＭの権力基盤はムセベニをはじめ西部のバニャンコレ出身であり、西部はブガンダの多い南部の所得水準に近づいている。

貧困層の減少は市場の自由化措置の影響が大きく、民営化・市場化も分権化の一部に位置付けられるという意味で、分権化は貧困削減に寄与した。１９９７年以降の政府内の分権化は地方政府に多くの予算を配分し、社会指標の改善に役立ったが、予算の増加以外の分権化インパクトを特定することは厳密には難しいだろう。援助モダリティの観点からは、ウガンダは分権化に連結する仕組みや資金管理が意外なほど集権的であった。また、社会セクターの各種利用料の撤廃はすべての階層を利するものであったが、最貧困層への影響は明らかではない。

３　国民抵抗運動

（１）複合的な動機

先ずは、１９８６年から１９９６年の約10年間の国民抵抗運動（ＮＲＭ）の分権化推進の動機を確認したい。１９８１～１９８６年にオボテ政権と交戦したＮＲＭは地方の住民組織ＲＣによって支えられた。ウガンダの分権化政策はゲリラ戦争の緊急性とイデオロギー的な信念からうまれた（Kauzya 2007:81）。ＲＣの原型は住民による軍隊への食料物資の供給組織であった。北部政権の軍隊によって収奪を繰り返されてきた南西部地域の住民は、彼らの人権を尊重し、購入代金を払うＮＲＭの軍隊を支持した。

ＮＲＭの権力掌握後、村レベルのＲＣ（現在のＬＣ１）を正式に組織すると、住民は歓迎した。それはＲＣの司法や安全面の機能に対する期待感であり、オボテ、アミン政権で存続した抑圧的な首長制度の終結に対するものであった。ＬＣ１の裁判所は評判がよく、解決が迅速で、安価で大衆に理解しやすい制度であった（Barya and Oloka-Onyango 1994:79）。これは厳密な成文法を専門的に解釈する司法制度よりも望ましかった。現在でも首長が行政的機能の一部を果たしているところもあるが、司法と政策形成機能はＬＣ１に完全に移行している。ＬＣ１は村レベルの抑圧的な装置を壊したというだけで、住民から大いに評価されたのである（Olowu and Wunsch 2004:193–194）。

オボテ、アミン政権の軍は北部や東部出身の将校や兵士によって統率されていた。これらの時期は軍事支出が突出し、教育を受けていない兵士が非効率な行政や腐敗的行為を行っていた（Brett 1994:86）。ＮＲＭの軍隊は西部や南部出身者の軍という意味でも画期的な存在であったが、次第にすべてのエスニック集団に門戸を開放した。文民統制を受け入れたし、終戦時にはカンパラ市の復旧や掃除も手伝い、市民から歓迎されたのである。

これがＮＲＭの分権化政策の原点であり、下からの改革としても捉えられる。ただし、権力掌握後にはいくつかの新しい意味が重ねられた。一つは分権化政策が南部のブガンダの連邦制指向を押し留める作用を果たしたことである（Kauzya 2007: 82）。分権化の単位である県はブガンダ人の領域を分割し、連邦制の妥当性を牽制した。連邦制は民主化と共に１９９５年にウガンダの共和国憲法が制定される過程で政治形態が議論された際にブガンダにより主張された。ブガンダには複数政党制を支持する声が高く、王制の部分的ないし全面的な復権を求める声もあった。こうしたブガンダらの意見を慰撫するために、ＮＲＭは１９９２年に伝統的王制の復活を文化的な次元で承認した。これを受け、１９８８年に英国から帰国していたブガンダ王はカンパラに帰還した。

第二に、分権化政策における活発な住民の参加やそれによる社会サービスの向上を強調することでドナーや野党からの複数政党制への圧力を回避できるという読みがあった。この視点は制憲過程を経て実施された1996年の選挙後になって形成され、1990年代後半には分権化が民主化を促進するとしてムセベニの発言や政府文書で幾度となく強調された（Museveni 1997）。この時点でウガンダの分権化は有言実行され、さまざまなプログラムが実施されていたので、その発言には相応の迫力があった。

第三に、第二の視点とも重なるが、分権化という言葉がさまざまな政策改革の続行を象徴することで、ドナーからの支援が途切れないようにする目的をもっていた。そのなかでも特筆できる点は分権化政策が公共セクター改革に代わる目玉商品の役割を果たしたことである。公共セクター改革は中央政府の人員や機構の整理を求めるもので、NRMはドナーの示唆もあってそれを断行してきた。しかし、その遂行が難しくなった時点で、地方政府の機構と人員の拡充を新たに正当化できる政策が分権化であったのである。

このように分権化にはNRMが期待していた幾つかの意味と動機があった。また、その多義性は時間的推移と共に、誰に対してこの言葉を使うのかで変容した。分権化の起源的な意味である、住民のRCに対する支持が希薄化し、交戦中に連邦制の成立を約束したと言われるブガンダに対する一応の懐柔策を済ませると、ムセベニやNRMにとっては分権化推進による複数政党制・民主化圧力の回避が最も重要な目的と映ずるようになった。そして、以下にみるように、ドナーや市民社会からの民主化圧力を緩和するだけでなく、民主的選挙におけるNRMに対する支持の形成ないし反対派の懐柔にも分権化が用いられた。それでは、1996年選挙から10年間の展開をみることにしたい。

（2）政治過程

ムセベニは内外の民主化圧力のなかで1996年及び2001年の大統領選挙を「無政党政治」のもとで実施し、勝利した。これらは候補者が政党ではなく個人の資格で出馬する選挙であった。1980年代のNRMの一党制支配の延長上の統治が続き、政党は結社の自由はあるが集会や活動の自由は著しく制限されていた。ムセベニは1996年の大統領選挙において76％の得票を得た。対戦相手はムセベニの政権で第二副首相を務めた人物であった。1996年と2000年のあいだにドナーとの密接な協力のもとで多数の改革が行われたが、大量の援助の流入と共に汚職の噂も増加し、さらにはDRCへの出兵もあった。ムセベニは汚職の疑いのある閣僚に法的処罰を与えなかったが、報道が続くと自発的に辞任させる措置をとった。

ムセベニは、複数政党制は宗派主義の復権に通じるのでウガンダには不適当で、代わりに広範な支持を集めたNRMが宗派や地域などの相違を超えて団結を推進できると述べた（Museveni 1997）。複数政党制の不在に対する批判を補うものとしてNRMが重視したのが地方政府・議会であった。地方には5段階のLC（LC1～LC5）が存在し、下位の意見が上位に上がるピラミッド構造であった。1990年代の分権化政策は、この全国組織を基礎として公共サービスの広汎かつ効率的な提供を目指した。「無政党政治」のもとで分権化は一般市民の行政や政策決定過程への参加促進を意味したが、NRMの勢力が地方議会・政府を覆い尽くしている地域では、反対派にとっては囲い込まれたなかでの自治を意味した。

「無政党政治」に対する批判は内外からなされた。内部は政党政治を行いたい野党ないしはNRMの権力基盤から外れている政治集団であり、反政府系の日刊紙モニターなどにその動向が掲載された。外部は欧米ドナーやNGOs、人権団体などである。一部の研究者もそのなかに含まれ、カスファーは1996年のムセベニ圧勝を受けて、「無政党民主主義（No Party Democracy）」という概念を提出し、すべての成人が無政党という政党に所属し、政党としての野党は存在しても政治活動は妨げられる仕組みであると説明した（Kasfir 1998）。

ムセベニとNRMは2000年に複数政党制に対する国民投票を実施した。野党は初め歓迎したが、活動の自由が解除されないことがわかるとボイコットに転じた。投票率は51％で、有効投票の91％が無政党システムの支持に回った。これを受けた01年の大統領選挙ではベシジェというNRMを離脱した強力な対抗馬が出現した。結果はムセベニが69％、ベシジェが28％であった。選挙後ベシジェは選挙における脅迫と不正を裁判に訴えたが、却下された。同年の議会選挙でNRMは282の議席中230議席を獲得した。この圧勝によってムセベニとNRMの無政党システムは国民から信任を受けたようにみられたのである。

2003年になって安泰にみえていたムセベニは唐突に複数政党制への移行を宣言し、05年の国民投票も今度はこれを承認した。背景にはNRM内部に民主化をめぐる多様な意見と集団が形成されたことがあり、そうした環境のなかでムセベニが憲法上の自身の任期を規定上の2期から延長する野心をもっていたことがある。いわば党内対策から制度上の民主化を宣言し、代わりに自身の3期目就任を認めさせたことになる。大統領任期の上限撤廃は国民投票にはかけられず、NRMが圧倒的多数の議会において憲法改正動議として承認された。これらの動きはNRMの議席が盤石であるなか、内部対立を終わらせるために行われた色彩が強い。さらに、2002年の隣国ケニアのモイの引退と完全民主化も微妙に影響を与えていただろう。

2006年にはベシジェが率いるFDC（The Forum for Democratic Change）という新政党がNRMにとっての脅威となった。ベシジェは選挙の前年に反逆やレイプの容疑で逮捕されたが、スウェーデン、オランダ、英国が抗議して援助を停止し、これを受けてすぐに釈放された。大統領選は68％の投票率で、ムセベニが59％、ベシジェが37％であった。ベシジェは前回より10％得票率を伸ばしたが、北部地域の支持が厚く、首都カンパラでの支持も高かった。続く議会の選挙ではNRMは319議席中の187議席を獲得した。2006年選挙でFDCはNRMとの差を縮めたのである[12]。

1996年からの10年間のあいだにNRMは民主化の圧力にさらされ、2006年には複数政党制選挙の導入に踏み切った。2003年は2006年の複数政党制や大統領の任期撤廃を決めた重要な年であった。その過程でムセベニは周囲の議論を放置できなくなり、党内対策を始めた。まず、任期撤廃に反対する旧知の閣僚を更迭することで脅しをかけた。次に、自分を支持する議員にはほぼ公然と賄賂を配った。これらの手段によってムセベニたちはNRMの支持基盤を維持し、内部での支持取り付けを固めた。もう一つの支持獲得策が自分の新たな支持者の獲得、ないしは反対者の中立化であった。

それが地方政府の創出によるNRMに対する新しい支持者の形成であった。ムセベニが内戦後に権力を掌握したとき、既得権益層とのつながりは少なく、政府の縮減は容易であった。政府の定員は1996年までに32万人から15万6千人に削減された。大臣ポストも38から17に削減され、軍部も1990年から96年に10万人から4万人に縮小された。このような公共セクター改革が国際金融機関などのドナーの評価をうみ、その後の安定した援助の流入が可能となった。97年のPEAPは96年の大統領選挙における貧困削減の公約を集大成したものであった。その手段として公式に追求されたのが分権化政策と重点セクター予算の拡充であった。このようなPRS、公共セクター改革と分権化の繋がりをドナーは評価し、援助が増加された。

ムセベニ政権は選挙対策として自分やNRMに忠誠を尽くす人間に社会的に高いポストを与える措置を

とった。公共セクター改革がドナーから高く評価されていたので、中央政府を再び拡張することはできなかった。そこで、注目されたのが半自治的組織、地方政府と議会、そして軍部であった。半自治的組織は、地方政府財政委員会やウガンダ司法研究所など政府の諮問・協議・モニタリング機関の役割が多い。その数は2002年までに約70となり、一部はドナーからも活動費の支援を受けているが、政府と機能が重複していた。PRSは地方政府職員、小学校教員や保健スタッフを増加させた。この結果、2003年までに公務員は20万人に増加し、半自治的な組織職員は5万人となった。また、1996年以降副大臣ポストが増加し、2001年以降大臣はシニア、ジュニアを含めて67名になった。最後に、北部のLRAとの戦闘を理由に軍事費が伸ばされ、2003年に軍は一時5万6千人の規模に拡大した。

こうしたポスト作りのなかでも、ムセベニ大統領は「新しい県を創設することで大量の新しい職を作り、各人にパトロネージの機会を与えた」(Mwenda 2007)。それによって、潜在的に反対派になりうるリーダーを政府の給与袋に引き込み、中立化させた(Green 2008)。新しい県という「選挙区の創出」は、固有の算定式によって地方政府職員や国会議員を連動して増加させるが、その変化は**表2**のようになっている。分権化によって12年のあいだに県の数は倍増した。その動きは1990年代からあっ

表2　県と国会議員の数

暦年	県の数	国会議員の数	県あたり国会議員の数
1996	39	288	7.4
1999	45	294	6.5
2003	56	305	5.4
2005	70	306	4.4
2008	80	330	4.1

(出典：Green, E〈2008〉, Table 4)

たが、加速したのはやはり２００３年前後である。これは半自治的組織や軍の増員傾向とも一致している。ウガンダの県新設は、選挙前にＮＲＭが新しい県候補のローカル・エリートに次回の集票と見返りに提案する傾向が強かったといわれる。

（３）援助との関係

もちろん、１９９７年の時点でムセベニもＮＲＭもＰＲＳや分権化政策が選挙前の集票マシーンに使えると踏んではいなかっただろう。国際金融機関や英国はＮＲＭが望む中央主導の分権化政策に同調し、地方政府に条件付きグラントを垂直的に交付する方法を支援した。北欧諸国はより地方主導で資金計画を立てる方法を望んでいたが、ＰＡＦを多セクター基金とすることを条件に中央主導路線に同意した。米国はＮＧＯｓを通じて地方における開発や保健セクターの支援を行っていた。ドナーはさらに財政支援という援助形態を開始した。この援助は、当事国の財政全体を支援し、優先分野の確認はするものの、全体として特定の支出部門にイヤマークするものではなかった。この援助は、ウガンダのガバナンス全般にとっては３つの意味をもった。

第一に、分権化は財政支援によって予算的に支えられた。従来のプロジェクト援助は財政的分権化を支えることになじまない。ウガンダ政府、特に財務計画経済開発省が援助モダリティとして重視した財政支援は、地方へのグラントの拡充に寄与したのである（Steffensen 2005）。これらの資金は貧困削減に役立つ社会セクターなどに供与された。

第二に、財政支援はこの時期のウガンダの軍事費の増加にも役立ち、そのなかには使途不明金も含まれていた（Mwenda and Tangri 2005）。ウガンダの軍事費は１９９６年に８８００万ドルであったが、

2003年に1億5000万ドル、2004年に2億ドル前後に増加している。これはNRMを支える多数の工作資金になり得たし、ゴースト兵士の口座は小型汚職の温床になった。

第三に、財政支援やPAFのような資金援助はプロジェクト援助と比較してドナーが即座に拠出を拒むことができるので、政治的コンディショナリティを受け取り国に対して強める効果をもった。このことが実証されたのが1998年にウガンダがDRCに侵攻してからの援助減額であった。ウガンダの援助受取額はこの侵攻の後に1997年の8億1300万ドルから98年の6億4700万ドル、99年の5億5500万ドルに減少した（OECD 2001）。ムセベニ大統領とNRMにとってこの減少は痛手であった。

地方に目を転じたときに、分権化政策は地方の市民の参加と活力を高めるはずであった。そのための参加型の計画作成や貧困調査も実施された。地方政府の資金は拡大し、サービスが最終目的地に届くための各種の努力も行われた。他方で、地方を中央に依存させる政策が進行した。それは条件付きグラントの増加であり、地方税の廃止による地方歳入の減少であった。代表的な地方税のGPT（Graduated Personal Tax）は人頭税の流れを汲む18歳以上の成人男性（賃金労働で働く女性を含む）に対する税で、徴税コストは大きかったが、地方政府の最大の収入源であった。2005年のGPTの廃止は、翌年の複数政党制選挙直前の人気取り政策とみなせるが、地方政府をさらに中央依存にさせた。ウガンダの地方政府の自己歳入比率は1997／1998年度の35％から2003／2004年度の10％にすでに減少していた。つまり、中央政府は外国援助に、地方政府は中央政府に過度に依存している構図となった。

NRMは選挙での勝利と見返りに分権化政策という名目で多数のポストを提供した。これは民主的分権化の本来の目的である「下からの参加」を促進する内容ではなく、中央と地方のエリートをパトロネージ・ネットワークで繋げるものであった。増加した地方政府はNRMの支持基盤ではない地域を含めて全国に及んだ。これは同質的なパトロネージ・ネットワークの拡大でもあるし、敵対する可能性のある勢力を繋ぎ留めておく手段でもある。つまり、ネットワークは不安定で、短中期的な取引も含んでいた。ただし、これによって次期選挙での勝利が確実となり、得票率の低い地域での支持率回復を狙えた。分権化の動機は貧困削減と民主化から徐々にNRM体制それ自体の維持にすり替えられたのである。

腐敗はドナーとのあいだで焦眉の問題となった。2003年の援助国会合ではドナーがガバナンスと反腐敗に対する共同ステートメントを提出した⑬。このなかで地方政府との関係も言及され、政府予算の3割が地方政府に配分されるなかで、腐敗も地方に波及している証拠があると述べた。そして、この問題はサービスの再集権化によって解決されるべきではなく、分権化政策が新しいツールを伴うことで対処されるべきと論じた。個別の議論では、多くのドナーがムセベニの複数政党制の宣言を支持した。EUやIMFは2002／2003年度予算の一部が軍事費に流用され、財政支援が一時停止された問題を提議した。

（4）政治体制の行方

政府予算やサービスの拡大にもかかわらず、ムセベニとNRMに対する政治的支持は1996年から2006年までのあいだに漸減した。南部地域のブガンダには1960年代に議論された連邦制を復活させる動きがあり、連邦主義者たちは野党を支持する傾向があった。特に2006年の複数政党制選挙は、接戦とはいかないまでも緊迫した内容となった。このような政治過程において、NRMは新しい県の創出を政治的資源として活用し始めた。分権化政策はもともと南部の自治指向を封じ込める要素が強かったが、新しい県の創設はそれと同様の論理を全国展開させたものであった。2009年に議会は州—県—準郡という地方政府の階層性についての法案を通過させた。これは各地の伝統的な王制を公認しながら政治活動を禁止し、県の上位の仮想州を政治的実体ではなく、機能的ないし文化的な存在として捉える政策であったが、ブガンダなどは反対した。

ただし、地方政府の過剰がサービス・デリバリーの向上になり、貧困削減になるとは考えにくい。議員や行政官の人件費中心の政府拡張策はもともとNRMの政治姿勢とは対極的なものであったし、援助依存路線の推進でもあった。ウガンダが当初の分権化路線から撤退してきた徴候は県の増加という見地からは2002／2003年に明らかになった。デンマークの支援によって設立された分権化事務局が2004年に廃止されたのも象徴的である。さらに、2006／2007年度より首席事務官などの地方政府の幹部行政官が中央政府任命に切り替わった。この動きは、自治の後退であることは否めないだろう（斉藤2007:37）。当初の貧困削減と民主化を政策目標として掲げた分権化政策は、10年が経過してすっかり変質してしまったのである。

ウガンダの県政府（自治体）の数は80で、県あたりの平均人口は38万3000人である（Green 2008:2)。この数が分権化による貧困削減という目的を果たすのに合理的な数字なのかどうかが問われている。分権化が地方におけるサービス・デリバリーの提供に有用と考えても、それには経済学的なコストパフォーマンスもあるし、行政学的なキャパシティの問題もある。ただし、貧困削減とは成果が出るまでに非常に時間がかかる複合的な政策領域であり、単一の政策改革ですぐに実現をかなえられるものではない。多くの場合、成果が出るまでの長期的な視点や忍耐が国際社会には求められることになる。

ウガンダの分権化政策の政治学的な含意は、1996年以降民主化政策の遅れを補う意図をもっていた。初めの10年間は、無政党政治のもとでムセベニやNRMへの支持と得票を増やすために分権化が使われ、各種のセクターのサービス・デリバリーと連結することが真摯に期待された。その時点では、ドナーはウガンダの民主政治に不満をもっていても、従来の経済成長や公共セクター改革の実績という観点からウガンダを支援し、PAFや一般財政支援を拡大させた。各種セクターにおいては、ドナーの資金を利用して初等教育の授業料や保健の受診料が削減され、税ではGPTが削除された。この流れは貧困削減の手段としての分権化という論理のもとで正当化されるが、実際には所得貧困の減少は2000年代に入ってから鈍化した。所得貧困の減少は1990年代の輸出作物のブームによって支えられていた[14]。

2000年代半ば以降の分権化政策は複数政党制の代替という名目を失ったが、より純化したパトロネージ体制の構築という論理により牽引された。地方政府の増加は、地方の市民に対するサービスよりも地方で票をとりまとめる権力エリートやそれを支えるブローカーに対するサービスとなった。貧困削減のために必要であった地方機関という手段の増加はそれ自体が目的となった。ムセベニとNRMは複数政党制を国際社会に示す一方、地方政府などの政治ポスト提供の手法で2006年や2011年の選挙を乗り越えた。こうしたなかで、国際金融機関を中心とした外国借款の債務は2000年代前半のあいだに対GDP比で6割から7割に増加している。

ドナーの責任は2003年あたりから明らかになってきた。ウガンダのガバナンスに対するドナーや国際的な市民社会からの批判や関心の中心は腐敗の防止であり、NRMの開発援助を利用したガバナンス全体に対する注文は突きつけられなかった。NRMの分権化に対する動機の変化に関して、ドナー側は自らの視座の制約を認識し、NRMに誘導されたプロセスを自戒する必要がある。分権化政策を推進する政治勢力のさまざまな動機と効果についてドナーはより眼力を高める必要があるし、民主化（特に、複数政党制）、分権化や公共セクター改革などの政策改革の相互の関係についても分析力を高める必要があるだろう。他方、外交的な観点からはドナーの強力なウガンダ支援は容易に変化しそうもない。スーダンにおけるイスラム原理主義の浸透、ダルフール問題、２０１１年のスーダン南部の独立信任投票とその後の政権内部の対立、ＤＲＣにおける地方集団の抗争と混乱という隣国の状況がそれを物語っている。２００７年３月、ウガンダはソマリアにＡＵの軍隊の先陣として派兵したが、これは不安定な東アフリカにおける砦としての同国の地位を国際社会に示すものであった。ＩＭＦもウガンダの軍事費増大は問題としながらも、経済的なパフォーマンスは評価している。分権化からの貧困削減という論理は曖昧となり、分権化は政治権力の延命装置となったものの、ウガンダはドナーの援助の重点対象国であり続けている。

【注】

1　本章は「ウガンダの分権化と貧困削減―ドナーの視座の制約」『地域研究』9(1)2009年に修正を加えたものである。
2　オルブライト米国務長官（1997）。
3　Ministry of Finance, Planning and Economic Development（2000）*Uganda's Poverty Eradication Action Plan: summary and main objectives*.
4　Ministry of Finance, Planning and Economic Development（2001）*Budget Performance Report, 1998/99-2000/01*.
5　MoFPED（2000）108.
6　The Republic of Uganda（1995/2006）*Constitution of The Republic of Uganda*.
7　New Vision 1997.10.10.

8　無条件グラントは人口と自治体の面積により算出される一般行政経費である。

9　世界銀行は、北欧諸国とは異なり、当初県段階だけの分権化の実施、つまりそれより下位政府の分権化を見送ることをウガンダ政府に推奨していた（Kauzya 2007:82）。

10　プロジェクト援助は具体的なサイトに人、物、資金の投入を行う事業である。プログラム援助は広域のインフラ・リハビリ計画や全国版の初等教育普遍化計画のようにサイトは無数にあり、内部に複数のプロジェクトがある。

11　Uganda Bureau of Statistics（2007）*The 2005/6 Uganda National Household Survey Socio Economic Report.*

12　二〇一六年2月、就任30年のムセベニ大統領は得票率62％で当選した。野党候補のベシジェの得票率は34％であったが、ベシジェが所属するＦＤＣは選挙結果を受け入れていない。選挙後、ベシジェ氏は自宅軟禁下にあり、面会を許されなかった。（CNN.co.jp 2016.02.22.http://www.cnn.co.jp/world/35078273.html）

13　会計検査院が議会に報告した各年の使途不明金は２０００億シリング、政府予算の7・5％に達しており、ドナーにとっては国内の納税者に事態を説明することが困難になっていると前置きし、緊急に行うべき活動計画が提案された。Consultative Group Meeting（2003）*Statement of Uganda's Development Partners on Governance and Anti-Corruption.*

14　それを支えたコーヒーは貧困層を含む一般農民に収益が届いたが、魚や花ではその収益の広がりは低下し、金になると無くなった。輸出の多角化という経済の安定にとってセーフガードになる貿易政策が貧困削減の促進に繋がらないディレンマがうまれたのである。

第3章　市民社会と分権化

本章では東アフリカのケニア、ウガンダ、タンザニアの3カ国における市民社会と分権化の関係について考察する。市民社会は政府や民間セクターと並んでガバナンスの重要な構成要素ないしアクターであり、分権化の対象でもある。アフリカにおいては、政府よりもドナーや国際社会によって強調される観念である。それは市民社会組織（CSOs：Civil Society Organizations）やNGOsを包摂しているが、それより大きな範疇として考えられる。[1] ただし、ほかにどのような組織があるのかについては曖昧であり、さまざまな見解がある。アフリカにおいてエスニシティは非公共的に、市民社会は不在であるかのように捉えられやすかった。本章はこれらの議論を吟味しながら、市民社会と分権化、特に市民社会と地方行政の関係を検討する。

アフリカの国家や政府の弱さが指摘されるなかで、1980〜1990年代から市民社会の役割は着実に増えてきた。従来の宗教グループや協同組合、労働組合を通じた関係だけでなく、都市部に中間層が形成され、メディアやNGOsも活発化し、コミュニティの人々の要求が高まるなかで、人々の新しい公共的な関係がうまれている。他方、市民社会という概念が欧米起源であり、アフリカ社会の現実に合致しておらず、ドナー主導で議論が進みすぎていることへの警戒論も存在している。市民社会の実在性にさまざまな見解があるのであれば、当然のことながらその役割や機能、国家との関係についてもさまざまな見方がうまれることになろう。

グローバリズムも分権化も市民社会については欧米社会と同質的なものの波及を想定していた。市民社会が欧米社会と途上国とのあいだで異なる意味だとすると、まったく同じ原理が世界に波及することは期待できない。このような問題意識のもとで3カ国に共通する市民社会の特徴や、政府との関係は何なのか、ドナーや権力エリートの市民社会に対するアプローチは何なのかを確認したい。第1節では東アフリカ3カ国の市民社会と国家の関係の基本的な沿革について確認する。これを踏まえ、第2節では3カ国における市民社会と分権化の関係について検討する。第3節では市民社会の実在性やアフリカ社会における公共性について考察を深める。そして、第4節では以上の議論をまとめてみたい。

1 東アフリカ市民社会と国家

はじめに、市民社会の範囲をどこに設定するのかという問題がある。市民社会が家族と国家のあいだの中間領域にあるとしたヘーゲル（1821, 1983）の考え方に立てば、どう定義しても大きくは外れないのかもしれない。市民社会よりもCSOsを定義する方が相対的には容易である。東アフリカにおけるCSOsの定義としては、「開発NGOs、コミュニティ社会組織、女性グループ、相互扶助（self-help）グループ、宗教グループ、労働組合、職業的専門的組合、協同組合のような社会経済的な組合、人権アドボカシーグループ、社会文化的組織及びさまざまな社会運動」がある（Kanyinga 2003）。この定義は同じ筆者のノンプロフィット（非営利）組織（Non-Profit Organizations）の定義と変わらないが、とても包括的な内容となっている（Kanyinga and Mitullah 2003）。

ＣＳＯｓの数は１９９０年代以降、東アフリカ３カ国において急激に増加している。ケニアにおいては１９９５年の９万３２５２から１９９９年の18万９３４１、２００２年には22万６２５３となっている（Kanyinga 2003）。タンザニアではＮＧＯｓと分類された団体が、１９９０年代初めの２００程度から２００１年には３０００に増加し、２００９年では４０００を超えている（Sorensen 2009:13）。ウガンダでは内戦の終わった１９８６年からＣＳＯｓが増加し、２００３年時点で３０００くらいになっている（Kwesiga 2003）。これらは公式に登録された数であり、実際にはより大きな裾野をもっていると考えられる。

植民地期にはミッショナリー組織が保健や教育などの分野で主要な役割を果たしていた。現在でも地方に行くと小学校は教会の横に建っていることが多い。１９３４年のタンザニアにおいて、政府の小学校はわずか84校であったが、ミッションスクールは２６６８あった（Ishumi 1995:155）。教会関係が多かったが、英国の世俗的なＣＳＯｓの支部が運営しているものもあった。これらの組織の多くは独立時点で公立学校に引き継がれた。３カ国においては独立後の集権制と一党制支配のもとで、公共サービスを提供し、開発を推進する主体は政府だけであるとの認識が強められていった。政府の集権化が強まった１９６０〜１９７０年代にミッショナリーを含むＣＳＯｓの数は減退した。しかしその後１９８０年代後半から復調し、１９９０年代以降に民主化や分権化と共に急速に増加に転じている(2)。

１９８０年代後半から１９９０年代初めにかけて、政府の緊縮化政策が構造調整や新公共経営論（ＮＰＭ）の一環として実施され、政府が教育や保健のような主要サービスを多くの市民に提供できなくなった。この代替として期待されたのがＮＧＯｓやＣＳＯｓであった。たとえば、ウガンダの Action Aid はノンフォーマル教育と識字のプログラムを一部の地域で政府に代わって実施した。北欧諸国も県や村を主体とした地方開発をＮＧＯｓに委託して実施した。この時期は、アフリカの分権化にとって政府の民営化という第二フェーズにあたり、NGOsやCSOsが分権化を担う組織としてサービスの提供主体になった。また、この時期には農業などで相当数の協同組合が民営化し、市場に経営を任せるようになった。

この時期に三カ国政府はNGOsやCSOsについて快くは思わなくても、その必要性を認めざるを得なくなった。実際に政府の予算は乏しく、支援が必要であった。ウガンダでは現在に至るまで保健セクターの予算の半分以上はCSOsと民間セクターが担っている（Grawert 2004:12）。これはケニアとタンザニアでも同じ傾向である。また、1990年代後半のウガンダのHIV・AIDS感染率の着実な減少はNGOsとコミュニティの緊密な協力がもたらしたものであった。ただし、各国政府はCSOsが純粋に開発に従事する組織であり、政治には関係しないというルールを厳に要請した。ウガンダのNRMはNGOsが傘下組織を形成することを禁止し、非政治的団体のみ登録を認めていた。ウガンダでは無党制が長く続いたこともあり、非政治的性格がことのほか強調された。

1990年代以降、CSOsは民主化の趨勢のなかで飛躍的に増加を続けることになる。ケニアにおける変化は**表1**のようになる。これはNPOsかつCSOsとして分類されたものである。その数はカテゴリー横断的に8年間で3倍になっており、財団／基金が13倍、相互扶助組織が11倍、NGOsが5倍、ユースグループが3倍となっている。NPOs／CSOsは特に2003〜2004年に急激に増えているが、これは2002年にNARCという連立政権が誕生し、政治や開発に変化の期待感がうまれたためである。

1990年代以降にCSOsが増加を続けた理由としては、先の1980年代後半からの政府代替や新公共経営（NPM）関連の要因に加えて、1990年代前半には冷戦の終結を受けてODAが減額基調にあり、そのなかで民主化圧力が働き、特にケニアにおいて政府に対する支援が減少し、その分がCSOs支援に回ったことが指摘できる。同時に、ケニアにおいてはウガンダ、タンザニア以上にCSOsのエスニック化（ethnicization）が強まっており、ＣＳＯｓがエスニック政党と何らかの提携関係を有しながら発達した。エスニック化をめぐる争いが最も激しかったのは、相互扶助組織や女性グループであったという（Grawert 2004:12）。

ＣＳＯｓは東アフリカ三カ国に歴史的に大きな影響を与えてきた。植民地時代の末期には教会組織が反植民地運動の拠点であった。タンザニアにおいてはビクトリア湖南岸のムワンザ周辺の綿花協同組合の活動が独立前のＴＡＮＵ（Tanganyika African National Union）の母体となった。タンガニーカ・アフリカ人アソシエーション（ＴＡＡ）、スクマ連合、綿花生産者組合がそれぞれ提携しながら政治的発言を積極的に行うようになり、協同組合運動は綿花税が住民に相談なく決定されたことに抗議した。ＴＡＡの会長であったニエレレは市民社会の後押しを受けて１９５４年にＴＡＡを政党に改組し、ＴＡＮＵを創立した（吉田 1997: 10-15）。

１９６０〜１９８０年代前半のウガンダにおいては、市民は独裁と内戦の恐怖にうちひしがれていた。前章でみたように、１９８０年代前半に政府と交戦した抵抗軍（rebel army）が規律を保ち、市民と良好な関係を構築したことが内戦後の軍の存続、その後の社会の紛争予防に影響した。抵抗軍は守るべき市民を明らかにしたこと

表１　NPOs/CSOs の数の変化（カテゴリー別：1997 − 2005 の高い順）

	1997	2005	増加率（%）の変化
財団／基金	17	223	1311
相互扶助グループ	16,208	185,722	1145
NGOs	836	4,099	490
ユースグループ	3,426	11,083	323
女性グループ	85,205	135,294	159
組合（Unions）	67	99	147
協同組合	7500	10,867	144
合計	113,259	347,387	307

（出典：Kanyinga and Mitullah〈2007:6〉）

で明確な支持の取り付けに成功した。こうした背景のもとで、CSOsは2000年前後まで政治に無関心で、NRMに挑戦しない傾向があったという（Katusiimeh 2004）。NRMが国民の広い支持基盤に立たず、西部のバニャンコレなどを極端に優遇するようになって、多くの市民社会はNRMとの関係を見直すようになった。

ケニアでは伝統的なハランベーが地域の社会経済発展に貢献していた。[3] しかし、ハランベーが上からの州行政の統制のなかに組み込まれてしまうと、住民はより小規模でインフォーマルな活動を重視するようになった。1990年代初期からの民主化の動きに呼応する形で開発援助が市民社会に広がるようになると、コミュニティ社会組織（CBOs）が増加して住民参加型の社会開発を推進するようになった。関谷（2007）はCBOsが、共益金活動やHIV・AIDS対策など、必ずしも出身のエスニシティや地域社会に制約されずに結束している事例を報告している。

1990年代からCSOsは強力な存在となり、さまざまなフォーラムやナショナルな傘下組織を形成した。ウガンダにおいては、ナショナルフォーラムに加えて60のCSOsが加盟するウガンダ債務ネットワークが国際的な活動を行い、これが1990年代末からの国際的な債務削減の推進に大きな影響を与えた。同組織は学生、労働組合、教会組織、シンクタンク、国内・国際NGOsから構成されていた。タンザニアNGOs協会は、タンザニア社会開発評議会と共に1954年に起源をさかのぼるが、近年は地域のNGOsとのネットワーク強化に努めている。ケニアのCSOsは2002年の選挙前に野党連合のNARCが形成される契機を作っている。

CSOsは国家が非民主的で集権的な性格のときには、発達する機会が乏しい。しかし、国家が民主化・分権化に乗り出すと、発達する機会に恵まれる。CSOsは1980年代から都市部で積極的な活動を行っていたが、１９９０年代に地方機関に資金が回るようになると、農村部の県や村と共に活動を開始した。集権制下ではＣＳＯｓが地方行政と動くことは少なかったが、民主化・分権化によって地方政府・行政と密接な関係を築くようになった。他方、ＣＳＯｓが政府、政党や政治家の地方におけるパトロネージ関係を壊すのか、強化してしまうのかは個別の事案ごとに吟味する必要があろう。

2　市民社会と分権化

民主化と同様に、分権化は市民社会と共に発達する。政治や行政のフォーマルな仕組みの設置はもちろん重要であるが、制度が健全な方向に働くようにそれを動かし、見守る一群の人々が欠かせない。第Ⅰ部第3章に述べた、市民に対する行政の近接性による効率や効果の向上という分権化のメリットも、市民社会の存在が条件となる。しっかりした市民社会がないと、市民は孤立して政治・行政への発言力を失うか、扇動政治家に政治操作されるアイデンティティ集団のなかに埋没してしまう。以下では、貧困者と市民の声と、それに対するアクセスについて考察する。

（1）貧困者・市民の声

貧困者が政府から公共サービスを安定的に受けるにはガバナンスの改善が必要であり、その前提として民主主義の深化や開発プロセスにおける市民・貧困者のエンパワメントが不可欠となる。アフリカの社会セクター政策においては、政府が弱体であるためにＣＳＯｓやＮＧＯｓがサービスを供給している場合が多い。エチオピアにおいてはＮＧＯｓがノンフォーマル初等教育事業を実施しているが、児童の卒業資格はフォーマルと同等にみなされている。ザンビアの一部の地域では、NGOsが農業改良普及員を雇用して事業を行っている。しかしながら、CSOsやNGOsが政府を完全に代替することはない。これらの組織は、現在の政府の能力不足を補いながら、将来に備えた国家能力の構築を支援している。

国家機能を強化する観点から1990年代後半以降、地方の民主化を担い、貧困削減に資するサービス・デリバリーを強化する分権化が東アフリカにおいて重視されるようになった。分権化はアフリカでも多くの国で進行し、PRSの観点から貧困層までのサービス・デリバリーが計画された。前章でみたように、北欧諸国や英国、世界銀行などはこの枠組みを財政支援系のプログラム援助によって支えようとした。貧困層は本来的には市民として政府に発言権をもち、サービスの受益者としてサービス提供機関にクライアント・パワーを行使できる。この本来的な権利関係を政治的に確立するには、貧困者と市民の声を中央・地方政府に大きく反映させる必要がある。

貧困者・市民の声を政府に反映させるためには、市民のクライアント・パワーが重要である。そのためには政府と市民のアカウンタビリティの枠組みにおいて市民の能力を構築し、立場を改善するだけではなく、貧困層や市民が枠組み自体に影響力を行使できるメカニズムが必要である。1990年代以降の経験でも、民主化のもとで女性、土着民、貧困者、その他のいくつかのカテゴリーの住民は政治的権利を有しても、行政の効率的な実施から排除されていた（Thede 2009: 106）。底辺の貧困者が初等教育のUPEの恩恵をあまり受けていなかった。貧困者や弱い市民の声をどのようにして取り上げるのかが課題となっている。

貧困者は声をあげているのか、誰がその声を聞き、それに応えようとしているのかを考えると、それは（地方）政府よりもCSOsかコミュニティではないかと予想される。政府はごく標準的な市民に対しては反応するかもしれないが、弱い市民に対しては同じようには反応しない。ＣＳＯｓの方がこの点、相対的に分け隔てがないかもしれない。他方、タンザニアのスクマのスングスングのようなコミュニティの住民互助ないし自治会的な組織もＣＳＯｓと類似の機能をもっている（吉田 2007）。ただし、住民互助組織もＣＳＯｓもすべての地域に同じような組織が存在しているわけではない。

このような事態の改善にはいくつかの方法がある。第一に、グラントの支給や透明性の確保など、行政や援助のサービスデリバリー・モダリティの改善がある（前章で検討）。これにはＵＰＥにおける児童の両親へのスクールバウチャーの提供など、いくつかの将来的な検討材料が考えられる。第二に、市民の権利を強化し、その存在感を高めることでサービスの質量を改善する方法で、ＲＢＡ（Rights-Based Approach）がドナーのあいだで広がっている。第三は、時間をかけて社会の公共性を醸成する制度を地道に形成する方法で、独立系メディアの形成などがその例にあたる。ここでは第二、第三の方法について検討する。

近年、市民がサービスのクライアントというよりも権利主体であることを確認するＲＢＡが、多くのドナーによって採用されている（Cohen 2004; UNICEF and UNESCO 2007）。また、ＲＢＡと分権化の関係もＵＮＤＰなどが検討している。しかし、いくつかの問題点も現れている。アクションエイドがタンザニア南部で行った成人識字ノンフォーマル教育についての調査では、県の担当官がプログラムを固有業務として認めていなかった（Macpherson 2009: 272）。タンザニアの地方政府改革プログラムでは地方政府は自らが決定して必要な業務を行えることになっているが、実際には中央からの指令がなければ県は新規業務を行わなかった。そして、ＲＢＡは市民の権利に基づいて政府に責任や義務を求めるが、地方政府に全く資源がないのにプログラム実施の義務を強要したので、ＮＧＯｓと政府の関係はこじれてしまった。

ボリビア、フィリピン、タンザニアなどでは市民参加と投票権は強まっているが、実施地域によってその成果やアクターの相互関係は著しく異なっているという（Thede 2009: 111）。初等教育や保健などの分野では分権化を通じて量的なサービスは拡大したが、ＲＢＡに必要な質的な観点からの評価では参加やアカウンタビリティなどに課題が多いと指摘されている。市民と政府、サービス・デリバリーの関係が欧米的な市民の価値観によって決められるのであれば、ＲＢＡの方法論に問題は少ないのだろう。しかし、農村部や政府が優先順位を低くみている（サブ）セクターにおける場合には、地方政府のオーナーシップや地方社会の政治文化についてよく調査してから始める必要がある。

次に、メディアを通じた世論の形成がある。市民社会の発達は力強い世論の形成を通じて、アクター間の距離を縮める働きをするのである。メディアという意味では３カ国共に政府系、独立系、反政府系の新聞が存在する。タンザニアは英語紙としてはデイリーニュースが政府系で１９８０年代まで独占的地位を保っていたが、構造調整の時期からガーディアンが現れ、ビジネスに強いので有力になっている。ほかにスワヒリ語の新聞も５、６紙ある。ウガンダは政府系のニュービジョンと野党系のモニターが広く読まれている。ほかにブガンダ系の新聞が数紙あり、ルガンダ語で書かれている。ケニアは政府系のスタンダードと野党ないし独立系のデイリーネイションがある。この傾向は低所得国のなかでは有望な動きと言える。他の途上国ではしばしば政府与党の政治家がメディアのオーナーであったり、メディアが完全に権力の手中にあることも多い。

東アフリカの新聞は政府系であっても政府の批判をすることがある。しかし、東アフリカは南アフリカとは異なり、メディアが憲法による人権保障を完全に享受していない。ジャーナリストは報道した記事により刑事訴追され、投獄されることもある。ケニアではＫＡＮＵの時代に政府系メディアが報道を独占していた。政府の放送は政権の行事ばかり取材し、独立系のデイリーネイションやイーストアフリカ・スタンダードも政府から巨額の広告費用を受け取っていた。ウガンダ政府は２００２年10月にモニターがウガンダ北部の紛争で軍のヘリコプターが墜落したことを報道すると、これを否定して新聞社を家宅捜索し、７日間閉鎖し、編集局長や編集長、レポーターを逮捕した。

中央政府と対比して、貧困者や弱い市民の声により耳を傾けるのが分権化のセオリーとしての地方政府である。ただし、それがスムーズに行われるためにはＣＳＯｓやメディアの関与が必要となる。農村部は都市部よりもＣＳＯｓやメディアのプレゼンスが弱いので、地方政府を支援し、また圧力をかける地方のＣＳＯｓやラジオ局の存在が重要だろう。地方政府を支えるもう一つの存在はコミュニティである。コミュニティをアフリカにおいて定義するのは難しいが、一般的には村落（地域社会）、クラン・リネージなどの親族集団、またはエスニックグループをさすだろう。コミュニティの活動は通常行政を補完し、行政によって認可されている。

ＲＢＡアプローチは市民の本来的な権利を市民、政府の双方に伝えているが、（ベーシック）ニーズ・アプローチと一線を画したことで困窮した住民や資源のない地方政府から支持を得るような活動内容が行いにくい。もともとニーズ・アプローチでは地方行政やＣＳＯｓがインセンティブを過度に与えると、住民やコミュニティが依存しやすかった。プログラムが終了し、関係者が撤退すると活動が停滞した。ＲＢＡはそれを回避して住民と政府の意識向上や改革を重視したが、コミュニティと地方政府の対抗関係を強めてしまうリスクもある。このアプローチが社会のなかで定着するためには、時間をかけて方法を改善するほかない。

(2) 貧困者と市民へのアクセス

ＣＳＯｓ・ＮＧＯｓはアドボカシー系と事業系に分類される。バーらは、ＮＧＯｓを政治制度系とサービスプロバイダー系に分類している（Barr et al. 2005: 659)。これからＣＳＯｓの政府や権力への対抗と補完という二重の関係をみることができる。アドボカシー系の役割はＲＢＡでみたように、市民と政府、サービス提供機関の関係と役割、コミュニティ、社会組織、参加、ジェンダー、環境などについて市民の意識の向上を目指すことにある。事業系の役割はあらゆるフィールドの開発や人道的な支援を住民と共に行うことであり、その過程で公共機関との協力関係は欠かせない。しかし、人道系の分野では災害・内戦など地方政府がほとんど機能していない場合もある。

しかし、これらの手法も経験と共に変化してきた。ＲＢＡ関係でも活動はアドボカシー系と事業系の混合型になってきた。脱集中化のシステムであったケニアの県の開発委員会においてもＮＧＯｓの定期的な参加は欠かせなかった[4]。多くのＣＳＯｓは地方政府にプログラムのアドボカシーをしながら、サービス提供機関の一部になっている。ケニアのアクションエイドは地方政府交付金について積極的にアドボカシーを行ってきた。さらに、国会議員の選挙区開発資金ができたときには、貧困削減の考え方によく理解を示すという理由で国会議員に集中的に働きかけた[5]。ウガンダ債務ネットワークは17県に貧困モニタリング委員会を設置し、ＰＡＦ資金（第2章）が貧困層に届いているのかを調査した。また、反腐敗キャンペーンでは4県とアライアンスを形成し、ＦＭラジオ、テレビ、印刷媒体を通じて啓蒙している。

権力エリートの側には、分権化を通じて貧困層にサービスを届けるインセンティブが必ずしも備わっていない。市民社会の役割は、こうしたエリートの行動の不確実性を減少させることである。ウガンダは分権化によって公共サービスを下位の地方行政に届けようと努力してきた。政治的な動機もあったが、それによって国内の格差なき発展戦略の支持を国内各層及びドナーから得ようとした。他方、タンザニアは民主化を進行させながら、大統領の３選禁止規定を遵守し、地方へのサービスを徐々に拡充した。ケニアは１９９０年代末から各種の財政的分権化を行い、地方行政や選挙区を通じて開発資金を住民に流している。これらの一連の動きに市民社会が果たした役割には大きなものがある。

しかしながら、市民社会の発達への寄与という意味では、三カ国の分権化政策は未だに満足のゆく水準ではない。特にＰＲＳが政府の機構を通じて行われたので、市民社会から見れば政府側の権力や資金は肥大化している。１９９０年代末から未曾有の規模の資金が地方政府に届けられた。公共支出に占める地方政府の予算割合は２００５年近辺でウガンダ25・５％、タンザニア19・４％、ケニア３・７％であり、ウガンダとタンザニアの比率はアフリカ諸国のなかで抜きんでて高い(6)。地方政府に資金が集まれば、ＣＳＯｓは地方政府の委託業務をしがちになる。

政府サイドから市民の声を強める施策も検討されている。ウガンダの参加型貧困調査、タンザニアの参加型予算形成、ケニアの地方政府の住民参加型計画形成などである。それらは画期的なスキームであったが、ＰＲＳＰの地域別ワークショップと同様に、ごく一部の市民が参加したに過ぎなかった。県レベルの資金追跡調査（ＰＥＴＳ）に研究ＮＧＯｓを参加させてアカウンタビリティや反応性を調べることがタンザニアで試みられている（Graaf 2005）。その調査結果としては、ＮＧＯｓが地方政府のデータにアクセスすることは容易ではないこと、他人を公開の場で批判しない文化的価値観があることなどが挙げられている。

ＣＳＯｓのエスニック化の問題は、貧困者や市民へのオープンなアクセスを阻害する。ケニアにおいては県から州に至る規模が大きなエスニック集団の単位と対応している。ＣＳＯｓがその単位で活動していれば、同じ単位内のエスニック政党とどうしても連携してしまう。前章で述べたウガンダの県の急増は問題であるが、エスニック集団を細かく分断して抑え込もうとするムセベニやNRMの戦術にはそれなりの効果があった。しかし、分権化が集団の分断を進める目的はNRMの権力維持であり、脱エスニック化としてオープンな市民社会を形成しようとするものではなかった。

エスニック集団の大きさという意味ではケニアとウガンダは類似している。ウガンダでCSOsがケニアよりもエスニック的でない理由は、NRMまでの歴代の政府が完全に信用できなかったために、人々にCSOsに対する協力姿勢があったことである。[7]タンザニアのエスニック集団はスクマなどを除き小さく、県の下の区（division）の単位に収まりやすい。[8]パレや北パレという集団はかつて一つの区のなかで活動していた。タンガニーカにおいては、エスニシティは深刻な問題ではなかった。空間の規模が大きく、集団の規模が小さいことから、行政は点在する村落を見渡せる位置に最小限設置する原則になっていた。広大な空間は、集団間の対抗を防いだが市民社会の形成にとっても決して有利な材料ではなかった。

ケニアの地方では開拓者（settlers）といわれる新規流入者ともとからの住民のあいだの紛争が強まっている。タンザニアでは土地の囲い込みによって追われた遊牧民と農民のあいだで土地や水争いが深刻化している。ウガンダでは県のなかに新しい移民の集団がうまれ、もとからの住民と議会の多数派をめぐり抗争が起きている。また、西部の石油の採掘候補地に牧畜民が大挙して押し寄せ、政府の関与が噂されている。ケニアの首長と開拓者との摩擦は、開拓者が伝統的な行事に参加して地方の文化に恭順を示して収まるときもあるが、両者が国会議員などの有力者にアクセスして競争する場合もあり、その際に手段となるのがエスニック化した政党やCSOsである。それは行政能力が弱い地方で、中央への階梯となっている。新しい交付金の末端機構を首長が活動する行政でなく、国会議員選挙区につけたことは、開拓者側には有利になっている。

ＣＳＯｓの役割は膨大にあるが、それを支える地方の活動資金は限られている。貧困者の声を政府に伝え、援助資金や物資を貧困者に直接届ける制度がＣＳＯｓである。貧困者は一般的な市民と違って、サービスを受けるまでの負担が払えなかったり、サービスの情報を知らなかったり、その質を判断できず、自分たちの権利を行使しにくい。分権化や公共セクター改革を通じて貧困者の権利を政府とのあいだで確立させるべきであるが、より迅速に支援する仕組みを作らないと、その権利とニーズは空文になってしまう[9]。ケニアのＵＷＥＺＯは政府が国際機構と行っていた学力調査が地元へのフィードバックがないために、市民が教育の質を理解するために世帯ごとに小学校2年程度の試験を実施し、全国の結果を公表している[10]。携帯電話のメッセージに試験結果を流し、学校に対応を求めることもしている。

タンザニアでは地方政府とＣＳＯｓのパートナーシップ形成は進んでいるが、ＣＳＯｓに資金や人材ない場合が多い。ＣＳＯｓは地方政府の支援を得るためにコミュニティを動員することがあるし、国際ＮＧＯｓに支援を要請する場合もある。タンザニアのサメ県とオランダ開発機構が実施している教育支援がパモジャ・トラストであり、教室建設と教員の訓練、参加型ガバナンスなどが地元のＣＳＯｓとのネットワークのもとで行われている。パモジャはパイロット・プロジェクトの実施後、県から資金を受けて事業を実施している。

3 市民社会の実在性——分権化の意味

アフリカのガバナンスの課題に関して、落合（2002）はアフリカでは司法府と立法府の独立性が弱く、行政府の権力濫用を十分に抑制できていないと指摘する。市民社会もマスコミも共に弱い。各ドナーは

1990年代になってからアフリカに対して民主化を要求し、特に複数政党制とその選挙プロセスが達成されなければ大幅に援助を削減すると事実上警告した。ただし、その圧力は各国に等しく向けられたものではなかった[11]。また、複数政党制の政治形態としては通常ウェストミンスター・モデル（多数代表制民主主義）が想定されていた。比例代表制から連立内閣を形成する権力分有モデルは1990年代においては南アフリカを除いて平和裡に追求されていなかった。ただし、ブルンディ、アンゴラやスーダンなどの紛争復興国、ケニアやジンバブエのような選挙後混乱国においてはこのモデルが一定の期間導入された。

(1) ドナーの民主化スタンス

ドナーの民主化要求は途上国社会を不安定にしてきた。第Ⅲ部でみるが、市民社会が微弱なルワンダにおける民主化とアルーシャ和平交渉は、新たに成立した無謀な過激政党を勢い付けてしまった。RPFとの戦闘はあったにせよ、政府間交渉の帰結が虐殺に連なる内政の不安定化に繋がった側面がある（第Ⅲ部第1章）。ここでの教訓は市民社会を育成しないと民主化も和平交渉も成立しなかったのか、市民社会の条件の違うところで現行の民主化や和平交渉を進めることに無理があったのか、いずれであろうか。さらには、グローバリゼーションの影響は何であったのであろうか。

ドナーのスタンスは安全保障にせよ政治経済にせよ、ポスト冷戦期に大きく変わったのである。冷戦期には世界銀行などのマルチの機関は政経分離原則を採用していた。ポスト冷戦期にはマルチによる政治的コンディショナリティ政策の採用を求める声があがり、世界銀行はこの原則を部分的に修整して経済開発のためにグッド・ガバナンスが重要と論じ、バイのドナーのより明確な政治的コンディショナリティとも連携を可能にした。こうした方針の転換をするのなら、先ず市民社会から着手すべきであったのだろう。

途上国は必ずしも欧米のような市民社会にならないかもしれないが、市民社会を構築する過程で欧米型の政府の構築が最善なのかどうかが判明する。それを全く経ない段階での民主化の介入は大きなリスクを伴っていた。

ルワンダの虐殺の大規模性は、人々の情報操作に対する免疫のなさ、性格の純朴さ・従順さが災いした側面があるだろう。政治的な事象について自分で考えたり、他の人々と話し合ったり、検証する経験が少なかったことが惨劇を助長した。メディアとも関連して、社会にいろいろな次元のフォーラム（広場や討論の場）が少なく、権力からの距離も近すぎた。フトゥ穏健派は殺戮への協力を断ると自分自身にも危害が及ぶということで、結束して拒絶することもできなかった。ルワンダの市民は操作されやすい、浮き草のような立場であった。このような市民社会の問題は、２００７年末のケニア、１９７０〜１９８０年代のウガンダの暴力についても該当するだろう。

もし人々がある程度ネイションとしての一体感を有していれば、または市民として権力からの自立性を獲得していれば、かかる惨劇はなかったか、大幅に縮減されたであろう。自由で中立的ないし開放的なメディアが存在していれば、あのような扇情的な宣伝活動は行えなかっただろう。法の支配が強ければ、悪質な宣伝をするメディアには営業許可が与えられなかったであろう。市民社会が弱く、人々が孤立し、想像上の集団としてのエスニシティの忠誠を強要された結果が虐殺に至る動員のスパイラルであった。ＣＳＯｓは市民意識を普及させるという意味で、こうした連鎖から人々を自由にできるのかもしれない。しかし、国家性（stateness）が希薄な社会において何が市民のベースになるのだろうか。

ドナーは１９９０年代のアフリカで行ったように急速にウェストミンスター・モデルの複数政党制を要求するのではなく、まず普遍的な意味での市民社会の構築を要求し、さまざまな支援をすべきであった。

低所得国、特にアフリカでは植民地期の垂直的なガバナンスが残存していた。それが人々を市民ではなく臣民とし、人々に政治（国家）不信を与えた。そして、ポスト冷戦期には政治的な不安定化が他の要素と絡まって人々をエスニック・宗教集団に向かわせた。グローバル社会の政治経済的な変動と、ドナーのガバナンス改革の要求がこの背景にあった。エスニシティには公共的かつ互助的な意味合いもあるが、他集団との敵対性が増えることで、暴力紛争を起きやすくさせたのである。政党のあり方について厳しい資格審査が付されるべきであった。2011年の「アラブの春」は1990年代のアフリカの民主化とは異なり、下からの改革要素が強かったが、普遍的な意味での市民社会は形成されてはいなかった。

（2）何が公共空間のベースとなるのか

農村部においては都市部と異なり、血縁関係、コミュニティなど住民の組織化がエスニシティや宗教と繋がる契機がある。しかし、昨今では農村貯蓄組合が形成され、マイクロファイナンス事業も行われるようになった。こうした新規の事業は営利目的だが、人々の信用が重要であり、従来の範囲を越えた人間関係のネットワークを構築している。また、農村における住民参加型のプロジェクトは計画段階から住民に対して分権化されると、どのような開発を行うのかについて住民同士の意見も分かれ、多元的な社会を形成する一助になる。したがって、農村部においてはドナーを含む、外側からの開発介入があった方がより開かれた人々の関係を作る機会になる。しかし、実施の方法を間違うと、ローカル社会の権力者たちだけを利する開発が行われてしまうリスクもある。

ウガンダのＮＧＯｓを体系的に調査した研究によれば、多くのＮＧＯｓは事実上、または実際に国際的なドナーの下請け業者であった（Barr et al. 2005）。他方、彼ら自身は自らをサービス提供者とは思っていなかった。その目的はアドボカシーと意識改革が主であり、コミュニティ開発といった総合的な分類を好み、パフォーマンスの評価が極めて難しい団体になっている。こうした観点からは、どれだけ内発的な市民社会が形成されているのかという問いかけがうまれるかもしれない。大手の国際ＮＧＯｓやその委託先が本部を向いてドナーが掲げる開発課題を追求しても、途上国社会に対しては閉じたコミュニケーションになっているかもしれない。ＣＳＯｓと住民社会を包含した、社会全体のオープンなフォーラムが必要とされている。

ウガンダ独自の制度ＬＣは、内戦中の軍隊の支援組織ＲＣを国家的に拡大したものである。ＮＲＭの内部に中央と地方の議会と行財政制度が組み込まれており、権力は分立せずに融合した。Saito によれば、ＬＣは行政機構の末端を担うという意味では官僚機構の一部を成し、他方で住民が意見表明する自治組織でもあった（Saito 2003）。つまり、半分公共的（public）で、半分市民の（civic）制度であった。この制度のなかで地域住民が自由に議論する場が形成されてきたのであれば、ある種の草の根民主主義が認められるだろう。他方、野党支持者にとって村レベルのＬＣ１は封鎖と圧迫の場になっていたという見方もある（Human Rights Watch 1999）。

阪本（2007）は、アフリカでは必ずしも「公」と「私」が二者択一的な分類ではなく、混在しているとのトリップのウガンダにおける分析（Tripp 2005）を受けて、権力空間と生活空間が密接に関係した公共空間の存在を指摘している。この空間では公私の峻別といった西欧近代のメルクマールは通用しにくいかもしれない。従来、ブラットンなどのアフリカの政治学者は市民社会と政治社会を区別ないし峻別してきた（Bratton 1994）。前者は国家権力に対して正統性を与えるが、政党や議会などは後者に属するという。ウガンダは２００６年選挙から複数政党制を導入したが、ＬＣの折衷的な性格は現在も残存している。これを欧米的なモデルとは異なるから非民主主義体制と呼ぶべきではないが、ＬＣとＣＳＯｓの関係は重要であろう。ＣＳＯｓは社会の末端の互助活動から公共領域（public realm）を形成していくが、その結果公共空間が変化しうるのかが問われている。

市民社会、さらに地方の公共空間が成熟すれば、行政のサービス提供能力の弱さを補完するだけでなく、議員や地方政府の政策実績をレビューし、参加型プログラムの運用改善を調査し、人々に効果的な参加の仕方を広報できる展望が開ける。ドナー側もＣＳＯｓや地方自治体協会の活動を支援することで、行政ベースの活動を改善できる。都市部においては地域住民や隣人集団（neighborhood group）の新しい人間関係がうまれている。農村部は伝統社会やアイデンティティ集団の拘束が強いが、新しいアイデンティティとしての市民意識を普及することは不可能ではない。ただし、成果を急ぐとＣＳＯｓ・ＮＧＯｓ依存の、地域社会との繋がりの薄い活動となるだろう。農村においては公共空間の独自性に配慮し、地方の利害関係者と時間をかけて議論し、活動することが必要となろう。

(3) アカウンタビリティの関係

市民社会・分権化とサービス提供機関のアカウンタビリティの関係を整理してみたい。途上国においては、サービスを受けるクライアントが自立的な市民になりきれていない。一般市民が政治の主人公とされるのが民主社会であるが、東アフリカでも選挙の際に票買いや、伝統的指導者や選挙ブローカーの動員がある。つまり、貧困者である市民は形式的な主権者に留まっており、サービス提供機関や地方政府、政治家に意見や苦情を伝える、実質的な主権者にはなっていない。問題を抱えていても、貧困者は結束して声を上げられず、その場所もない。サービス提供機関は、一連のセクター改革のなかで、サービスの量や質について苦情箱などを開設しているが、貧困者が利用することは少ない。また、政治家と役人などがパトロネージ関係にある場合には、誰が発言しても制度の改善は望めない。市民社会は果たして貧困者をエンパワーできるのだろうか。参加型計画にせよマイクロファイナンスにせよ開発分野の経験では、広範囲の貧困者に有意な影響を与えた例はまだ希少である。

しかし、解決策として三つくらいの方向性があるのだろう。第一に、中央政府は地方政府の資金管理の透明性やアカウンタビリティの審査を監査機能をもつＣＳＯｓに依頼できる。そして、ＣＳＯｓはさまざまなアドボカシー活動を地方政府に対して行い、彼らの意識改革に働きかけられる。そして、これらのＣＳＯｓが集まって中央で現状を議論し、改革を検討するフォーラムを形成するのである。行政のあいだに介在したＣＳＯｓが中央で集結して政府に圧力をかける図式は、より貧困者に資金を回すように圧力をかけるマイクロファイナンスのＣＳＯｓの動き方と似ている。

第二に、地方行政はある条件下でコミュニティの集合行動を支援できる。吉田（2007）によれば、それが可能なのはコミュニティのメンバーが固定的で、行政の手の届かない、あるいは費用を負担できない分野を補っている場合である[12]。反対に、それが不可能なのはメンバーが流動的で、人間関係のみで成立している場合である。具体的には、貯蓄・金融、販売・流通、共同労働のインフォーマルなグループが考えられる。ＣＳＯｓ・ＮＧＯｓが地方行政の弱点を支えるのはこの領域であろうし、これらの活動から市民社会の発達も期待できる。もっとも、行政はインフォーマルな活動に全く関われないわけではなく、法的庇護や許認可を与えることができるという。

第三に、ネット・モバイル社会の出現により人々を市民として繋げることができる。閉じたコミュニティの問題をネットワークによってほかの場所の人々に伝え、その意見を聞くことが可能になりつつある。これは農産品相場をモバイル情報で知った販売人が有利になるように、ローカルな政治行政過程の問題を発信する人々が政治的な働きかけを強めていく過程である。

4 市民社会と分権化のあり方

有効な民主的国家には安全、政治秩序、基本的なサービスの提供がミニマムの条件として求められる。安全の提供は最初に確保される必要があり、それに伴う暴力の行使には正統性（legitimacy）が国民から付与される必要がある。次に、政治秩序の形成や基本的なサービスの提供が求められる。これらが確保されない国家においては、安定した社会契約は存在しえず、国家ないし権力エリートは契約の代わりに一部の有力者を取り込む利益誘導政治を行うか、国民を威嚇と強制（coercion）によって支配することになる。それらは一般的な基準からみてバッド・ガバナンスである。それらを回避するために市民社会と分権化はいかなる関係に立つべきであろうか。

第一に、国家ベースと市民社会ベースの能力構築のどちらがバッド・ガバナンスに支配されないのかという点である。新家産制支配やエリートの占有が生じているとき、国家ベースの能力構築はパトロン―クライアント関係の存続を強めてしまう可能性がある。他方、市民社会ベースの能力構築は一般的に活動範囲が限られるし、ＣＳＯｓやドナーの価値観が必ずしも共有される保証もない。つまり、両者共にガバナンスの改善において地域間格差を縮められるような展望は簡単には望めないだろう。そこで、方法論的には両者の組み合わせが考えられる。市民社会ベースで能力を権力空間と生活空間が密接に関係した公共空間において構築し、その成功例を国家ベースで拡張するのである。その際にはローカルな事情に精通した

ＣＳＯｓの存在が欠かせないだろう。

第二に、民主化や分権化支援では、行政のみを対象とするのではなく、政治のアングルからも全体像を把握する必要がある。前章でみたように、ガバナンスにおいて政府には公式の目的と非公式の目的があることが多い。活動が国家ベースを中心とするとき、非公式の動機は隠されたままになる。反対に、活動が市民社会ベースを中心とするとき、非公式の動機がそのまま有効に働くことは少ない。ドナーが政治的に中立で行政のみに関与するというとき、意図とは離れて結果的に政治的な支援を行ってしまうリスクは常に存在する。

第三に、ガバナンスの分野で成功したアプローチの開発援助が短中期的に望ましい成果を上げるとは限らない。市民社会の声が公共サービスの供給において反映されるべきことはそれ自体望ましいが、公共サービスの質を上げていくためには市民のアクセスだけで問題が解決するわけではない。それにはサービス提供機関やそれに関わる人材の訓練、適切な予算の確保などが並行して満たされることも必要である。ガバナンスのアプローチで成功しても開発上の成果を伴わない開発プロジェクト、プログラムはやがて人々から評価されなくなってしまう。ガバナンスを常に幅広い開発の領域においても考える必要があろう。

第四に、一般の開発ではなく、紛争後社会における人道復興の分野においてはＮＧＯｓが圧倒的な存在感をもち過ぎ、地方の行政を大幅に無視して事業を運営してしまう場合がある。紛争が続いている地域の援助関係者からよくこのような話を聞く。いわゆるオーナーシップの問題であり、自然災害でも似た事例はある。紛争終結後ある程度の時間の経過を待って、ＮＧＯｓの側から無駄に見えても地方行政を巻き込んで業務を行う体制を構築しなければならない。行政が確立されないまま支援事業が継続し、何年かが経過して、他の地域にＮＧＯｓが大挙して去ってしまうと、被援助地域には何も残らなくなるリスクがある。

第五に、市民社会の強化については従来のＮＧＯｓ支援のスキーム以外に、新しい対象や方法論を考えねばならないだろう。その対象には市民社会としてのＣＳＯｓやメディア、大学、研究機関、インフォーマルグループがある。それぞれの組織に重要なのは権力に包摂されない自由と中立性、関係者間の熱心な対話であるが、その確保は東アフリカの三カ国においても、一般の途上国においても必ずしも容易ではない。また、汚職糾弾などのキャンペーンにはさまざまな危険が伴うので、これらのグループの結束が必要である。

以上の関係構築を通じて、中央政府、地方政府と市民社会のあいだの良好なパートナーシップが分権化を確立させる条件となることが見込まれる。分権化は単なる中央政府から地方政府への権限と資源の移転ではなく、三つのアクターのあいだ（ときには多国籍企業を含む四つのアクター）で相互浸透のネットワークを形成する過程になる。市民社会は中央政府、地方政府それぞれと相互浸透し、両者の非対称性を自らの利点とすることができる。新しいタイプの分権化は先進国のみならず、東アフリカの農村や漁村でもうまれている。それはアクターのあいだでさまざまな権限、資源、情報が常に流通し、循環している社会のイメージである。

【注】

1　本章ではＣＳＯｓとＮＧＯｓはほとんど同義で使用しているが、国際的な大きなＮＧＯｓが関わる意味の場合はＮＧＯｓと表記している。

2　１９８０年前後にアフリカの食料危機など人道支援の高まりがあった際に先進国のＮＧＯｓは急激に増加し、活動量を増すことになる。
3　ハランベー（Harambee）は「一緒に引こう」の意味のスワヒリ語で、コミュニティの互助活動を意味する。
4　インタビュー、Narok県政府　２００６年8月
5　Yuichi Sasaoka（2008）"Politics of Fiscal Decentralization in Kenya", *Regional Development Dialogue* 29(2): 74-85, United Nations Centre for Regional Development（UNCRD).
6　データはウガンダが２００４・２００５年、タンザニア、ケニアが２００５・２００６年。出典はDege Consult（2007）"Local Level Service Delivery, Decentralisation and Governance: A Comparative Study of Uganda, Kenya and Tanzania-Education, Health and Agriculture Sectors, Synthesis Report", p.17.
7　インタビュー、日本福祉大学教授　吉田昌夫氏　２００９年10月7日。
8　スクマも12％程度といわれる。ただし、タンザニアはエスニック単位の人口集計をしていない。
9　こうした状況を支援する動きの一つとして、タンザニアでは市民社会支援のバスケット・ファンドが２００２年9月に創設された。
10　スワヒリ語でケイパビリティを意味する。本部はナイロビ。ヒューレッド・フローラ財団が始め、現在は提携するドナーは多くなっている。
11　ケニアが最も豊かな資本主義国であったことから最初の矛先になった。タンザニア政府は北欧諸国の社会民主主義の擁護を受ける傾向がある。ウガンダは内戦経験国としてドナーから最も長い時間的余裕を与えられていた。
12　具体的には、防犯組織、共同井戸維持管理組織、村落内の道普請・学校建設、伝統的灌漑組織、参加型の村計画作成。

第Ⅲ部

国際開発レジーム

ここでは途上国の安定や開発に対して、先進国や国際機構、国際NGOs、地域機構などがどのような関わりを果たしてきたのかについて考察する。ドナーと先進国を中心とした国際社会の総体をここでは「国際開発レジーム」と呼ぶことにする。民主化、分権化と国家形成というテーマについて、このレジームはこれまでいかなる関与を行ってきたのだろうか。民主化はドナーが1990年代になってアフリカなどの低所得国に対して要求を強めたものであり、それが達成されなければ大幅に援助が減少される予想があった。民主化の矛先が最初にかかったのは社会主義経験国よりは政治改革が容易と思われた資本主義ないし国家資本主義（state capitalism）の経験が長かった国であった。次に、民主化は選挙プロセスという狭い意味で捉えられ、政治体制としては、複数政党制とウェストミンスター・モデルが要請される傾向にあった。最後に、経済政策で推奨されたのは構造調整融資（SAL：Structural Adjustment Lending）であった。

安全は新たなドナー介入の問題となった。ポスト冷戦期の初期には、国連の安全保障理事会（Security Council）で常任理事国（P5）の拒否権が行使される可能性が低下し、それをふまえて国連の安全保障分野での役割に対する期待が大きく膨らんだ。そして、少なくともこの時期には米国が唯一の超大国（super power）ないしは過剰な超大国（hyper power）の立場にあり、多国籍軍やNATO軍として途上国の内政に多大な介入を行った。1991年のイラクに対する湾岸戦争が最初の出来事であった。その後9・11を経て、欧米諸国は「脆弱国家」がテロリズムにもつ意味や国際環境に及ぼす悪影響をふまえて、開発（development）を外交（deplomacy）、防衛（defense）と並んで3Dとして一体的に運用するようになった。介入が単純な大国主義ではないと言いたいときに、「人道的介入」という理論が使われた。

ドナーの介入が開発援助や安全保障において拡大した過程は10年というレンジを超えると幻滅や批判に転じ、その要因として大国主義のほかに国家や国際機構のパワーの低迷が論じられるようになった。その代替モデルとして地域機構やリージョナリズム（地域主義）が期待されつつある。その展望としては、国際機構と地域機構は相補的な関係と代替的な関係をもっている。「下からの民主主義」の発想に立てば、人々がネイションすら超えてリージョンの意識に立てるのかどうかが大切である。アフリカの人々は国家やネイションの意識が弱いわりに大陸アフリカに対するアイデンティティは強い。その意味で、国家が強く、相互に人々が隔たっている東アジアよりも地域主義の展望は明るいのかもしれない。

ここでは、このような状況を認識して、3つの章から「国際開発レジーム」の課題を取り扱いたい。第1章ではドナーの民主化や構造調整といったコンディショナリティ政策が低所得国にどのような影響を与えたのか、ルワンダの虐殺を例にとって考える。同時に、この問題の経緯を振り返り、虐殺に至るメカニズムを説明する理論的枠組みとドナーの介入との関係についても考察する。第2章は視点を先進国の英国に移し、トニー・ブレア政権の人道的介入が投げかけた問題について考えてみたい。特にイラクは民主化にテロリズム、大量破壊兵器（WMD：Weapons of Mass Destruction）の拡散というイシューが複合した問題であったが、ドナーや先進国の途上国に対するスタンスをよく表しているテーマであった。第3章ではグローバル・ガバナンスや世界の開発の問題で国際機構が果たし得る役割とその限界、また代替策としての地域機構の役割とその限界について考察する。従来はEUが地域機構の代表的モデルであったが、世界中でさまざまなリージョナリズムが台頭してきている。

第1章　ルワンダの虐殺

　1990年代の多くのドナーの介入事例は途上国・低所得国の社会をむしろ不安定にしてきた。アンダーソンは、1994年のルワンダ虐殺の前の開発援助について、マルチ（国際機構）のドナーは他のバイ（二国間援助）のドナーと共に、経済的な構造調整、多党制民主主義プロセス、アルーシャにおけるRPF（Rwanda Patriotic Front: ルワンダ愛国戦線）との和平交渉と実施プロセスを推進してきたと指摘する（Andersen 2000）。これらの三つの政策はそれぞれ当時の社会状況の安定化と改善を意図したものであったが、各々の政策内容が矛盾し、相互に効果を打ち消し合い、結局社会に負担だけを与えて、紛争が起きる方向に影響を及ぼしたと指摘する。民主的な伝統のない国、市民社会が強くない国における和平交渉は、民主化により新たに党として成立したフトゥ急進派の怒りを買い、彼らを反動化させてしまった。開発戦略のコンディショナリティが組み合わさって、ルワンダのハビャリマナ大統領の統治体制の弱体化をもたらし、アルーシャ和平合意履行を迫る国連の要求に同意しにくい立場に大統領を追い込んだ。その結果、エリート層の不安感が増長し、急進派の支持が高まり、惨劇の準備を招いたのである。

　世界銀行などのマルチの機関は政経分離原則を採用していた。しかし、すでにみたように冷戦後にはマルチによる政治的コンディショナリティ政策の採用を求める声が上がり、世界銀行はグッド・ガバナンス政策を開始し、他のバイのドナーとも協調する方針を打ち出した。この修正はドラスティックなものにみえなくても、マルチの機関の巨大な融資額からして低所得国に相当なインパクトを与えることになった。三つのコンディショナリティが組み合わさったときに、融資借入国にとっては拒否することのできない、それでいて政権を追い込んでしまう大きな圧力がうまれたのである。もちろん、アンダーソンもドナーのコンディショナリティがルワンダの虐殺の主要な要因であったと言っているわけではない。しかし、本来受け入れ社会を発展させ、人々の暮らしを改善するための開発援助が全くの逆の効果をもたらしてしまったという点に留意する必要がある。

ルワンダの虐殺は、人々が民主主義を経験していなかったこと、政治的な事象を自分で考え、他の人々と話し合う経験が少なかったことで惨劇が助長された。都市部の方が虐殺の割合が少なかった点もこのことを物語っている。身分証明書によってトゥチとフトゥの区別はあったが、両者は長年ともに暮らし、婚姻も進んだことで平和裏に共存していた。その区別が急激に強調され、トゥチの危険性と無価値性が訴えられた。ここに国家機構とは異なる国家性の問題があり、もし人々がネイションや市民としての一体感をある程度有していれば、このような惨劇は起こらなかった可能性がある。国家性が弱く、人々が孤立し、想像上のレッテル集団としての忠誠を強要されたのが虐殺に至る動員のメカニズムであった。NGOsやCSOsは市民意識を普及させて、こうした連鎖から人々を自由にできるが、国家性が希薄な社会においては何が市民のベースになるのだろうか。

さて、本章では第1節でルワンダの虐殺の経緯を振り返り、第2節で虐殺に向けて大量動員が容易に行われた構造的な要因について考える。いくつかの指摘されている要因を整理すると共に、さらに、国際関係における構成主義的な視点からみた要因の重要性について言及する。第3節ではこの問題で先進国が果たしてきた負の役割について考察し、これらと虐殺の動員のメカニズムとの関係について検討する。あの虐殺は国内、国際的な社会構造によって不可避的に生じたとは思われないが、少数の急進派、過激分子による合理的選択（rational choice）として引き起こされた事象でもないことを説明したい。

1　ルワンダ虐殺にいたる経緯

1994年4月から3カ月のあいだにルワンダのジェノサイドは起きた。このときすでにルワンダ政府はRPFと交戦状態にあった。ルワンダはアフリカの中部に位置し、海からの陸路のアクセスは専らウガンダとタンザニアに頼っている。独立後の過程で、トゥチとフトゥの対立が鮮明になり、1990年近隣国を中心とした海外には60～70万人の国外追放されたルワンダ系トゥチ人が暮らしていた。社会は貧しく、人口密度は高く、主力輸出品はコーヒーであった。1980年代末からコーヒー価格の低迷があり、1987～1991年の輸出収入は半減した。また、1990年代初めに干ばつもあった。これらの経済停滞が政治危機に繋がったのかどうかは虐殺の時期の直前ではないこともあり、定かではない。面積の狭隘な国土に急速な人口増加が起きていたことは事実であり、その結果森林の伐採が進み、水不足が起こり、環境容量が低下していたことは事実であるが、これも虐殺との直接的な関係は明らかではない。

ドナーはポスト冷戦期という国際環境のなかで、ルワンダに民主化と経済自由化を求めていた。そのような時期、1990年10月にRPFがウガンダから侵攻を開始した。彼らはトゥチ系を主体とする難民であったが、長くウガンダに定着し、ウガンダのムセベニ政権が誕生した際にその軍隊を助けてきた経緯がある。彼らはウガンダに残留できないことになり、ルワンダのハビャリマナ政権にも受け入れてもらえなかったために侵攻という手段をとった。これに対し、政府はRPFとトゥチを一体視したわけではなかったが、戦闘が進むなかでトゥチが土地を取りにきたという宣伝を行うようになる。1990年、政府は世界銀行とのあいだに構造調整融資プログラムを調印した。毎年2〜3億ドルが供与されたが、これはルワンダの財政にとっては大規模なものであった。この経済政策でルワンダ・フランは40％貨幣価値の切り下げにあい、1992年にさらに20％が下げられた。内戦地帯は徐々に拡大し、幹線道路を遮断し、貿易取引にも影響するようになっていた。

フトゥ人とトゥチ人のエスニシティの違いはもともと明確ではなく、むしろ職業や階層の違いであった。しかし、ベルギーの植民地統治時代に両者の区別が身分証明書の発行によって厳格化され、トゥチに支配的な立場が与えられた。しかし、独立時点の政治的経緯により人数の多いフトゥが政権を形成するようになり、トゥチは圧迫を受け近隣国に逃れるようになる。さらに、1980年代からの社会混乱や1990年代からのRPFの侵攻を背景としてたびたび現れたトゥチの攻撃性を強調するプロパガンダによって、フトゥによるトゥチへの暴力は広がっていたが、両者は2つの集団として分かれて抗争していたわけではなかった。

ハビャリマナ政権は北部フトゥを権力基盤にもち、第一与党のMRND（開発国民革命運動）に依拠していたが、MRNDは1978年憲法で国民全員が形式的には党員になっていた。1992年の民主化で野党の存在が認められ、北部以外のフトゥからなるMRD（共和民主運動）との連立を組んだ。同時に、CDR（共和国防衛同盟）というフトゥの急進的な人種差別主義政党がうまれ、与党MRNDの政策に圧力をかけるようになった。CDRは反トゥチの過激な内容を伝える新聞やラジオ放送を開始するようになる。1993年8月にアルーシャ和平合意が調印され、与党、一部のフトゥ野党、RPFが権力分有の政権を作ることで合意が成立し、国連軍が2500人駐留することになる。合意の背景には、同年2月のRPF

た。

の首都キガリに接近した侵攻があった。この移行政府の枠組みにはCDRなどのフトゥ急進派は含まれておらず、政権構想から外されたことで、これらのグループのハビャリマナ政権への不満が高まりやすくなった。

1990〜1994年のあいだに、民主化、構造調整、アルーシャ和平合意はドナーからルワンダ政府に課せられた3つの主要な条件であった。民主化については世界銀行などのマルチは援助の条件としていなかったが、より姿勢を明らかにしているバイのドナーとは連携していた。構造調整はルワンダに限らず、途上国の経済のみならず、政治社会にも深刻な影響を与えてきた。構造調整をすること自体が経済政策の失敗を受けているので、構造調整後の経済の停滞をそのせいとはみなせないという議論もあるが、社会の特定層には極めて有意な影響を及ぼした。タンザニアで行われたアルーシャ和平のほとんどの合意内容は、結局実施されなかった。1993年10月、隣国ブルンディのンダダェ大統領がトゥチ軍部により暗殺され、フトゥ系難民が流入した。1994年初めの時点で移行政権は機能せず、多くのドナーは和平合意の進展の不調から援助を減額、中断した。その頃、アカズというインフォーマルなグループが虐殺の準備を開始していた。1994年4月、ハビャリマナとブルンディ大統領ンタリャミラを乗せた飛行機がキガリ国際空港に着陸時に何者かによって撃墜された。攻撃を仕掛けた者は現在も明らかではないが、RPFとフトゥ急進派の双方が直後に互いに非難声明を出している。

アカズは軍、MRND、野党CDRに横断的に存在していた。ジェノサイドは当時の閣議でも公然と議論され、準備は行われていた。ハビャリマナの急死後はアカズや一部の退役軍人、政府高官が政治的実権を速やかに掌握し、全国的な規模の虐殺を開始した。ラジオ放送はトゥチに対する憎悪と恐怖のキャンペーンを行った。そしてRPFがルワンダを制圧するまでのあいだにおおよそトゥチとフトゥ穏健派の80万人の人々が虐殺にあったと言われている（国連推定）。アカズは当初はフトゥのなかでも少数派であったが、反トゥチ宣伝を続け、虐殺の過程で政治的な指導力を獲得した。彼らは国論を自分たちに近い極論にするなかで多数派になっていったのである。ハビャリマナ自身はこのグループに属しながら、ＭＲＮＤから分離したＣＤＲなどからその宥和姿勢が批判されるという微妙な立場にあった。

１９９４年４月に大統領警備隊、ルワンダ軍やフトゥの民兵グループが組織的な行動としてトゥチの殺害を全国で開始した。フトゥの一般市民は洗脳され、虐殺に協力することを強いられた。ＲＰＦのルワンダ政府によれば、約１００日間のあいだに84％のフトゥ、15％のトゥチから構成される７３０万人の人口のうち１０７万人が殺害され、そのうち１割がフトゥであったという。虐殺の過程はＲＰＦとルワンダ政府軍との内戦と同時に進行していたので、国際報道は当初その実態を正確につかめていなかった。

虐殺の当初、外交団はスタッフや自国民を避難させながら、駐留していた国連ルワンダ支援団を支援しなかった。旧宗主国のベルギー政府のみが停戦監視に限定された支援団のマンデートの拡大を主張していた。米国の司法省や国務省は、記者会見でこれが虐殺という定義に該当するのかどうか判断に苦慮する姿勢をみせた。クリントン政権がこの問題への対応が遅かった理由には、１９９１年の第二次国連ソマリア活動という初の国連平和強制部隊の介入失敗の記憶があった。その事件以降、クリントン政権は国内世論に配慮して国際的な介入で米国兵の地上戦闘での死者を出したくないという動機をもつようになった。ただし、米国はＲＰＦと接触をもち、侵攻開始時点では司令官となるカガメにカンザスで一般的な軍事訓練を与えていた。フランスは両者の関係を英語圏を拡大する動きとして警戒していた。

ハビャリマナ政権に軍事的支援をしてきたフランスのミッテラン政権は虐殺の準備を知り得る立場にあった。６月、国連安全保障理事会はそのようなフランス軍に人道上の任務としてルワンダへの介入を求めてしまう。フランスやザイールなどの多国籍軍がルワンダの南部に駐留したが、その活動は中立的ではなく、ＲＰＦとの戦闘に敗れたフトゥ急進派のザイール逃亡を支援したといわれる。２００６年フランスがＲＰＦのカガメたちを大統領航空機撃墜の首謀者として告発すると、ルワンダ政府はその嫌疑を否定すると共に同国との国交を断絶し、フランス政府の虐殺関与に関わる政府調査委員会を立ち上げた。２００８年の政府報告書はフランスがジェノサイドの準備を知っていたこと、フトゥ民兵組織の訓練をしたことなどを非難し、当時のドビルパン大統領補佐官らの訴追を主張している。その後、両国の国交は修復し、２０１０年にサルコジ大統領がルワンダを訪問した際には、ハビャリマナ政権に対するフランスの外交的・軍事的な支援に判断の誤りがあったことを認めている。

２　大量動員の構造的要因

ルワンダの虐殺のメカニズムを説明する先行理論は多数ある。リアリズムの説明は基本的に合理的選択からの説明になる。これはアカズを中心とした政治エリートの計算を中心にした客観主義的な見方である。次に、客観でも主観でもあるところで、ルワンダの歴史的な社会構造を問題にする視点がある。これは構造主義（structuralism）と呼ばれる。人々は植民地期から市民ではなく、臣民とされることに慣れてきた。それが制度として、人々の意識や認識として強固な構造として出来上がっていたという視点である。そして、最も主観主義的な見方としてあるのが構成主義の視点である。これは人々のあいだで形成される意識、認識、アイデンティティ、価値観を重視した見方である。

武内進一（2009）は、ジェノサイドへの大量動員を可能にしたルワンダ社会の構造要因として二点を指摘している。第一に、ルワンダ政治中央における急進派の糾合であり、フトゥの急進派の権力エリートが大衆を動員する力を備えていたことが指摘されている。第二に、農村の住民はリネッジ（血縁集団）が衰退し、行政幹部など有力者に直接従属する社会構造であった。虐殺の過程は純粋なエスニック集団の対立で引き起こされたというよりも、まずアカズの側の意思決定があり、新家産制的なパトロン―クライアント関係の特徴が動員メカニズムとして機能したことで発生したとされる。次に、その虐殺の指令がほぼ抗しきれない形で地方にもたらされ、それを農民などが最終的に受容したという。

この観点は比較政治学的にいえば、２つの理論アプローチの融合となっているようにみえる。エスニシティとその属性を権力エリートが道具主義的に利用したという点は合理的選択からの説明であり、他方、大衆動員のネットワーク化を経て地方で虐殺への協力を指示された農民が従うしかなかった農村の権威関係は歴史的な構造主義から説明できるだろう。ハビャリマナ政権という新家産制的支配の崩壊過程を前提に上のレベルの合理的選択と下のレベルでの歴史的構造が嚙みあわさってうまれているといえる。分析中にストラウス（Straus 2006）から引用された、農民が農村エリートと暴漢に促されて虐殺に入っていった過程はエリートがシナリオ通りにことを運ぶ合理的選択アプローチを反映しているし、農民の側も協力した結果何らかの利益を期待していた点は下のレベルの合理性を示している。他方、シンボルの動員による人々の認知構造の変化を追う構成主義の視点はまとまった形では言及されていない。

構成主義の視点、つまり農民がフトゥのエリートから操縦される際にエスニック集団として間主観的に何らかのベースがあったのかという点を確認してみたい。それが歴史的に捏造され、権力から操作されたものであっても、時間が経過して人々がそれに慣れてしまえば、集団にはアイデンティティの道具的装飾というよりもある程度の粘着性を認めなくてはならない。そして、それは外的脅威のもとで恐怖や動機付けを通じてごく短期的に変化する可能性もある。この点に関して、武内はフトゥ急進派の主張するエスニシティのプロパガンダが多くの人々に受け入れられた認知構造の変化として指摘している。隣国ブルンディの民主的に選ばれたフトゥのンダダェ大統領が暗殺されたメッセージがトゥチとの対話を拒むフトゥ急進派の主張に根拠を与えたというくだりである。そこでは構成主義的な視点はフトゥ急進派が急激に伸長したプロセスの要因として織り込まれている。

国際関係的な視点からの解釈を行うことは可能だろうか。ルワンダにおいては広がった集団神話が競合するトゥチ、フトゥに対する敵愾心を正当化したと考えられる。一時は1980年代のハビャリマナ政権のように両者の融和が目指され、住民が自然に溶け込んでいた時期もあった。しかし、フトゥ政権は独立後の暴力の加害者であり、他方植民地期にトゥチが圧倒的な優位性をもっていたがゆえに、常に国外にいるトゥチ集団に対する恐怖感をもっていた。1990年代のRPFの侵攻によりフトゥ政権は徐々にRPFをトゥチと同一とみなすようになり、トゥチの迫害を始めた。これは社会心理学でいう「外集団同質性（他集団の構成員が皆同質的であると認知する）」にあたる[1]。RPFが侵攻を始めた当初、ハビャリマナは演説でRPFと国内のトゥチ人を同一視してはならないと語っていた。それが3年間のあいだにすっかり異なる認識にされたのである。

1993年にブルンディの公選されたフトゥ穏健派ンダダェ大統領の暗殺後の暴動で3万人のトゥチが殺され、報復合戦で約15〜20万人のフトゥがルワンダ南部に難民として流入した。次に、同年のアルーシャ和平合意の形成過程においてフトゥ急進派はトゥチの殺戮を意図的に行い、RPFの侵攻を呼び込んだ。これらの事件はフトゥの一部のエリート層が抱いていたトゥチに対する恐怖感を一般のフトゥ住民に対しても広く与える契機となったと考えられる[2]。つまり、政治エリートの操作を含む形で、エスニック集団のアイデンティティやその存在の脅威からくる恐怖が構成されてきたと理解される。ルワンダのフトゥにとっては自分たちがウガンダからのRPF、ブルンディのトゥチ政権、自国のトゥチの三者から包囲されており、トゥチは暴力をふるうという感覚を有するようになった。自分たちが国内のみならず、国際関係的な状況においても包囲されているという感覚が強い恐怖感を呼び起こし、それがアカズの情報操作に対して極めて脆くなる性格を形成したのであろう。

カウフマンは、アカズが強力なRPFの侵攻を受けながらなぜそれに背を向けて虐殺を遂行していたのかについて、合理主義者は説明できないと語る（Kaufman 2006）。フトゥの虐殺指導者たちはジェノサイドの後に国外脱出を計画していたという一部の合理主義者の推定もあったが、カウフマンはそうした証拠は何もないと反駁する。ジェノサイドのない戦争を行っても、アカズは人々の支持をまとめることができたし、フランスの支持を得ることもできただろうと指摘する。ジェノサイドの実施でアカズは速やかな軍事的な敗北に至ってしまった。これは暫定政権を維持する合理的戦略というよりは、狂気と絶望の反映であったというのである。

フェアロンとレイティンはリアリストの合理的選択アプローチに立っているが、大衆（mass）がエリートに操作される過程の分析において、構成主義との総合化に期待を寄せた（Fearon and Laitin 2000）。もし諸個人のエージェントがエスニック・アイデンティティを構築するならば、構成主義によるエスニック暴力に対する説明は合理主義者との見解と連なる、と彼らは指摘する。構成主義はエリートのレベルで合理主義と接線が引けるというのである。北部インドにおけるエリートの策謀と金権的政治活動に関して、フェアロンとレイティンは「いかにエリートは彼らの支持者たちが誤った信念を採用するように説得できるのか」と問いを投げかける。さらに、大衆がエリートに操作されやすい要因としては非対称的情報、代替リーダーシップのなさ、リーダーの枠組みに便乗する大衆の利益、エリートと繋がった凶暴な暴漢の存在などが指摘されている。

カウフマンはフェアロンとレイティンの提案には否定的である（Kaufman 2006）。彼は合理主義者モデルをエスニシティの道具主義的理解に基づいたロジックとしている（Lake and Rothchild 1996）。そして、そのモデルには純粋な不確実性の安全ディレンマモデルとエリート略奪モデルの2つのタイプがあるが、両方ともにスーダンやルワンダのような極端なエスニック暴力を説明できないと指摘した。不確実性モデルは、集団相互の意図が不確実であり、相手の敵愾心を過大評価し、紛争で生じる結果も不確実で、敗北しそうな側も戦いを避けない情報の失敗があるという。カウフマンは両国の場合に集団間の情報の失敗はほとんど原因にならなかったとしている。次に、エリート略奪モデルは略奪的なエリートが敵による暴力を挑発し、次にその挑発を隠しながら、敵が攻撃的なので戦う必要があると大衆を扇動する説明である。1993年にフトゥ急進派はRPFを刺激し、反攻に出させた。しかし、RPFを呼び込むためのフトゥ急進派による国内のトゥチ殺戮はルワンダでは隠されていなかったとカウフマンは指摘した。

カウフマンはエスニック紛争の必要な前提条件は敵愾心を正当化するエスニック神話（ethnic myths）であると主張する。フェアロンとレイティンはそうした説明法や集団間の「両立不可能な価値」の重要性を否定するが、カウフマンはスーダンの北部側の神話は国土全体にシャリア（Sharia）を求めるイスラム主義アイデンティティを主張し、南部側の神話は北部の人々を奴隷捕獲者であるとして北部の支配に抵抗したわけで、エスニック紛争は文化的な言説に関わるとしている。ルワンダについてフトゥの説明法はトゥチを歴史的な外国からの侵略者とし、トゥチのディアスポラ物語はRPFをフトゥ圧政からの解放者と位置付ける。これらは「両立不可能な価値」であり、敵愾心を正当化する神話が暴力を引き起こしたと説明

するのである。(3)

筆者は、ルワンダやスーダンにおけるカウフマンの分析は構成主義というよりはイデオロギー構造についての構造主義に近いという見解に同意する（Grigorian and Kaufman 2007）。構成主義的な視点も提示されているが、歴史的に固定化された神話やシンボルのぶり返しが分析の中心であり、人々のあいだで信念や価値観がどう変化してきたのかという分析は十分になされていない。また、その文化主義的アプローチのゆえに、政治理論と実際の社会の不平等や社会構造との関係についてはほとんど言及されていない。カウフマン自身構成主義者という言葉を使っておらず、象徴的理論と言っている。ただし、一般的な文脈ではフェアロン－レイティンとカウフマンの分析は、合理的選択とイデオロギー的構造主義／構成主義とのあいだの対話の好例を示しており、個々の分析には相当の妥当性があるように思われる。しかし、人々の知覚（perception）がいかに変化してきたのかという構成主義の視点からの掘り下げは両者においても十分には行われていない。

エスニック（アイデンティティ）集団は文脈と時間で変化し、エリートが操作した社会カテゴリー以上の存在であり、歴史的な「神話シンボル複合（myth-symbol complex）」を共有している（Smith 1986, 1999）。そして、集団間の認識枠組みにおいて特定の相手の集団に敵愾心をもてばもつほど、暴力的な紛争の可能性は大きくなる（Kaufman 2006）。個人のさまざまな利益の合理的追求の動機も人々を紛争に動員するが、大衆を動員したエスニック紛争については集団アイデンティティの分析は欠かせず、その主たる構成はエスニシティ、宗教、人種である（ただし、ソマリアにおいては氏族 clan やその下位集団 sub-clan が構成要素となっている）。そして、こうした集団的認識が国際関係的な視角から形成されてきた例を示したのがルワンダのフトゥが抱いた恐怖心であった。

3　先進国の負の役割

アンダーソンの指摘した先進国の負の役割は、民主化、構造調整、アルーシャ和平合意というかつての先進国では採用にあまり問題がなかった原理が植民地経験のある、新家産制の支配が強い低所得国ルワンダには簡単には適用できなかったし、かえって組み合わさって災禍を招いたという点にあった。そのことに先進国はあまりに無自覚的であり、国際機構もこうした先進国の姿勢を受けて行動していたところがある。本節では、これらの三つの政策の影響を評価するが、併せて合理的選択、構造主義、構成主義の視点との関係も確認してみたい。

第一に、民主化は政党間対立を強め、エスニック急進派の台頭を許し、弱小政党であったCDRなどはトゥチに対する敵対性を利用しながら大きな政治勢力になった。フトゥ急進派にとって、攻撃的なことを言えば言うほど支持が増えるという局面は合理的選択に合致している。しかし、それ以上に民主化から感じるのは、急進派が促進した集団対立が一般のフトゥの人々に対して強い恐怖感を植え付け、彼らの判断の自由を奪っていったことで、実在性や境界の曖昧であったエスニック集団をシンボリカルに構築ないし再構築させた経緯は構成主義ないしイデオロギー的な構造主義の見地から説明できるようである。そこでは新聞記事や風刺戯画やラジオ放送といったメディアが重要な役割を果たしている。コミュニケーションの役割は「中東の春」でも大きなものがあったが、ルワンダの場合は市民が情報に対して一方的な受け手でしかなかった。

第二に、構造調整政策は社会一般に深刻な影響を与えた可能性がある。交戦中にＩＭＦ世界銀行が緊縮政策を強いたことで、ルワンダ政府は民生部門を縮小し続ける必要があり、公営企業が衰退し、公共サービスは縮小した。その代わりに受領した新規融資はハードウェアを含む軍事部門で使用され、民生部門には回らなかった（Chossudovsky 2003）。１９９０年の通貨切り下げはＲＰＦの侵攻数週間後に行われ、これらはただちに燃料・食料価格の高騰につながった。さらに、１９９２年にＩＭＦはさらなる切り下げを求め、物価上昇のテンポは進んだ。１９８０年代末のコーヒー価格の低迷で、現金収入が欲しい農民はコーヒー用の土地を増やしていた。１９９０年代になって、この防衛的措置と紛争、構造調整は相乗効果をもたらし、農産品価格の著しい上昇をみたのである。構造調整は通貨切り下げによって主力輸出品の国際競争力を上げることを狙うが、ルワンダの場合は内戦という状況でその効果が出る前に、一般農産品の急激な価格上昇が起きたのである。

構造調整政策は、ＩＭＦのアジア経済危機に対する処方箋と同様、ＲＰＦとの内戦中に愚かにも進められた。これによって生じた社会混乱や生活苦は人々の不安や不満を増し、その物理的・心理的不安定性が政治的操作を行いやすい環境を作ったと考えられる。特にフトゥの人々にとってこれらの災禍はＲＰＦの侵攻と同時に始まったので、すべてＲＰＦがもたらしたものだと言われれば、外部陰謀説が説得的になる心理状態になっていたであろう。ハビャリマナ政権はこのような混乱が起きるとは事前に予想していなかったであろうが、ＲＰＦ侵攻後に進める必要のあった民から軍への予算転換を結果的に構造調整政策が支援した側面はあっただろう。この観点からは、この政策は事後的にハビャリマナ政権の合理的選択となったかもしれない。民生部門の予算削減を政府はＩＭＦ世銀のせいにできたからである。しかし、より気づかれることは政策の影響によって、人々の心理の被操作性が高まったという構成主義などからの説明の妥当性である。

第三に、アルーシャ和平合意は意図としては3つの政策のなかで最も善意な仲介であったが、軍事的な強制はないとしても、他の政策と組み合わさった政治経済的な強制とはセットであった。この合意はフトゥ急進派にとっては政治的な不満の源泉となり、野党の反対をみたハビャリマナは実際の政権移行措置を遅らせていった。それに対して、国連は合意を履行しないならば国連軍を撤退させると脅しをかけたが、この脅しはCDRなど急進派への梃子としては機能しなかった（田中 2002）。アルーシャ和平合意の誤りはCDRの排除ではなく、その対応と診断を仲介者の国連や後見人のフランスなどが欠いていたことにあるという（Stedman 2000）。アルーシャ和平合意とその履行プロセスは構成主義的な見地からは、フトゥ急進派にとっての敗北主義であり、怒りや不満、焦り以外のものではなかった。その後の国連軍の撤退の脅しは国際・国内環境のなかで不満や恐怖を強めていた急進派にとっては働かなかった。

以上の考察を通じて、ルワンダの虐殺は国際社会という外部の影響・関与が予想外に大きかったことがわかるのである。また、国際関係からの追加的な分析は、主として構成主義的な視点からの説明の有効性を強めているように思う。メディアによる虐殺への動員はフトゥの人々の所得階層の比較的に上位から始まり、それが一般にまで広がったと思われる。こうしたなかで人々のアイデンティティや認識も急激に変化したのではないか。ジェノサイドという大きな政治現象のなかで、アクターの個々の決定や同調については合理的選択で説明できるところはあるが、RPFとの交戦中の虐殺というテーマは構成主義などからの解釈を求めなければ説明が完結しない。民主化をアルーシャ和平合意の後に本格的に進めれば、ハビャリマナ政権はより和平合意を履行しやすかったという歴史のイフがあるかもしれない。他方、RPFとの妥協は連立政権の成立以外には困難であったかもしれない。また、ルワンダの政治社会が広義の分権化を進めていれば、中央での対立はより緩和されたかもしれない。構造調整も和平合意のなかでは「人参」を意味していたのだろうが、少なくとも実施時期を見誤り、政治を混乱させた。三つの政策の画一的な同時実施は問題が多かった。民主化と構造調整、当時の自由主義的国家再建プログラムは大幅に内容を修正すべきであったのである。

さらに、ほかにも考えるべき問題は多い。たとえば、誰が大統領を撃墜したのか。米国とRPFの関係やフランスと虐殺の関係については諸説が発表されているが、完全に明らかにはなっていない。武内進一氏が語るように内戦の過程でトゥチによる虐殺もあったが、それについてRPF政権は不問に付し裁いていない。また、敗北してザイールに逃げ込んだフトゥ勢力をRPFが追撃し、一般市民多数を含む大規模な虐殺が行われた経緯もある。現在から将来への問題としては、カガメが大統領となるなかでルワンダ政府は形式的な民主化を取り入れたものの、実質は非民主的な抑圧的な体制となっている（ハイブリッド・レジーム）。トゥチのなかで成功している者はRPFなどの帰還トゥチであり、もとからのトゥチ住民は少ない。そして、ルワンダ政府のDRC（旧ザイール）東部の鉱山資源開発への介入がある。なお、ポスト・ルワンダ虐殺に対する国際社会の反応についてはこの後の章で扱うことにしたい。

ルワンダの虐殺などをふまえて国際社会は開発援助の方針を転換させた。OECD-DAC（2010）は、近年、援助が受け入れ社会に危害を及ぼさないという「無危害則（do no harm）」を規範としている。特に、ルワンダの事例のように複数の政策改革が同時に実施された場合には、予期せぬ形で危害が生じることがある。これらに対処するためには、総合的な見地から低所得国のガバナンスの状態を点検し、危険な状態についてのシグナルを予見する体制をあらゆるアクターが協調して形成する必要があるだろう。

従来ドナーがガバナンス支援を行う際に陥ったディレンマは、内政不干渉原則に対する抵触であった。これに対し、「明白かつ現在の危険」が生じている社会においては、国際社会は急患に対する医師のように介入せざるを得ないという議論がうまれた。正義は主権の問題を、道義的義務は国境を超えるというのである。これに対して、国際社会は自分の関心のある国に対してのみ正義を求めるという反論がある。「無危害則」は単純に解釈すると、内政干渉を起こさないように援助すれば達成できる。この意味で日本の援助は技術やインフラに専念して政策改革支援を行う要素が少なく、また政府間の要請ベースという形式をもつので、欧米の援助と比較して非干渉的という意見もある。しかし、これは下手をすると「無行動則（do nothing)」の奨励にもなりかねない。ガバナンス支援において「無行動則」は抑圧的な支配を行う国においては政治体制の暗黙的承認となる懸念がある。

ポスト冷戦期の政治プロセスにおいて、半ば伝説としてある歴史的な社会構造が政治対立と虐殺に利用された。利用しているアカズないしフトゥ急進派は、もともと政治的主張が多数からの支持を受けていなかったが、この主張によって大統領の撃墜死以降の暴力の行使を正当化し、権力の獲得に成功した。しかし、その過激な主張は合理性の敷居を下げて、自らにも不利となる虐殺の過程への専念となった。そこではフェアロンとレイティンが言うような合理主義と構成主義のあいだに接線が引けるような展開もあったと思われる。ただし、最終的には自らも主張した情念の捕虜となった。その過程で、国際社会は虐殺が終わるまで基本的に無関心であった。これらの事象から国際社会は「無危害則」の教訓を得たが、国際社会はまだこれらの教訓を十分に活かしきれるようなマインドをもっていない。

【注】

1 Mullen, B and H. Li-Tze（1989）"Perceptions of Ingroup and Outgroup Variability: A Meta-Analytic Integration", *Basic and Applied Social Psychology* 10 (3): 233-252.

2 支配層のイデオロギーがマスに広がった過程は人々の心理変化として構成主義的な把握が可能である。

3 ただし、カウフマンも紛争のタイプによっては合理的選択の説明が妥当することを否定してはいない（2007）。彼の象徴的政治（symbolic politics）の理論はイシューが純粋に配分的か、調整的または交渉がエリートに限られるときは合理主義者の交渉理論に挑戦しないという。ただし、大規模なエスニック暴力紛争については「合理的行動への閾値（threshold）が馬鹿げたほど低く、それが何でも意味してしまい、何物をも排除しないゆえに分析的能力をもたない」と説明している。

第2章「脆弱国家」論の陥穽

――人道的介入

前章でルワンダの虐殺の動員のメカニズムについて検討したが、そのルワンダから議論を始めたい。虐殺のさなか国連がルワンダに行ったことは、アルーシャ和平合意の関係で常駐していた2500人のPKO部隊を10％の規模に縮小し、ルワンダの民間人を保護するなと指示したことであった。元司令官ロメオ・ダレールの発言やドキュメンタリー映画などに当時の国連や各国の対応の様子は描かれているが、安保理の判断は各国の消極姿勢を反映していた。どの国も虐殺の現場に行くことで自国の兵隊に犠牲を与えたくなかったし、ルワンダを身近に感じていなかった。これらの推測される事情は国益から国家の行動を判断するリアリストの見解に近いようにみえる。しかし、国際社会にはより複雑な事情があったし、この事件以降に国際社会が変化してきた部分もあるようである。

米国はソマリアの内戦が拡大させた飢饉に対して1992年に部隊を派遣した。このオペレーションは同年にブトロス・ガリ国連事務総長が「平和への課題」において構想した国連憲章第7章に基づく平和執行部隊（peace enforcement force）であった。ガリ総長は従来の平和維持や本来の国連常備軍の設置に加え、予防外交や緊張緩和のための平和執行の強化などを提言していた。ブッシュ政権は国連に協力したが、1993年10月に18名の米兵が殺戮され、市中に引き回される事件が起きると、米国議会はクリントン政権に国益を無視していると一斉に非難し始め、部隊は引き上げられた。この経緯もあり、１９９４年の際には米国がルワンダに利益があるのかどうかが自問された。米国は自国の部隊派遣のみならず、国連ＰＫＯの増派に対しても消極的であった。ＰＫＯ活動の失敗は、米軍への出動要請に通じる可能性があったからである。

クリントン政権は、ソマリアから得た教訓から見かけ上はリアリストとしての対応をルワンダに対して示した。地上兵力への自国兵の投入には極めて慎重になったのである。この姿勢は旧ユーゴスラビア連邦（以下ユーゴ）に対する空爆においてもみられた。ルワンダの虐殺は国際社会から見殺しにされたが、１９９４年６〜７月にフトゥ系難民が近隣国に流出するようになると、メディアはようやくそれらの映像の報道を大規模に配信するようになった。また、ルワンダの前に国連や国際社会、特に欧米諸国はボスニア・ヘルツェゴヴィナに平和維持軍の派遣を決定しており、１９９２年から１９９５年のあいだにクロアチア、ボスニア、マケドニア、新ユーゴに要員４万人以上を派遣した。このＰＫＯ史上最大規模の活動がルワンダに対する国連と各国の対応を鈍らせた側面もあるようである。

ルワンダの虐殺やコソボでの教訓を受け、コフィ・アナン国連事務総長は１９９９年に総会が「人道的介入（humanitarian intervention）」についてのドクトリンの採択を検討するように求めた。カナダがこれに対応し、この問題を討議する国際的な委員会を開催した。後述するコソボからこの問題はアカデミズムでもジャーナリズムでも本格的に議論されるようになった。そのこと自体は建設的な過程であった。しかし、フトゥ勢力とセルビアの権力エリートだけが残忍で問題であるかのような単純化した議論が主流になった。前章におけるルワンダと同様、ユーゴにおいても紛争の前段に国際社会が関わってきたことが忘れさられてしまったのである。

ユーゴにおいても紛争の引き金要因としてチトーという卓越した指導者が逝去しただけではなく、ポスト冷戦期における政治的民主化、ＩＭＦのコンディショナリティ政策が導入され、それらの変化が政治社会構造の不安定化を起こしていた。さらにそれに拍車をかけたのは、オーストリア、ドイツ、ヴァチカン、米国議会の一部などのスロベニアとクロアチアに対する独立の承認であった。これらの外国の介入は実は相当大きな政治的効果をもたらしていた。しかし、その後の議論の展開はうまく元凶をユーゴだけにもっていった。紛争自体に弾みが付いてきたことと、紛争のなかのエスニック対立の次元が次第に強調されるようになったことで、紛争原因としての内発性が強調されるようになったのである。

このような文脈でＮＡＴＯ（北大西洋条約機構）軍がコソボ問題でユーゴに対して行った軍事行動は人道的介入として論じられた。そして、国境を超えた悪に対して国際社会がいかに対応するかという単純な議論がこれを牽引した。スタンレー・ホフマンの『国境を超える義務』は１９８１年の著作であるが、そこで展開されたような熟慮はこの種の議論では極めて希薄であった。コソボの空爆が表面的に成功したように見えたことも議論の単純化に貢献した。そして、２００３年のイラク戦争において英国のブレア首相は依拠する原則としてこれにも言及した。コソボのときのＮＡＴＯ空爆で人道的介入は成功し、かつ西欧諸国のなかには一致した結束があったという信念がブレアをしてイラクなどにも類似の行動を起こせると思わせたのであろう。

本章では、ユーゴからイラクに至る過程を中心として人道的介入のテーマを検討することで、先進国側が抱きやすい、「低所得国は脆弱国家が多く、指導者は基本的に悪者」という固定観念の陥穽について考えることにしたい。この固定観念が人道的介入を正当化するわけであるし、政策の選択の幅を極めて狭くしてしまうのである。その典型的な例が英国のブレア首相のイラク外交であったように思う。まず、第１

節ではNATOによる「脆弱国家」ユーゴ空爆の経緯を扱い、第2節でブレアのイラク戦争を振り返る。これらの経緯と意味の把握によって簡単にではあるが、人道的介入論の抱える問題が描出されるはずである。ユーゴ空爆が人道的介入だけで議論されるのに対して、イラクの方は正当化理由が多義的であった。しかし、ブレアや英国の政策においては大量破壊兵器（WMD）と結び付いた人道的介入論の影響が大きかったように思われ、その流れをユーゴから追いたいのである。そして、第3節においては「ガバナンスの重層性」の視点から、この課題に対して何が言えるのかを考えたい。この問題は、国家としての外交の道義性や倫理性の部分と世界市民としての人道的行動としての部分があることに注目したい。

1 NATOによる「脆弱国家」ユーゴ空爆

人道的介入が意味するところは、狭義としては、大規模な人権侵害を行っているか、それを黙認している政府に代わり他の国々が武力介入することである（最上 2001; Roberts 1996）。これは裁量的な行為にもなるし、ある段階の国家にとっては義務的な行為ともなる。国家の義務とは通常国家内の社会契約をさしており、国家を超えた義務が存在するのかどうかについては人道主義（humanitarianism）、人類という価値観や国家の相互依存の議論などさまざまな支持論があるが、逆に消極的な見方も多い。自由主義の伝統のなかには「白人の責務」、つまり文明国が未開国を助けるという見方もあるが、このパターナリスティックな見方に対してはネオコロニアリズムの視点などから辛辣な批判が行われている。

ユーゴにおいては1991年にスロベニア、クロアチア、マケドニアの各共和国が独立し、ボスニアも92年に独立した。残ったセルビアとモンテネグロが新ユーゴを構成した。ボスニアもムスリム人、セルビア人、クロアチア人などの集団がいたが、ムスリム人が政治権力を掌握したので、セルビア人が分離運動を開始した[1]。セルビア人が多数を占める新ユーゴはボスニアのセルビア人を軍事的に支援した。次に、ボスニアのセルビア人による人権侵害が明らかになると、西欧諸国が抗議し、国連では経済制裁の実施や新ユーゴの代表権の剥奪などが決定された。また、PKOとして国連保護軍が派遣され、93年8月にサラエボその他の地域でセルビア人の攻撃を抑えるための空爆を含む手段を安保理が決議した。NATOにはこの空爆をサポートする権限が認められた。94年にNATOは各地で空爆を行ったが、95年に安保理が指定した安全地域の一つシュレブニッツアにおいて虐殺が起きた。

1999年に虐殺の調査結果が事務総長報告書として国連総会に提出された。シュレブニッツア村にはオランダ兵の保護軍が進駐していたが、重装備のセルビア人部隊の襲撃を受け、町はすぐに陥落した。オランダ軍のPKO兵士は無抵抗のまま捕虜にされ、虐殺は陥落の翌日から始まり、惨殺された人はモスリム系住民2万5000人のうち7〜8000人になるといわれている。アナン事務総長は報告書のなかで国連の誤りを認めた。虐殺に至る過程はNATOや欧米メディアによって国連の対応の遅さとして認識された。国連が即座に指示し、NATOが介入していれば虐殺の規模は減ったというのである。そして、当時事務総長特別代表であった明石康氏や国連上層部がNATOの空爆を即座に頼まなかったことが問題であるとの非難になった。明石氏は、安保理の決議が各国の思惑を反映して曖昧な内容であり行動の方針を立てられなかった、米軍に地上兵の派遣を頼んだが、米軍は空爆に固執して派遣しなかったと述べている(Akashi 1995)。

国連のユーゴにおけるPKOの展開は何段階にも及んでいる。1992年にクロアチアに最初のPKOが派遣された。これはクロアチア政府とその独立に反対するセルビア人とのあいだの戦闘に関して、安保理が国連保護軍の設置を承認したものである。その任務はユーゴ連邦軍の撤退や保護地域の非軍事化など在来型のＰＫＯの活動であった（明石 1998）。次に、ボスニアの紛争が緊迫化し、サラエボ空港の使用が困難になったことから、安保理は同空港への保護軍の派遣を承認した。そして、旧ユーゴの南端と接するマケドニアにおいて北からの紛争の波及を予防するＰＫＯの展開が国連にとって初めて行われた。これらの活動も在来型の活動と考えられる。しかし、95年にボスニアのシュレブニッツァ情勢が悪化すると、安保理は決議８３６を採択する。この決議は保護軍に停戦監視と共に自衛のための武力の行使を認めており、ＮＡＴＯ軍との協力が進められることになった。

英仏は保護軍に相当な規模の兵士を送ったが、クリントン政権は地上兵力への部隊派遣には積極的ではなかった。しかし、ＮＡＴＯの空爆には対応する姿勢を示していた。空爆に際しては国連の現地事務総長特別代表とＮＡＴＯの南部方面軍総司令官の２人の許可が必要であったが、国連側は本格空爆については慎重であり、この違いが国連と米国との関係を悪化させた。メディアはボスニア紛争の悲惨さを報道し、国際世論はこのときは敏感に反応した。１９９５年5月からセルビアに対する本格空爆が行われた。11月のデイトン和平合意はＮＡＴＯ軍が保護軍に代わり武力行使するなかで達成された。他方、保護軍は人道救援には国連難民高等弁務官事務所（ＵＮＨＣＲ）や赤十字国際委員会などと提携しながら大きな活動を行った。国連ＰＫＯは在来型活動から平和執行部隊との折衷に徐々にその性格を変えたのであった(2)。

コソボではアルバニア人とセルビア人が対立していたが、それが決定化したのはミロシェビッチがセルビア人の不満をうまく利用したからである。１９８９年にコソボは州の自治を撤廃され、アルバニア系住民は不服従運動を展開した。ミロシェビッチはコソボの議会も解散したので、１９９０年にアルバニア系議員は並行議会において新ユーゴからの分離独立を宣言した。デイトン合意後に一部のアルバニア人がコソボ解放軍を結成し、96年には同軍がセルビアに対する攻撃を宣言した。国際社会は99年に米英仏独露が仲介グループを形成し、両者の調停を行ったが、ミロシェビッチ大統領が和平案の受諾を拒否したことで1999年3月になると、NATO軍はユーゴに対し再び空爆を開始した。

コソボの行政上の実権を把握したのはセルビア人で、人口の9割はアルバニア人であった。ミロシェビッチはコソボを手始めにセルビア人の民族主義高揚に成功し、他の共和国においても同じような衝突を起こした。その過程でミロシェビッチは経済危機の原因を民族対立に置き換え、大セルビア主義を訴えた。デイトン合意後のコソボにおける紛争の再発は人々を失望させた。ボスニアは宗教が違うだけで、人々の相貌は似通い、言語も同じであった。他方、コソボのアルバニア人とセルビア人は宗教以外にも言語や歴史観など相当に異なっていた。アルバニア人はコソボ以外にもアルバニアやマケドニア西部に居住していた。

1998年3月に安保理は1160決議によってユーゴにおける武器禁輸措置を決定した。このときに反対はなく、中国が棄権した。エスカレートする人権侵害に対応して、9月に安保理は憲章第7章を根拠とした1199決議を承認し、停戦と新ユーゴ軍のコソボからの撤退を要求した。10月にミロシェビッチ大統領と仲介グループの代表としてホルブルック米国特別全権大使が1199決議と停戦について合意する。11月に新ユーゴ軍が撤退するとコソボ解放軍は活動を活発化させ、翌年1月には新ユーゴ軍がコソボに戻る。3月に第2回和平調停会議がパリで開催されるが、新ユーゴ側は和平案を拒否する。NATO事務総長が国連事務総長にコソボにおける人権侵害について警告する書簡を送る。翌日、NATOがユーゴ空爆を行い、爆撃は6月まで1万回以上に達した。同月、G8の主導でユーゴ議会が和平案を受諾し、安保理1244決議は、迅速に、すべての軍事力のコソボからの撤退を要求し、空爆後の事態を追認した。

コソボに関するNATOの空爆はボスニアのときとは異なり、安保理の決議を受けていなかった。

1999年になるとセルビア部隊の虐殺報道が世界的に報道され、国際社会の緊急な対応が問われるようになった。欧米の多数の国が介入に賛成したが、ボスニアにおいて保護軍の対応が紛争解決に役に立たなかったので、NATO主導の平和維持軍しか対応策はないという見解が欧米諸国のあいだで強まった。NATOの空爆は安保理ではロシア、中国が反対する見通しであり、迅速に決議を通せそうもなかった。空爆は当初短期間で終わるといわれたが、セルビアの野党まで徹底抗戦に合意したため結局78日間に及んだ。

この人道的介入には、国連からみて法的な正当性が付与されていなかった。しかし、NATOはコソボの介入は正当とみなしていた。国連の承認のない、域外周辺地域への介入は、当時見直されていたNATOの新軍事戦略の構想とも一致していた。ただし、介入の成果としては、空爆によってもコソボでの住民弾圧は減らず、かえって民族浄化の激しさが増し、アルバニア、マケドニアなどに85万人程度の難民を新たに発生させてしまった。空爆はコソボから遠い首都ベオグラードでも行われ、ユーゴ側の死者は約5000人と推定されている。

ユーゴにおいて1995年暮れに国連保護軍が撤退し、NATOはそれに代わり6万人の多国籍軍を展開した。これ以降、NATOは単独で動く傾向を見せ始め、コソボでは国連の決議なく空爆を行った。こうした経緯を受けて、国連は2000年8月にブラヒミレポートを安保理と総会に提出した。このなかで国連は万能ではなく、できることもできないこともある、PKOの設置に関して安保理は具体性をもった任務を明記する必要があると述べた。これは各国での教訓を受けて、国連の平和構築のあり方について提言したものであるが、実力を形成しなければ国連に多くを期待してはいけないとの反論もみえる。他方、欧米では空爆がコソボでの停戦をもたらしたとして成功視する傾向があり、ユーゴ空爆はNATOが国連決議なしでも必要があれば軍事介入するという先例となった。

2　ブレアの人道的介入

１９９７年に久々に政権に返り咲いた英国労働党は新しい外交政策を打ち出した。それがロビン・クック外相が説明した「倫理的国家（ethical state）」であった。クックもブレア首相も英国が世界において人権意識を普及させ、貧困国の債務問題に取り組み、気候変動条約の京都議定書などの多国間のイニシアティブを支持する善意の勢力となることについて積極的であった。クック外相の日常の発言は欧州との協調路線を訴えた労働党の伝統ラインに近かったが、ブレアはより新自由主義への傾倒が強く、欧州のみならず米国との協調外交を非常に重視していた。この違いは、9・11を境に顕在化していくことになる。

ブレアはセルビアのミロシェヴィッチ大統領のような国際的安全の脅威となる独裁者に対しては必要があれば人道的な介入を行ってもよいという考え方をもっていた。それが１９９９年のユーゴ空爆に繋がり、ブレアはクリントンと共に「われわれは勝たねばならない」と世界に強固な意志を示したのであった。同年のシカゴ経済クラブにおける演説でブレアは「他国の紛争においてもわれわれが積極的に介入する事例を見定めておく必要がある」と論じた。この演説は米国にさらなる介入に対する責任を想起させるためのものであったという。このなかで人道的介入の論理が示され、ブレアは介入を決める際に5つの判断材料があると述べた。

それは、人道的な危機の内容、他の外交手段の限界、軍事的介入の有効性、長期的な介入へのコミットメント、国益との関わりの5点であった。このリストはマイケル・ウォルツァーの正戦論（Waltzer 1992, 2008）と共鳴するものであったが、国連からの事前承認はこのリストに入っていなかった（Dunne 2008）。

ユーゴ空爆における人道的介入の是非は国際的に熾烈な議論となった。人道的な介入が一般的な権利や義務なのかといった問題から、この場合の政治的な正当性、手段としての具体的な戦闘自体の人道性の問題までがさまざまに討議された。ただし、事態の緊急性からドイツの社会民主党や英国労働党といった陣営は積極的に支持を表明し、欧州の政治では広範なコンセンサスが存在したかのように見受けられた。

介入の是非をめぐる日本の論壇は単純な肯定論に傾斜していた。それを概観した塩川（2011:54）は、「どの論者も具体的事情を深く検討することなく、当時欧米に広まっていた一般的通念に依拠して、『セルビア＝悪玉』論、『ジェノサイドに比すべき民族浄化』が一方的に進行していたという認識のもと、このような極度の蛮行に対しては、外からの介入が必要とされる」論調になったと評している。これに対し、軍事介入の適用に慎重な姿勢の例としては最上（2001）が言及されている。ただし、最上は広義の人道的介入といわれる医療品や食料の必須物資の供給とそれを支援する目的の軍隊の活動については肯定的である。

ブレアの安全の脅威についての議論は、２００１年の９・11が契機となって強化された。ブライトンにおける労働党大会でブレアは「コミュニティのパワー」の考え方を提唱する。コミュニティとは国内、国際双方の意味であり、この世界の再秩序に対する働きかけを呼びかけたものであった。ブレアはブッシュとアルカイダに対する協議を緊密化した。このなかでブッシュ政権のテロリスト集団とイラクをリンクさせる考え方にブレアも染まっていくことになる。チェイニー副大統領らのネオコン（neocons）はサダム・フセインを打倒する必要性について考えを固めていた。国連の特別委員会は１９９１年から９７年のあいだにイラクが生物化学兵器を所持していたことを明らかにした。その後、イラクは国連の非武装化に対する査察に対して協力的ではなく、ネオコンはそれに焦燥感を抱いていた。もしアルカイダがフセインとコンタクトをもてば、とんでもない災禍が起きるとネオコンは警戒していたのである。

9・11に対する米国の対応は素早かった。翌日に、安保理はテロ行為を非難する1368決議を採択した。9・11のテロ攻撃を国際の平和と安全に対する脅威と認め、テロリズムに対してあらゆる手段を用いて戦うことを宣言した。前段においては個別的・集団的自衛権の固有の権利を確認している。これは同日、NATOが集団的自衛権を組織始まって以来初めて発動すると発表したことの根拠となった。続いて、テロリストに資金が回らないように国連加盟国にその防止を義務付ける決議も採択された。10月7日に米英は個別的・集団的自衛権の行使を法的根拠としてアフガニスタンへの攻撃を開始した。戦闘は北部同盟と有志国により開始されたが、12月の1386決議によって憲章第7章の強制執行部隊としての国際治安部隊の設置も承認され、EUを中心に43カ国が参加した。

アフガニスタンとイラクに対するNATOやEUの反応は異なっていた。イラクに対して米国の両院議会はブッシュ大統領に2002年10月に攻撃許可を与えた。その条件としては、米国の国家安全保障を守ることと、イラクに関する国連安保理のすべての決議を施行する、の2点があった。ブッシュ政権はイラクに対しては自衛権の発動だけで戦闘できると考えていた。そして、イラクの人類に対する脅威としての目印が大量破壊兵器の存在の可能性であった。ブレアはこうした米国の考え方を共有すると共に、国連安保理の決議を経てからの攻撃を行うようにブッシュ政権を説得した。9・11の舞台となってはいなかった英国としては、自衛権の発動を理由にイラクを攻撃できなかった。さらに、英国としてはブッシュ政権に多国間主義から逸脱し、一方的な外交行動を行うことを自制させたいという希望をもっていた。

ブッシュ政権はイラクを自国のみで攻撃できるが、安保理の決議があった方がよいとは思っていたし、最大のパートナー英国が勧める国際協調路線を可能な限り果たそうとした。ただし、米英はフセイン政権の体制変革（regime change）については考え方を異にしていた。ブッシュ政権はフセインを打倒して中東に民主化の波をもたらせるとして体制変革に積極的に言及するようになった。ブレアは個人的には賛同していたであろうが、これを英国にとっての目的とまでは論じられなかった。あくまで大量破壊兵器を禁止した国連決議に違反し、現在もその履行状況を調査する国連に対して非協力的なイラクに対する攻撃が是とされるという立場であった。この立場からすれば、さらなる国連の調査に対するイラクの協力とそれを安保理で審査する過程は必要であった。

安保理の1回目の対イラク決議は2002年11月の1441決議であった。イラクが大量破壊兵器の非武装化に対して積極的に対応しないと「深刻な結果」になるとの警戒の文言が入っていたが、この玉虫色の決議だけで武力攻撃ができるかは定かではなく、フランスなどは攻撃には2回目の決議が必要と考えていた。同月に、国連の監視検証査察委員会（UNMOVIC）は調査を開始した。2003年1月に安保理にUNMOVICのブリックス委員長が報告を行い、イラクに調査の不遵守項目があるが、禁止武器の所持は未確認と述べた。同月下旬にブッシュ大統領は外交演説を行い、そのなかでイラクがアフリカからウラニウムを入手した情報を得たと述べた。2月に仏独はUNMOVICの調査官の増加を提言し、3月7日にはブリックス委員長とエルバラダイ国際原子力機関（IAEA）事務局長が調査にはあと数カ月が必要と述べた。

英国にとって米英関係は最も特別な二国間関係であった。伝統的には、労働党政権、特に左派は欧州大陸、つまり西欧諸国との外交関係を重視する。これに対し、保守党は米国、つまり大西洋関係を重視する傾向があった。しかし、ブレアは新しい外交を行おうとした。労働党政権が内政において「第三の道」、つまり新自由主義と社会福祉路線との融合を目指したように、ブレアは米国との関係を重視し、クリントン民主党政権の次のジョージ・W・ブッシュ共和党政権とも密接な協調路線を形成しようとしたのである。

それはより普遍的な新しい人類社会の原則を樹立するためであるとされた。同時に、その理念は米国に影響力を与えることで英国が国際社会や欧州で重要な立場を得るという現実的な計算により支えられていた（細谷 2009）。

しかし、国連の調査が大量破壊兵器について確たる検証も行えないなかで、軍事行動を決定する2回目の安保理決議は2003年3月10日に仏のシラク首相が拒否権を行使することを示唆して不可能となった。ブレアにとってはアフガニスタンで結束していた安保理もさることながら、コソボにおいて結束していたNATOレベルの合意も得られない事態に陥った。コソボからイラクまで人道的介入、倫理的な外交の路線を掲げてきたブレアの外交はここで挫折し始める。英国においても欧州においても戦争反対のデモが起き、2月15〜16日ロンドンにおいては百万人規模に達した。ブレアは2回目の安保理決議が英国にとっても必要と考えていたと思われるが、3月17日に法務長官が2002年11月と過去の湾岸戦争の安保理決議を結合すれば対イラク侵攻は合法との見解を閣議に提出する。その翌日、英国の議会で反戦決議法案に対する投票が行われた。ブレアは保守党の多数の反対を受けて支持されるが、労働党においては139名の多数が法案を支持した。労働党においてはクック院内総務（前外相）や閣僚が辞任した。

ブレアは2010年に議会の調査委員会でイラク侵攻の法的根拠に関して、安保理1441決議だけでイラクへの軍事侵攻は可能と解釈していたと述べた（CNN Jan 30）。しかし、常に道は2つあり、2回目の決議があった方が「政治的に望ましかった」と述べている。この説明は明らかな事後の取り繕いであるように思われ、ブレアの外交は法務長官の見解を得た時点で一貫性を失っていたのではないか。それをもたらした要因として、ブレアが米国には戦争遂行の協力を前からコミットしていたのではないかという疑惑がある。2002年4月のテキサスの会談での様子などがそれにあたるが、ブレアは「この脅威に対決し、取り組んでいく際には共に行動しよう」との公式の発言だけだったと反論している。

3月19日に軍事作戦は米英によって開始された。29日にブリックス委員長は6月末の辞任を表明し、イラクを平和的に武装解除し、戦争を回避するためにあと数カ月の期間を与えられなかったことを残念に思うとのコメントを発表した。その後のブレアの立場は悲惨なものとなる。当初順調にいくかと思われたイラクの戦後統治も8月のバクダッドの国連本部爆破以降に不安定化し、大量破壊兵器も見つからないことが明らかとなった。2002年9月にブレアのチームが提出した報告書ではイラクは生物、化学大量破壊兵器を所持し、使用命令が下れば45分以内に配備できるとのアセスメントを行っていた。この主張は、戦術用兵器について述べたものであったが、あたかも他国を攻撃する戦略用兵器のように読める記述であった。BBCがこの記述の信憑性について批判を展開すると、政府とのあいだに深刻な論争が起きた。大量破壊兵器の不在が明確になるとブレアは責任を問われた。ハットン調査委員会はブレアの意に沿うように情報機関が無意識に情報を並びかえたことで、正しい情報が上がらず、バイアスができたことを指摘している。(3) 45分以内問題に関してブレアは調査委員会で疑いなく確信していたと述べた。(4) そして、イラクの大量破壊兵器を開発する野心に対する懸念が英国の戦争を支持する決定をした主要な要因であったと付言した。

ブレアは閣議を重視せず、ブレーンとアドバイザー会合を作り、政策を形成した。このような彼のやり方はブレア大統領制と非難されたが、こうした慣行のなかでブレアは党内の民主主義に立たずに、米国との協調路線を突き進み、閣内よりも米国のホワイトハウスとより緊密に話し合うようになっていた。ブレアが限られたブレーンや諜報機関の情報だけを信じ、クックや他の閣僚、党内の意見を聞かなくなったことは、彼らが太いパイプを有する他の西欧諸国との距離を作ることにもなった。また、米国のブッシュ政権内のパウエル国務長官のような穏健派と関係を構築し、ブッシュやネオコングループを牽制するという努力も行わなかった。ブレアはあくまでブッシュとの個人的関係を重視し、ブッシュはネオコンの路線に傾斜したのである。

ブレアの構想には人道的介入の具体的なイメージが乏しかった。大量破壊兵器の存在証明と体制変革という英米の主張には相当な隔たりがあり、英国は米国の軍事作戦全体には協力できないはずであった。これも彼が米国の方針に前のめりになっていたことと関係する。人道的介入を行う側の高揚感とヒロイズムが中心となり、その結果戦場に赴く兵士だけが彼の念頭に浮かぶことになり、後になって戦場で死んだ兵士のことだけは慙愧に堪えないと語っている（Blair 2011）。ブレアは人道的介入の目的だけを論じており、米英の戦争目的が異なっていても戦争が始まってしまえば、その後の政策の展開は合同で行うものと認識していた。

ホフマンは『国境を超える義務』において外交目的そのものの道徳性に加えて、政策決定過程における政治家の判断における道徳性、つまり責任倫理が重要であると述べた。次に手段と目的の対応関係にも一貫性が求められた。ブレアには目的、政策過程及び手段のうち、目的にしか倫理性はみいだせなかった。政策過程は閉鎖的でフェアではなく、その結果後から辻褄を合わせられるものとなったし、手段についても米軍に対して投入規模の大きさや空爆などに対してなんらアドバイスや要求を行わなかった。目的の倫理性についても、単なる米国追随のように見えてしまう二重基準のようなところがあった。

英米はユーゴ空爆のときに人道的介入を行い、成功したという感覚をもっていた。そこから発生した正戦意識がイラク介入の際の問題の起源にあるように思われる。ユーゴの際は介入の目的や条件について厳密に詰めた議論をしたわけではなかった。欧州の安定や人権の尊重という課題のもと、虐殺という緊急を要する状況のなかで、国連の対応能力が限られていることがわかり、ＮＡＴＯが介入するという展開になった。ユーゴ空爆にはそれ自体問題性や課題はあったものの、とりあえず介入を正当化する議論が主流であった。英国の労働党政権はそのときの高揚感をもとに倫理的な外交政策を行うという方向性を提示したが、これも一国の狭い国益基準だけで外交はしないという方針以外は漠然とした内容であった。

開戦時点では米国の世論はブッシュ政権を支持していたが、イラク戦争の目的からして一貫性がなかった。米国は開戦理由に自衛権を掲げながらイラクの体制変革を堂々と主張していたが、両者の論理的な繋がりも明確ではなかった。自衛権の行使は国連でも認められた武力行使であるが、イラクの攻撃が9・11の延長線上で把握できるのかどうかには多くの反論と慎重論があった。それを間で繋ぐのが大量破壊兵器であったが、その問題の進展にブッシュ政権は関心を払わなかった。国際世論に対しては、イラクが大量破壊兵器をもっている恐れは十分にあるとパウエル国務長官までもが言っておきながら、自らそれを証明しようとはしなかった。こうした認識構造にあるのは、フセインもミロシェヴィッチも同じ悪者だというユーゴ以降の正戦論のイメージが米国内部にも定着していたからである。

ブレアは9・11を米国に対する攻撃だけではなく、英国に対する攻撃としても考えた。それが「肩を並べて（shoulder to shoulder）」（ないしは「心を同じくして」）のブレアの言葉に現れている。ブレアは英米の「特別な関係」の維持に関心をもっていた。ユーゴの際にはクリントンを説得して協調介入を行ったという自負があった。そして、ブレアにはサッチャーに対するコンプレックスがあっただろう。内政においては第三の道で大きな政治的支持を獲得したブレアであったが、外交においてはレーガン―サッチャー時代のような連携がうまれていなかった。これを実現しなければ、自分は歴史上においてサッチャーを超えられないという心理があったのかもしれない。そして、労働党とは政策指向の異なるブッシュ共和党政権に対しても特別な関係を築こうとしたのだった。大量破壊兵器の証明に積極的であったのはむしろ英国であった。

それによって自国に対してだけではなく、米国の戦争目的も一貫させられるからであった。

米英の外交の破綻、特に英国の外交の破綻は、目玉商品であった人道的介入が論理的、倫理的、政策的に精緻に詰められてこなかったことが背景にあった。そして、人道的介入に本来求められる高い道徳性と軍事力のうち、9・11以降には軍事力のみが残存し、米国においては自衛権解釈も発生して、状況の異なるアフガニスタン、イラクに対してその政策方向性が維持されたのである。ブッシュ政権のネオコンもブレアもいうなればグローバルな価値を信奉する機会主義者であったが、ブッシュ政権の方が正戦論をまといながらも通常の戦争に向かう感覚があった。これはもちろん危険な大国主義であるが、より社会正義を掲げた形で介入したブレアの戦争はその分だけより自己欺瞞に満ちたものとなった。

3 ガバナンスの含意

人道的介入を主張しやすい国々は政治的に自由主義の立場に立っている。それは何故か。権威主義的な国は自国領内においても人権問題や少数派の問題を抱えているから国家の主権を強調し、内政不干渉原則の立場に立ちやすい。これに対し、自由主義の国々は内部にそうした矛盾が少ないから普遍的な原則を主張し、内政不干渉の例外を主張しやすい。これが第一の理由であるが、これは政治体制の違いに由来する問題である。第二の理由は、自由主義がもともと国家と市民の関係に関わっていることに由来する。等しい市民的な権利を国家という領域内部で保証するのが近代的国家の原則であった。しかし、現代においては国境を超えたところの人々にも同じ権利やニーズをみいだすようになっている。つまり、自由主義を代表とする諸思想が進化し、国境を超えた視点が発生しているのである。

自由主義を国家の観点だけから論じると、世界市民の観点は見失われやすい。逆に、国家を外した世界市民の観点だけで国際政治を論じるのも容易ではない。ブレアの場合に指摘できることは、人道的介入という普遍主義的スタンスを利用しながら、国家の観点に立ち、最終的に強大な米国の軍事力に依存した過程で世界市民の観点を喪失してしまったことである。ブレアは倫理的外交というアイデアリズムを唱えながら、それを裏打ちする制度形成を行わなかった。その挙句、結果的には、米国の単独行動主義と軍事力という物質的リアリズムに追随することになった。米国のネオコンには世界市民的な発想があったが、多国間主義ではなく、あくまで米国の価値観を前提としていた。前述したホフマンは古典的リアリストの立場に立ち、国際社会の熾烈な競争と対立関係の原則に合意しながら、最終的な展望はカント的な道徳観念の普及による国際社会の変容にみいだしていた。

世界市民と国家の関係においてふれなければならないのが、2003年に国連の人間の安全保障委員会が公表した「人間の安全保障」最終報告書である。ここで「4つの自由」のなかの、恐怖からの自由と欠乏からの自由の重要性が論じられた(5)。4つの自由は、1941年1月にナチスが欧州の多くの地域を席巻したときに米国ルーズベルト大統領が物資援助の継続などを通じて英国を支援することを誓約したときに掲げた価値理念であった。英国の軍事行動を支援することは、米国だけではなく人類の普遍的な自由を守るためであると大統領は説明した。ルーズベルトは世界の民主主義を擁護し、米国がヒトラーなどの独裁者たちの恐喝にひるむことはないと力説した。

「4つの自由」は自由主義の防衛や米英の特別な関係という視点に立ちながら、至近の人類の理想の実現について語ったものであるが、基本的には国家そして大国の視点に立脚していることを踏まえるべきであろう。米国という国家がその実現のために苦闘してきた価値原則を他の人類社会一般でも実現しようという意図表明であり、具体的には英国支援を正当化する原則なのである。60年以上が経過した時点でのブレアの論理も基本的にこれと変わるものではなかった。人類の理想を語った言葉は大国のエゴイズムに収まってしまうのである。これを完全に世界市民社会の原則に転換したら、どのような表現になるのだろうか。

世界市民どうしの関係に立つとき、国境は県境、市境程度の意味しかもたない。この立場は現代民主主義理論よりも、ホフマンの探索結果がそうであったように、カントなどの近代初期の思想家において明らかであった。この水平的な人間関係においては、人道的介入は倫理的行動として成り立つ。もちろん、その場合でも強者が自己正当化のためにこの論理を利用する場合はあるだろう。しかし、人々が同じ権利を有するという政治環境が確立すれば、グローバル社会は同質化を強めていくだろう。ブレアの「肩を並べて」はまさにこうした市民間の関係に立てば有効な論理となる。しかし、イラク報道の場合は米英の市民ではなく、軍人が肩を並べる映像しかうみ出さなかったのである。

次に、国家間関係に立つとき、人道的介入は国家のあいだのパワーや情報や機会の不均等性のなかで水平的な介入としては極めて成り立ちにくいものとなる。このような場合には、世界政府やその代替機構が存在しない以上、国連が意思決定を行い、国連軍ないしはそれから正式に授権された国家を行動させるのが本来的な国際社会の原則であろう。しかし、そうではなく、超大国や大国のチームが正義の使者を任じてこの原則を振りかざすのであれば、それは外交行動に対する特権的な正当化の機能を果たす。ことに介入する側の指導者にパターナリスティックな論理や差別的な価値観があると、介入方針はいきおい善悪の二元論に傾斜しやすい。いずれかの当事国、または政府軍かゲリラ軍のいずれかを一方的に支援する、一方的に叩くという介入方針になりやすい。このような単純なロジックは途上国の歴史的に複雑な、そして先進国側に一部の形成責任のある「ガバナンスの重層性」を見落としやすい。大国の内部においては、複雑なガバナンスの問題を捨象する政府とメディアによる情報操作もあるだろう。外交を支える倫理的な基準には深刻な裂け目が入るのである。

最後に、人道的介入や国連憲章第7章の平和の強制執行と「ガバナンスの重層性」の関係を確認してみたい。序論でみたように、古代からの文化的な次元を別にすれば、世界政治では近現代国家からなる国家間体系が第二層に、それを超えるグローバルな情報・経済の相互浸透の進む次元が第三層に位置付けられる。第三層には未だに自律的な政治体系は現れていない。国連も国家間体系に立脚した組織である以上第二層の機能が主体であり、伝統的PKOもこの次元の活動として位置付けられる。しかし、人道的介入や平和の強制執行は第三層の次元の政治的機能を、実態はともかくとして名目上は先取りした視点に立っている。

第三層の人道的介入にはさまざまな人道系NGOsが関わっている。これらは国家の機関ではなく、活動対象も国家によって分断されない[6]。人道系NGOsは、国境の遵守義務などを守っていたら効果的な活動ができない。そして、人道系NGOsや国連の活動をPKOなどの軍隊が保護する活動が増えている。その理由としては、資源収奪的な争いが途上国の国内で行われるようになって、ゲリラ集団は人道系NGOsや国連のPKO部隊などを襲撃するようになったからである[7]。かつては国内の反政府ゲリラも国家の正統性を政府と争っていたのでこれらの人道的介入に従事する外部のアクターを襲撃しなかった。最近は民主化というハードルの高さが認識され、政府とは正統性をめぐり競争しない非正統な集団や解放運動も増加している。これらの集団は一定の範囲内で資源の開発や密輸に安定的に関われればよいので、中立的なアクターの出入りが目障りになることがある。

伝統的なPKOが人道系NGOsに同行し、これを守るのは、ガバナンスの第二層が第三層を守るとい

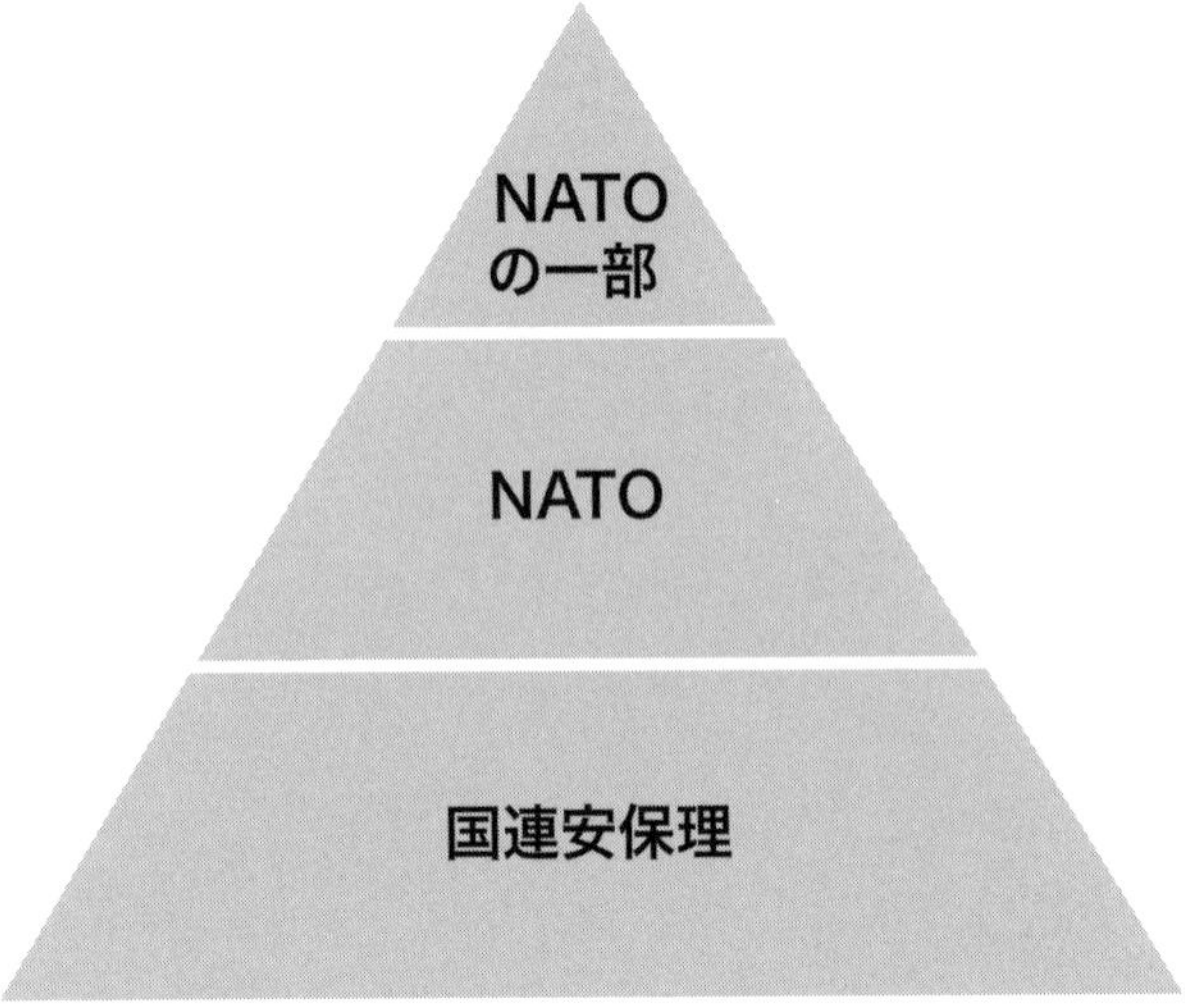

図１　国際紛争の正統性に対するコンセンサス

う図式である。この図式も過渡期のグローバル・ガバナンスとしては有効な選択肢だと思われる。しかし、話をさらに進めれば、第三層において新たな政治体系や機能が必要となろう。１９９０〜２０００年代の国際関係におけるいくつかの試行錯誤のように、その新しい次元は国連からマンデートを委任された多国籍軍や有志連合が担えるのだろうか。これはさらに問題の解決を第二層の古い部分に戻していくことになるのだろうか。第三層はグローバリゼーションが高度に進んだ次元を想定しているので、本来は世界的な意思形成と議論がなされる次元であって、現行の国連ですらそれを完全に担えるのかどうかはかなり怪しい。

図１は１９９０〜２０００年代の米英が関わった国際紛争における国際社会からの正統性に対するコンセンサスの度合いを示した略図である。下の基底部分は、解釈についての議論はあるにしても一応国連安保理の承認を取り付けた紛争で、最初の湾岸戦争（１９９１）、最初の

ユーゴ危機（1993）、アフガニスタン紛争における国際治安支援部隊の派遣（2001）が位置付けられる。真ん中のNATOは、完全なNATOレベルの支持が得られた紛争で、コソボを契機としたユーゴ空爆（1999）、米英によるアフガニスタン開戦（2001）がある。最上部は、NATOの一部でしか支持は得られず、国際社会からの支持が相当に少ないことを意味し、イラク（2003）がこれに相当する。

国連の承認がない場合にはたしてNATOなどの同盟軍が人道的軍事介入を行えるのか。これは原則としてNATO内部の集団的安全保障の場合に限られるという見解もあるだろう。NATO内部で意見が割れればその限りではない。国際安全保障問題は第二層においては領域性を残している。他方、経済や情報の問題はよりグローバルな次元に至っている。軍事的介入を声高に主張する国は、経済制裁の効果の低さを強調する。経済制裁にはたしかに短期的に相手の行動の変化をもたらす効果は少ない。ある国に対して輸出入禁止措置を行っても、その国は代替輸出先や密輸などの行動を行えるだろう。また、関係国と摩擦が生じたり、自国の経済にとってもさまざまなデメリットをもたらすことがある。対イラク経済制裁についても米英は効果がなかったと主張してきたが、本当にそうだったのだろうか。フセイン政権が倒れた後に大量破壊兵器の未開発が判明したことは制裁の効果を示していないのだろうか。この問題は第Ⅳ部においても検討したい。

【注】

1 ここでは集団としたが、ユーゴ問題では民族という言葉が使われやすい。エスニシティが国内の諸集団を表すのに対し、民族は複数の国家をまたがる場合の呼称となる傾向がある。

2 国連憲章第6章と第7章の中間ゾーンなどと議論されている。

3 House of Commons, UK (2004) The Hutton Report, Retrieved 2011.

4 CNN "Blair: No 'covert' deal with Bush over Iraq", January 30, 2010.

5 4つの自由とは、言論と表現の自由、信仰の自由、欠乏からの自由、恐怖からの自由であった。

6 それはまさに国境なき医師団（ＭＳＦ：Medecins Sans Frontieres）の名前が指し示している（http://www.msf.org/）。

7 麻薬と武器の不正取引は公式の貿易統計には出てこないが、相当な取引量になる。ダイヤモンドなどの鉱物資源、熱帯木材、象牙などがその次の主要産品であろう。

第3章　地域統合とアイデンティティ

グローバリゼーションのもとで国家のみならず、国際機構の能力と役割が懸念されている。国連一般や、特にIMFやWTOのようなハイパー・グローバリズムの立場の国際機関の正統性の危機が叫ばれてきた。実際に、反グローバリズムの運動はこれらの機関に闘争の焦点を定めてきた。第1章でみたような構造調整の失敗や新自由主義の行き過ぎへの批判、さらには国際組織としての意思決定メカニズムにおける途上国排除に対する批判はIMFやWTOを中心として1990年代から叫ばれてきた。他方、開発、地球環境や越境感染症予防などの領域では国際機構は国際NGOsと共に国際的な規範やルール形成上の大きな役割を担ってきた。国際社会に新しい観念、希望や方向性を付与し、人々の認識や価値観を新しくするという構成主義的な役割を担ってきたところもある（Finnemore 1996）。

グローバリゼーションのもたらす問題の大きさ、従来支えてきた欧米のパワーの低下が国際機構の運営の障害となっている。同時に、意思決定メカニズムとしては、第三世界とも呼ばれる途上国の実力と要望がうまく吸い上げられていない（Bello 2002, 2004）。国際機構は欧米起源であり、通例は本部が欧米に存在している。他方、機能低下している国際機構に代わって地域機構（Regional Organization）や地域統合が期待されるようになった。EU統合の推進が最大の例であるが、ほかにもいろいろな協議やアレンジメントが進んでいる。ただし、英国のEU離脱投票のように地域機構にもいろいろな制約や課題がある。国際機構も地域機構も基本的に国家間組織である。二つの機関は提携し合っている部分もあり、必ずしも相反的な立場にあるわけではない。地域機構に新たな役割が期待されていることは事実であるが、それを深化させる際には一般市民の支持が必要である。また、歴史地理的な要因もあり、構成国の範囲の問題もある。本章では国家よりも広い領域のリージョンやリージョンの組み合わせのゾーンを対象として、そこに住む人々の意識やアイデンティティも含めた地域統合の問題について考察したい。

地域機構はＥＵのように地域統合を進めていくと、超国家的な（supra-national）性格をもつようになる。それは貿易自由化、関税同盟のような経済的な側面や、人権や民主主義のような政治的側面や、共通防衛・安全保障のような軍事的な側面であると共に、アイデンティティなどの社会文化的な側面を背景に有している。ＥＵではヨーロッパ人というアイデンティティが形成されてきたことが地域統合を大きく進められた背景にある。現在のＥＵは、２０１１年末からのギリシャの財政危機、イスラム過激派のテロリズム、さらに英国脱退問題（Brexit）といった厳しい模索期に入っているが、ＥＵが今後も引き続き地域主義の台頭をリードする立場であるのは変わりないだろう。他地域の地域主義はそこまでの進展をみせていないが、いろいろな個性的な変化は示している。本章では、最後にＥＵ、アセアン（ＡＳＥＡＮ）、ＡＵといった各地域主義の動向も簡単に比較してみたい。

地域統合や地域主義の問題は、「ガバナンスの重層性」との関連で言えば、ガバナンスを支える《a》長波としての歴史的な文化、《b》中波としての近現代的な国家と市場の形成、そして《c》短波としてのポスト冷戦期の急激なグローバリゼーションの展開という三層のなかで、《a》文化と《c》グローバリゼーション、つまりタテに伸びているものとヨコに広がっているものが《b》国家と市場に対してガバナンスの変容を働きかける図式になる。このなかで人々の地域に対するアイデンティティは起源的には《a》文化にさかのぼるが、これは固定されたものではなく、時代と共に変遷するものである。次に、国際機関の行きづまりは、《b》国家に支持基盤をもつ国際機構が《c》グローバリゼーションの諸課題にうまく対応できていない現象とも位置付けられる。

本章では第1節で超大国の地位低下と国際機関の役割の行きづまりから地域機構への期待が浮上している流れ［《b》↓《c》］をごく簡単に確認する。第2節では視点を変えて地域統合や地域主義におけるリージョナリズムとグローバリゼーション、ナショナル・レベルの相互の関係［《a》⇅《b》⇅《c》］を確認してみたい。最後に、第3節はこれも断片的になるが、現行の地域主義の流れについて把握してみたい。現在のリージョナリズムは、グローバリゼーションの新たな課題に応えられるのだろうか。そして、形成されつつある地域圏、またその連なりとしてのゾーンは先進国主導の政治経済体制の延長上として位置付けられるのか、独自の経済圏として新たな価値を求める動きになっているのか、が問われている。

1　超大国と国際機構の低迷

超大国はポスト冷戦期において米国しか存在していない。冷戦期には米ソ二極であったが、一極支配となって四半世紀が経過した。中国は経済成長を続け、ＧＤＰの規模では購買力平価（ＰＰＰ）ベースでは米国を抜いており、ドル・ベースでは２０２０〜３０年代に追いつく可能性がある。軍事費も拡大を続けているが、米国との能力差は格段の開きがある。また、国際ないしは世界秩序に対する貢献や規範の提供、ソフト・パワーという面では欧州よりも弱い段階にある。欧州と日本は相応の経済力を保っているが、低成長が続き、人口減少と高齢化に多くの国が直面している。２０００年以降、経済成長の中心にあったのがＢＲＩＣｓないしはＢＲＩＣＳなどの新興国である。前者はブラジル、ロシア、インド、中国であり、後者はそれに南アフリカを足したものである。１９９３〜２００３年の年平均成長率は中国が８・９％、インドが６・２％であり、なおかつこれらの諸国は国土面積や人口規模、経済規模が大きい（みずほ総研 2006）。さらに、ＢＲＩＣＳの他の新興国グループとの違いは２００９年以降にサミットを開催し、まとまったアクターとなっている点にある。

国際機構の役割の限界兆候について三つの分野を指摘しておきたい。ただし、これは長期的な予測というわけではなく、当初の期待が満たされていないという中期的な把握に近いだろう。取り上げる分野としては、ＰＫＯにおけるＵＮと地域機構、国際貿易におけるＷＴＯ（世界貿易機関）とＴＰＰ（環太平洋パートナーシップ）、そして国際金融におけるＩＭＦとアジア通貨基金構想（ＡＭＦ）、アジアインフラ投資銀行（ＡＩＩＢ）、新開発銀行（ＮＤＢ）などの三つの分野である。ここでは大筋として国際機構の役割をある程度地域機構や各地域のインフォーマル組織が肩代わりしようとする流れが確認できるのだが、両者には相互補完的な役割も存在し、単純な役割の移行論ではないことは確認しておきたい。

第一に、国連のＰＫＯと地域機構のＰＫＯとの関係が挙げられる。国連と地域機構のＰＫＯは１９４８〜２００５年のあいだに数としては同じくらいのオペレーションが実施されている（Wallensteen and Heldt 2010）。国家間紛争では国連17、地域機構18とほぼ同等の数だが、地域的なＰＫＯは実は１９７３年以前が主体であり、アラブ連盟（ＡＬ）のイエメンやアルジェリアの活発な活動に支えられていた。ポスト冷戦期はガリ事務総長のイニシアティブもあり、国連が中心になっている。ただし、これには前章で論じた国連とは独立ないし並行して行われたＮＡＴＯなどの同盟軍の動向が表されていない。他方、冷戦後に増加した国家内紛争の方は国連43、地域機構50で、地域機構のうち28は安全保障理事会（安保理）の承認を受けているものの、最近は地域機構のオペレーションが増加している。

もともと国連憲章第8章の平和維持に関する「地域的取極」に地域の役割が設定されていた。中東や中南米諸国はこの取極を推進したが、国連の創設者であった四大国は地域分権に対して慎重であったため、必ずしも具体的に位置付けられなかった。ただし、国連と地域的取極の最低限の関係は明らかになっている。つまり、紛争が発生して加盟国が安保理に訴えた場合には地域的取極が優先して利用され、また安保理が制裁措置をとる場合にも地域的取極が利用されることである。基本的には、安保理の承認が地域的取極に基づく制裁行動の開始には必要とされていた。

冷戦期には東西対立による拒否権が安保理のPKO承認の障害となった。ポスト冷戦期当初にはこうした障害がなくなり、アフリカでの需要が増加し、1989〜2005年の国連PKOの75%、国家内紛争については80%を占めるようになった。国連と地域機構によるPKOは連携しており、国連もポスト冷戦期に地域機構の参加を奨励した。また、実際のオペレーションは紛争地域の周辺国の軍隊が担う傾向にある。国連AU（アフリカ連合）ダルフールミッションは、AUによりスーダンに派遣された部隊である。2004年のダルフール紛争の停戦監視のEU-AU合同ミッションに由来するが、国連PKOの派遣をスーダン政府が反対したために派遣された。また、ソマリアのAUミッションもアフリカだけの部隊派遣である。その活動は安保理によって承認され、世界食糧計画（WFP）などほかの国際機構と提携して活動している。

アフリカが地域のことは自分たちで解決しようという地域主義の動きが台頭している。外部の介入を招かず、地域のことは地域に強いアクターが自主的に解決しようという流れは冷戦期の欧州や中南米で形成され、その後他地域でも強まった。東チモールにおけるオーストラリアや、フィリピンのミンダナオ和平におけるマレイシアの役割にも類似の動向があった。アフリカではAUのほかにもECOMOG（西アフリカ諸国平和維持軍）やSADC（南部アフリカ開発共同体）、IGAT（政府間開発機構）といった地域的取極が紛争の解決に貢献している。ただし、これらの地域的取極には南アフリカやナイジェリアといった地域的大国のエゴが隠されており、大国の利害の絡む紛争は取り上げられにくい傾向にある。また、AUですら地域の平和を確立するには十分な能力が備わっていない。

第二に、国際貿易におけるWTOとTPPの関係である。WTOは1997年のシアトル閣僚会議が抗議活動によって中止されたにもかかわらず、2001年のドーハにおいても途上国に対する民主的な意思決定を行わなかった（Bello 2002, 2004）。ドーハは貿易交渉の目的として途上国の開発の促進と貧困削減を挙げた画期的な会議であったが、宣言案にはそれでも途上国にとって不公正な部分があった。GATT（関税及び貿易に関する一般協定）は先進国、途上国に対して対等の権利義務関係を要求しているが、途上国はUNCTAD（国連貿易開発会議）で「特別かつ異なる待遇（SDT：Special and Differential Treatment）」を要求している。途上国はGATTでの工業製品における不利な扱いに同意する代わりに、比較優位をもつ農業と繊維の分野で市場アクセスの改善を獲得したが、先進国の市場はまだ障壁をもっており、十分に自由化されていないという認識である。こうした溝は埋めがたく、15年が経過してもドーハ・ラウンド交渉は進展しなかった。

先進国側にはドーハ・ラウンドで議論するよりも、地域主義や二国間主義を進めようとする動きが強まっていった。この動きを決定付けたのが世界金融危機やギリシャの財政危機であった。TPPは2010年に現れた米国など9カ国による一連の自由貿易交渉である。そのベースとなっているのは、ニュージーランド、シンガポール、チリ、ブルネイの4カ国間で2006年に発効したP4（Pacific 4）と呼ばれる協定であった。2008年に米国のブッシュ政権がP4への参加を決定し、オーストラリアなども参加を表明した。2016年には、日本を含む12カ国が署名した。TPP交渉参加国はすでに二国間、多国間のFTAを締結済みないしは交渉中の国が多い[1]。TPPの進展は短中期的にはWTO交渉の挫折を物語っており、国際機構ないし国際的取極から地域的取極へのシフトとして映じている。この場合の地域とは太平洋を隔てており、必ずしも隣接している国家ではない。ただし、2016年の米国大統領予備選ではTPPは支持されておらず、今後のプロセスは不透明である。

もう一つの特徴は、経済・社会的地域機構と繋がらない先進国主導の地域的取極の動きである。経済・社会的地域機構は1960年代から1980年代までにEC（欧州委員会）、ASEAN（東南アジア諸国連合）、LAFTA（中南米自由貿易連合）、アラブ共同市場（ACM）、西アフリカ諸国経済共同体（ECOWAS）と多くが形成されてきた。これらの地域機構は国連の組織外であるが、従来は国連憲章諸原則の遵守が謳われていた。国連と何らか提携した地域機構であった。しかし、昨今のTPPやFTAの動きは国連やそこで決議された新国際経済秩序（NIEO）の宣言などとは距離を置いている。かつての途上国における地域主義は過酷な国際経済競争のなかでの団結のシンボルとして形成され、先進国に対する交渉力強化の観点に立ちながら、それでも国連を舞台としていた。最近の先進国と一部の途上国が組む経済・社会的地域取極にはこのような原則が示されていない。

第三に、国際金融におけるIMFとアジア通貨基金（AMF）構想などとの関係がある。AMFは1997年のアジア通貨危機の際にIMFのアジア版として日本が提唱した。当時の日本はIMFやアジア開発銀行（ADB）と共に積極的にアジアの復興支援を行ったが、国際的流動性を確保する一環としてAMFの設立を提唱した。米中が反対して実現に至らず、日本はその後、中韓とのあいだでチェンマイ・

イニシアティブ（ＣＭＩ）を交渉し始める。これは東アジアの多国間通貨スワップ枠であり、２０１０年に発効した。２０１２年のＡＳＥＡＮプラス３の財務大臣・中央銀行総裁会議において資金規模が１２００億ドルから２４００億ドルへ倍増している。他方、２０１１年に日韓政府は中断していた経済連携協定（ＥＰＡ）交渉の早期再開について合意する一方、両国間の通貨融資枠の拡充にも合意した(2)。ＡＭＦは実現しなかったが、チェンマイ・イニシアティブはそれを代替する試みとして日中同等の貢献に基づいて成立している。２０１２年の6月から円と元はドルを介さずに直接取引ができるようになった(3)。

最近は中国による国際金融の補完・代替の動きが出ている。アジアインフラ投資銀行が２０１３年の中国の提唱を受け、57カ国が創設メンバーとして参加し、２０１６年1月に開業式を行った。これはアジアのインフラ需要が世界銀行、アジア開発銀行の資金では不足であることを理由とするが、既存の開発金融制度の経済政策や理事会のあり方に対するアンチテーゼの動きとも捉えられる。また、ＢＲＩＣＳの新開発銀行（ＮＤＢ）は２０１３年に合意されたが、インフラ開発金融の機能のみならず、一千億ドルの外貨準備資金も準備しようとしている。

ＰＫＯの場合は国際機構と地域機構の連携は時期により強弱はあるものの、保たれていた。しかし、通常のＰＫＯを超えた領域では国連の支持を取り付けない同盟軍の行動があり、通常のＰＫＯにおいても地域のイニシアティブが強まっている。国際貿易・金融の領域では国家が国際機構の役割に加えて、地域機構や地域的ないし地域横断的な取極に対して権限や資源を移譲する流れが強まっている。中国の台頭について警鐘を鳴らすリアリストには、かつての国際機構は欧米日に支えられていたが、これらの経済力の相対的な地位低下と共に国際機構の役割が低下し、ＢＲＩＣＳやＮＤＢなどが代替的な秩序として現われていると映じるかもしれない。他方、チェンマイ・イニシアティブなどはアジア自立の前兆として捉えられる。日本はＴＰＰに参加希望を出しながら、その圧力を以て中韓とのＦＴＡ交渉を加速させており、双方の動きを梃子に使ってきた。

これらの事例で言えるのは、地域機構やインフォーマルな地域的な動きが国連やＧＡＴＴ－ＷＴＯ、ブレトンウッズ体制との関係から徐々に離れていることだが、これらがどの程度対抗的な秩序になるのかは不明である。国際機構の地位が長期的に低下しているとまでは断言できないが、スランプにあるのは間違いない。ただし、２０００年代になってグローバリゼーションがもたらす新たな課題を従来の国際機構が順調にこなしているわけではないこと、それを含む既存の国際秩序に疑問がでていること、それらと同時に対応能力とは別にリージョナリズムに対する期待が増えていることは明らかであろう。

２　リージョナル・レベルの問題

前節の分析は１９９０年代末から国際機構が弱体、不調となった部分をその他のアレンジメント、特にリージョナリズムがいわば補うかもしれないという見解であり、国際機構のパワーの不足という意味ではリアリスト的な見解にも見える。しかし、国際機構は殆どの部分が国家間体系であるので、背後にある国家の衰退の方が主たる理由であろうと思われる。ここではリージョナル・レベルの問題をその上位と下位のグローバル、ナショナルのレベルとの関係から考察する。この三つの層の問題を近年正面から捉えた論文としては、山本武彦（2005）、松下冽（2009）、山本吉宣（2012）などがある。そして、三層の体系的な分析について山本吉宣は「複合的なグローバリゼーション」という概念で把握し、松下は「重層的なガヴァナンス」と呼んでいる。体系的な分析はそれらを参照してもらい、本節ではリージョンに対する人々のアイデンティティに焦点を絞って論じたい。

先ず、三氏ともに今日のリージョナリズムとしての「ニュー・リージョナリズム」に注目している。この名称は、１９８０年代末からの新しい地域統合の流れを呼び（この時期区分はだいたいポスト冷戦期や本書での狭義のグローバリゼーションに相当する）、１９５０年代末からの欧州に発する古いリージョナリズムと対照させた言い方である。新しいリージョナリズムはグローバリゼーションのなかで対外的に開かれたものである。古いリージョナリズム、たとえば、１９６０年代の中南米のそれは途上国のなかでリージョンとしてのアイデンティティを強固にもっていたが、国際貿易・投資政策においては保護主義や輸入代替路線を明確に打ち出し、対外的に閉じていた。当時のメルコスールやアンデス共同市場は古いリージョナリズムの例であった。これに対し、新しいリージョナリズムはグローバルな環境のなかで開かれているが、両者の関係は単純ではないという。

次に、ニュー・リージョナリズムないしリージョナリゼーション（regionalization）は経済的次元だけではなく、政治、社会、文化的次元までの射程があるという（Hettne 1991）。リージョナリストのアプローチは意味のある地域を創設する目的をもっており、地域それ自体の価値や特定領域の統合について中立的な経済的統合理論とは異なっている。つまり、ニュー・リージョナリズムは、経済的統合理論にある功利主義的な判断だけに立っていない。また、政治、社会的次元と関連して、ＮＧＯｓの役割が強調されている。山本（2005）はボスニア・ヘルツェゴヴィナやコソボ紛争でＮＧＯｓが果たした紛争解決への役割を評価し、「安全保障の公共空間におけるＮＧＯｓ化の進展」を印象付けたとしている[4]。そして、ここからグローバリゼーションの進展がガバナンス体系を地方に引き付けるローカリゼーションを引き起こす効果があると観察している。

冷戦構造の崩壊以降のリージョナリズムの動向を適切に理解するためには、NGOsなどの非国家的アクターの役割を認識しなければならず、そのことは国家（state）モデルに依拠するネオリアリズムからの把握では不十分なことを意味する。リージョナリズムに関しては、相互依存論、世界システム論などの新自由主義や新制度主義の理論的パラダイムが従来から有効であったし（注：ここでの新自由主義は、政治学における意味）、さらにニュー・リージョナリズムの時期に入ってから制度の歴史的変遷をめぐるアイデンティティや意識、さらにローカリゼーションをめぐって構成主義的な視点も重要となってきた。1986年の単一欧州議定書の調印と1989年の冷戦終結は欧州の共同体意識を目覚めさせ、安全保障や社会経済面でのEU統合への動きを加速させた。欧州のリージョナリズムは超国家的制度を出現させ、それに対する市民の支持は2000年代半ばまでは確実に増加したのである。

リージョナリズムは、それによって国家が相互の独立と対等性を維持し、相互依存を進め、自由主義の多国間主義プロセスを深化させる制度であった。ある地域のリージョナリズムが他の地域を排除するものとなるのか、開かれたものとなるのか、または、グローバルな統合プロセスにとって「障害」となるのか、「踏み台」となるのかは、バグワティ（1991）以来繰り返され論じられてきた。1990年代から2000年代前半の議論としては後者の「踏み台」論が有力であり、リージョナリズムは国内・国際的なダイナミクスを促進して、多国間主義の見通しをさらに強めると考えられた。そして、世界中の各地域や各政府が欧州の統合プロセスを何らかのモデルとしてこれに追随する動きを見せたのである。

他方、この時期、1990年代に国際社会におけるパワーは米国の一極化ないし帝国化になっていた。この意味では、EU統合には米国の一極秩序の形成に対する対抗軸の形成という側面もあったと考えられる。NATOについても1990年代初期には米国の核の傘から自立して欧州独自の安全保障を作るべきとの主張があった。２００３年以降のイラク侵攻の失敗、２００８年のリーマン・ショックに至り、ワシントン・コンセンサスと米国の一極支配は終焉したかのように思われるが、それがリージョナリズムにいかなる影響を与えるのかについても多様な見解があり得る。もちろん、ポスト一極化の行方をめぐっても、国際政治学者のあいだで見解の相違が存在する。[5] また、ギリシャの財政危機とその波及、シリア難民の受け入れの問題はEUに深刻な課題を突き付けた。こうした展開を踏まえて、三層の問題を改めて第Ⅳ部で考えてみたい。

リージョナリズムについては、グローバリゼーションが国民国家に社会経済的影響を及ぼす文脈で形成を考える契機と、リージョナル、ローカルな政治文化が国民国家に影響する文脈で形成を考える契機がある。もちろん、二つの契機は相互に影響している。初期のグローバリゼーションの議論は、グローバリゼーションの進展に楽観的な議論が多く、フリードマン（1999）などグローバルなレベルがナショナルなレベルに積極的に働きかけ、国家は均質化し、政治的にも自由主義体制が増えると考えていた。これに対し、サッセン（2006）はグローバルとナショナルを対抗的に捉えることに反対した。そして、領域的な国家の時代、国民の福祉を前提にした自由貿易主義という「埋め込まれた自由主義」の時代は終わり、グローバルな時代が到来したと論じた。この主張は「ガバナンスの重層性」で言えば第三層が第二層に内包されていたとの視点であるが、これについても後で論じたい。

他方、ナショナルなレベルのグローバルなレベルへの影響にも相当なものがある。特定国の貿易政策とそれをめぐる政治はグローバルな波及効果をもつ。食料輸出国が食料安全保障の観点から農産品に輸出規制を与え、食料輸入国で食料価格が高騰し、暴動が起きることもある。WTOは「輸出国にとっての基礎的食糧またはその他の重要な物資」の不足を緩和する場合、一時的な農産品輸出の量的規制と輸出禁止を認めている。輸出者が国際市場への供給を制限すると、価格は自動的につり上がる。他方、工業製品の原材料に関しては、輸出規制はそれほど容易ではない。２０１2年1月、中国のレアメタル（希少金属）の輸出規制に対し米国とＥＵがＷＴＯに提訴した訴訟では中国のＷＴＯ違反が認定された。3月、今度は日米欧が中国のレアアース（希土類）の輸出規制に対してＷＴＯに提訴した。中国はこれらが希少かつ再生不可能な資源であり、その開発が環境に影響するとして規制を正当化していた。争点となるのはＧＡＴＴ第20条の貿易制限措置の一般的例外規定の解釈である。

ナショナル、グローバルにリージョナルを加えた関係も重要である。山本（2012）はより包括的にグローバル、リージョナル、ナショナルの三者の相互関係で捉えている。ＥＵを想定すれば、たしかにこのような三角関係となるであろう。金融政策では、日米は自由な資本移動と中央銀行の独立性、変動為替相場制の特徴をもっている。中国には為替の管理フロート制、中銀の裁量権限と資本移動の制限という対照的な特徴がある。米国が高金利政策を採用していたときには国際資本は米国に流入したが、米国のゼロ金利政策下ではアジアに流れた。ＥＵには単一通貨（ユーロ）の流通と圧倒的な権限を有する欧州中央銀行という他地域にない要素がある。この日米―中国―ＥＵの金融政策はまさに三層の相互関係である。

最後に、リージョナル、ローカルな認識や意識がナショナルなレベルに及ぼす影響について考えてみたい。国家を超えるリージョナルな認識が強ければ、ナショナルな政策としても地域統合などのリージョナリズムを推進しやすい。その意味で、欧州における新制度の形成と国家・非国家的アクターの新たな関係の構築は、相当にユニークであった。多賀（2005）は、「ＥＵに収斂する欧州で試みられてきた地域統合が、ナショナリズムの放棄（主権の移譲）の過程であれば、東アジア（東南・東北両アジア）で、実践、ないしは、提唱されてきた地域協力は、ナショナリズムの延長、あるいは、その強化であった」と両者を対比

表１　リージョナリズムの植民地・占領分類

	植民地	非植民地
占領	アセアン（＋３）	EU
非占領	メルコスール、AU、アラブ連盟、NAFTA	

した。また、東アジアは、日本、タイを除いて、被占領体験とともに、被植民地経験を有していると述べている。こうした環境のなかで地域主義を推進するのは経済的な要件だけでは不足するであろう。

ヨーロッパのリージョナリズムは、各国が大陸内部で相互に戦争を繰り返してきた反省に立脚しているが、被植民地経験はない。中南米は被植民地経験をもつが、独立も早く、混血化や言語宗教によって欧州との文化的な関係を維持してきた。中東とアフリカも被植民地経験をもつが、前者が欧州とは意識的に文化的な断絶を図ってきたのに対し、後者は欧州との共通性を相当に残した。中東もアフリカも独立闘争の時点で汎アラブ主義と汎アフリカ主義を掲げたときがあった。両者は民族自決運動や社会主義を掲げていたが、汎アラブ主義は欧州列強だけでなくオスマン帝国の支配にも抵抗した。時期的には、汎アラブ主義は第一次大戦期、汎アフリカ主義は第二次大戦後と違いがある。運動は西部アフリカを中心に汎アフリカ主義の方が内発的であったかもしれない[6]。しかし､宗教と言語での圧倒的な共通性やイスラエル対抗の観点から「アラブ・ナショナリズム」は１９６０年代に最盛期を迎えた。

多賀の分類に応じてリージョナリズムを分類してみたのが**表１**である。ヨコ軸は植民地経験の有無、タテ軸は域内諸国による占領経験の有無を示しており、全体は４つのグループに分かれる。たとえば、歴史的に発展段階が早かった欧州諸国は自らが植民地化されることはなかったが、15世紀末から20世紀まで相互に占領を繰り返したので、「非植民地―占領」のセルに分類される。逆に、殆どの途上国と米国には植民地経験があり、東アジアでは日本が植民地からの解放者を名乗る占領者であった。欧州は相互の占領を経験した地域と考えられ、その対立を克服して（特に独仏の）和解が成立したときに、その経験は統合の推進力になったと考えられる。

最後に、ローカルな意識のナショナルなレベルに対する影響としては、分離運動や自治拡大、マイノリティの文化の尊重から地域に対する穏当な予算要求までの諸次元がある。少数派はケベックのように地理的に凝集し、文化的に独立しているときに分離指向に向かいやすい。バスクはバスク語とスペイン語を併用しているが、公共職員にはバスク語の試験が課される。反対に、競合する集団がルワンダのように地理的空間を共有する場合は分離よりも支配をめぐる抗争になりやすい。ただし、パキスタンのインドからの分離などは例外である。台湾は中国におけるローカルであるが、東アジアにおいて独特の位置をもっていた。台湾という呼称は清朝になってからで、明王朝は台湾と沖縄を琉球と認識していた。現在は、周知の通り、中華民国として中華人民共和国と「一つの中国」をめぐる議論がある。

3　地域主義の動き

現行の地域主義の動きを、リージョナルな意識の観点から見てみたい。中南米は北米に隣接し、経済的な関係は強く、ＮＡＦＴＡのような経済統合も行われてきたが、文化的な源流は欧州に感じている。その価値観からは、米国の物質文明は非常に繁栄しているが、文化はあまり見えないことになる。(7) この文化的なアイデンティティの断絶が米州機構（ＯＡＳ）以外の北米と中南米の地域統合を進めるうえで障害となってきた。メルコスールは南米のアルゼンチン、ウルグアイ、パラグアイ、ブラジル、ボリビアの５カ国からなる関税同盟であり、2012年にベネズエラが加盟した。メルコスールの米国との自由貿易交渉は進まず、EUとの交渉が優先されたが、それも難航している。

第1回南北アメリカサミットは1994年に開かれ、南北アメリカ自由貿易地域（FTAA）の形成と、麻薬、腐敗、テロリズム、域内安全保障、持続可能な開発、環境における域内協力の深化が議題とされた。NAFTAの設立も同年であり、会合は活気に満ちていた。しかし、2005年にアルゼンチンで第4回サミットが開かれたときには、汎アメリカ主義の政治的な潮流は大きく後退していた。メルコスールは超国家機構を採用しなかったが、民主主義の定着やアルゼンチンとブラジルの対立の収束など画期的な動きとなった。アンデス諸国も共通域外関税を採用し、共通市場の創設に取り組んだ。アンデス共同体は共同体法規の国内法に対する優位や統一司法裁判所などEUの超国家機構の部分的採用を試みていた。メルコスールとアンデス共同体の統合は2005年に双方が準加盟国となって前進したが、その後は中断している。

リージョンの意識はアジアのアセアン統合においても現れている。アセアンはもとより市場経済的な相互依存を中心にしたリージョナリズムの色彩が強かった。1954年の東南アジア連合はマレイシア、フィリピン、タイを米国が支援する反共グループであったが、激化する域内の領土問題が背景にあった。1967年にインドネシアとシンガポールが加わりアセアンが形成されたが、地域協力は協議、全員一致の意思決定と柔軟性の原則によって「アセアン流に（ASEAN Way）」進められた。当初の主要な関心は1975年のサイゴン陥落、同年のラオスとカンボディアの共産政権の樹立を背景とした安全保障問題であった。1990年代のポスト冷戦期になると関心は経済イシューを中心に多様化し、ARFやAPECなどさまざまな関連したフォーラムも形成された。

ＡＰＥＣは１９８９年に「開かれた地域主義」を原則として形成された。これはアジアに限定されない環太平洋フォーラムであったが、「アジア的価値」を主張するマハティール首相は米国などの非アジア諸国を除外したフォーラムの形成を唱導した。１９９２年にアセアン自由貿易地域が創設されたが、これはＥＵやＮＡＦＴＡなどの他の地域経済圏に対抗する狙いがあった。アジア通貨危機はアジア諸国に相互協力の動機付けを強く与え、１９９７年のアセアン首脳会議に日中韓の首脳が招待されて「アセアン＋３」が形成された。２００５年のクアラルンプールにおける第９回会議でこの組織が東アジア共同体のコアになることが確認された。２００３年にアセアンの機構は発展し、安全保障共同体や統一市場などを目指すことになった。

１９９５年から１９９９年のあいだに加盟国が増加した。旧アセアン５カ国にはある程度共有する経済発展段階や政策的、文化的背景があったが、新加盟国（ベトナム、ビルマ［ミャンマー］、ラオス及びカンボディア）はそのような共有性に乏しいという問題があった（Jönsson 2008）。新加盟国は冷戦期を含め社会主義政党による支配が長く、ベトナム以外は従来の経済政策の失敗が顕著であった。また、国境を接する中国の影響や圧力も大きく、これが旧アセアン５カ国が新加盟国にメンバーシップを提供した理由でもあった(8)。昨今のビルマでは変化がみられるが、自由や民主主義の意識についても旧アセアンと新加盟国には相当な違いがある。

アフリカの地域主義は列強分割の影響を今でもこうむっている。フランス西アフリカは独立前の半世紀以上現在の８カ国に及ぶ領域を有していた。この地域では１９４５年にＣＦＡフランという共通貨幣が導入され、経済貨幣共同体が形成された。ケニア、ウガンダ、タンザニアは１９６７年から１９７０年代末まで東アフリカ共同体（ＥＡＣ）を結成して経済統合を目指した。３カ国は１９４８年から１９６１年の独立まで英国の東アフリカ高等弁務府によって統治され、東アフリカ・シリングという共通の貨幣を使用した。(9) １９１７年のケニアとウガンダの税関連合がＥＡＣの起源とされている。ＥＡＣは２００１年に再結成された。２００５年に関税同盟が形成され、２００７年に内陸部のルワンダ、ブルンディが加盟した。両国は長いあいだ虐殺や内戦にみまわれており、植民地時代の経験も異なるので、当初加盟国とは相当な違いがある。

東西アフリカで経済統合が緩慢に進んできたが、第１節でもふれた他の地域機構も形成された。１９７５年に西アフリカの英仏語圏の双方にまたがりＥＣＯＷＡＳが形成された。ナイジェリアの主導権のもとに下部組織に西アフリカ諸国平和維持軍（ＥＣＯＭＯＧ）が設置され、リベリアやコートジボアールの紛争に派遣された。これが第１節でふれたアフリカ人自身による安全保障であった。１９９２年に南部アフリカにＳＡＤＣが創設され、１９９４年には前身組織を引き継いで東南アフリカ共通市場が創設された。ＥＣＯＭＯＧだけでなく、ＳＡＤＣにも軍事的機能がある。１９８６年に創設された政府間開発機構（ＩＧＡＤ）は東アフリカの干ばつと砂漠化の問題に取り組んでいたが、１９９６年から紛争予防と管理のマンデートが与えられている。

アフリカ統一機構（ＯＡＵ）は、植民地主義を終わらせ、政治的自由を得るために１９６３年に創設された。２００２年には発展的に改組されてＡＵとなった。ＡＵは53カ国・地域が加盟する、世界最大の地域機構である。主要機関はコミッション、議会、総会、執行理事会などからなり、目的や組織形態はＥＵに似ている。本部はエチオピアの首都アディス・アベバにあるが、２０１２年１月に完成した本部ビルの総工費２億ドル（153億円）は中国政府が拠出した。(10) ＮＥＰＡＤは、２００１年７月のＡＵ首脳会議にて採択された「アフリカ開発のための新しいパートナーシップ」で、ムベキ南ア大統領が提唱し、南ア、ナイジェリア、アルジェリアが策定に加わり、その後、エジプト、セネガルを共同提案国に加えた。その目的としては、アフリカ自身の責任において貧困撲滅、持続可能な成長と開発、世界経済への統合を目指すと述べている。

欧州の場合、近世以来の国家統合の歴史の長さや中世の経験もあって、ナショナルなアイデンティティが強い一方で、マクロ・リージョンのアイデンティティも強い。中南米もこれに準じたところがある。中東の場合はマクロなアイデンティティはアラブ・ナショナリズムとして存在し、ナショナルなそれと二重基準になっている。アフリカの場合、アフリカ人（大陸全体）、ナショナル、ローカル（特にエスニック集団）それぞれの意識が競合している。アフリカでは、国内のエスニック集団へのアイデンティティが強いが、もともと欧州列強が人工的に付与した要素が強く、政治的状況のなかで可変的である。東アジアは一般的に中東やアフリカよりもナショナル・アイデンティティが強いが、マクロ・リージョンとしてのアイデンティティはそれほど強くない。ただし、北東アジアには漢字文化圏や儒教の影響などが残っている。アジアにもエスニック集団はあり、インドネシア、マレイシア、ビルマではある程度強いが、東南アジアでは移民として広がりをみせた華人の経済的影響力が強い。

最後に、本章での要点を確認したい。少なくとも中期的には国際機構とそれを支える国家の役割が2000年前後には低迷し、地域機構やそれを支えるリージョナリズムが代替的な存在として注目されている。その際にEUが普遍的なモデルとして注目され、ニュー・リージョナリズムという観念が現れ、それらは世界各地域で試みられる傾向があった。しかし、リージョナリズムを支えるものは当面の市場経済的な利得計算だけではなく、社会的な一体性の意識を各国の人々のあいだでもち得るのかというアイデンティティであり、それは各地域異なる展開があるし、植民地・占領を含む歴史経験のなかにも根差すものであった。東アジアで地域統合が進まない障害の一つは日本の占領経験であり、それがまだ過去とはなってはいない人々の感覚にある。もう一つは米国の関心であり、EUの統合は米国には敵対的な統合とは映じなかったが、アセアンに現行の中国が加わることには強い警戒感がある。

第Ⅱ部第1章でみたように、ローカルのアイデンティティは全体としてはアフリカなどで強い。このことはナショナリズムを形成する際には障害になりやすいかもしれないが、次に、ナショナリズムがリージョナリズムに進むことは全く妨げない。逆に、地域統合の進行は、サブナショナルな集団が強固に存在する、「脆弱国家」の国家建設に役立つ場合がある（Kelly 2007; 松下 2004）。アフリカでは国家性（stateness）が相対的に人工的な感覚であるために、その上のリージョナルな単位が人工的でも集合象徴としては困らないところがある。さらに、最大の単位としての（ブラック）アフリカには相当のアイデンティティがある。反対に、アジアではナショナルなアイデンティティが堅固であるが、そのことが隣国に対する恐怖や嫌悪などの感覚を再生産し、結果としてリージョナルなアイデンティティが希薄になる傾向がある。

【注】

1　他方、2012年に日中韓3カ国がFTA交渉の年内開始を合意した。

2　資金規模は130億ドル（約1兆円）から5倍超の700億ドル（約5・4兆円）。ただし、2015年2月日韓政府は日韓スワップ協定を延長しないと発表した。2001年7月から続いた同協定は13年半でひとまず終了した。

3　これは為替の手数料やリスクを軽減する措置であるが、欧州で進行するユーロ安に備えてアジアの流動性の安全を確保する試みでもあった。

4　ＮＧＯｓは紛争当事者として形成されているエスニック集団の対立を克服して共存を指向する「市民勢力の拠点」を勃興させることに貢献したのである。

5　米国のポスト一極支配の予想に関しては、米中の二極化（Ikenbery 2008; Friedberg 2005）、ＢＲＩＣＳを含む多極化（Birdsall and Fukuyama 2011）、無極化（Haass 2008）などがある。

6　汎アラブ主義にはオスマン帝国からの独立とアラブ統一国家の樹立を目指すアラブ反乱が起源にあるが、この反乱は英国の支援を受けていたからである。

7　これは南米に住んでいたときの実感であるが、欧州系移民二、三世には特にこの意識が強い。

8　２０１２年７月のアセアン外相会議は45年の歴史で初めて共同声明を発表できないまま閉会した。フィリピンが中国との対立が続く南シナ海のスカボロー礁（黄岩島）について言及を求め、ベトナムも「排他的経済水域（ＥＥＺ）の尊重」を明記するよう訴えた。しかし、議長国のカンボジアが拒否し、声明に盛り込むことを拒否した（毎日新聞7月22日）。

9　もともと３カ国の境界は１８８５年のベルリン会議が起源であるが、現在のケニアは英国領東アフリカ、ウガンダは保護領、現在のタンザニア、ルワンダ、ブルンディはドイツ領東アフリカに帰属していた。１９１８年にドイツが第一次大戦で敗北すると、タンザニアは英国領、ルワンダ、ブルンディはベルギー領となった。

10　落成式典で中国の代表はＡＵに今後３年間で６億元（75億円）の支援を行い、ＰＫＯ機能に対しても支援を約束した。

第Ⅳ部
国家から世界秩序へ

この第Ⅳ部は最終の部として、これまで話してきた具体的なテーマ、題材をもとに「グローバル・ガバナンスにおける開発と政治」についてより理論的、概念的ないし将来的な検討を行いたい。対象はすべての途上国となるが、個々の国というよりも第Ⅲ部第3章で論じたリージョナリズムのように地域間比較の視点に立ってみたい。つまり、アジア、アフリカ、中南米、中東といったリージョンであるが、この種の議論は単純化を伴うので相当な危険がある。これらのリージョンは大きな括りでしかなく、それぞれの内部にだいぶ性格の異なるサブ・リージョンを抱えている場合がある。時間による変化もある。そうした点に留意しながら、これまで述べてきた内容をふまえて、ガバナンスに関係する重要なテーマを3点に絞って論じてみることにしたい。

第1章では、開発主義と民主主義の問題を取り上げる。どちらも途上国にとっては重要な問題であり、ガバナンスの中心課題に位置付けられると共に、グローバリゼーションとの関係もある。開発については、アジア起源の「開発主義」という考え方があり、アフリカや中東はアジアの「開発主義」から学べるのかという研究テーマもある。他方、民主主義については途上国では中南米が最も先行しており、次いで中東欧、アジア、アフリカとなる。ただし、アフリカの場合、選挙制度などが民主化しても市民的自由や法の支配などが定着しておらず、民主的な制度と支配層の権威主義が混在している「ハイブリッド・レジーム」といわれる政治体制の国々が多い。また、アジアにおいても選挙民主主義は定着してきたが、政党の内部には民主主義は少なく、権威や伝統的ないし名望家支配が残存している国が多い。

アジアでは開発主義の系譜もあり、民主主義の進展が相対的に遅れてきた。そうした観点から民主主義と開発がトレードオフの関係にあったと説く論者もいる。民主主義と経済成長のあいだに肯定的な関係があれば最善なのであろうが、両者の関係については多くの先行研究があるものの、実証的な研究では結論が出ていない。他方、権威主義的な政治体制が経済成長を進めることもあるが、権威主義的な政治体制で経済成長がほとんどなかった国も少なくない。何が権威主義体制のなかであるレジームを「開発主義国家（developmental state）」にし、あるレジームを「収奪国家（predatory state）」にするのだろうか。この問題を検討する際には、石川滋が2006年から2008年に精力的に展開した議論を振り返る必要がある。

第2章では、市民社会の問題をグローバルな視点から捉え、かつ分権化の問題にも言及する。市民社会や分権化についてはすでに言及しているが、これらを世界的ないし途上国全体のスケールで論じ直すことで、地域間比較のイメージをもってみたい。市民社会やコミュニティという概念も欧州起源であるので、本当にこれらの概念で途上国のガバナンスの実像をおしなべて把握できるのかどうかが問われている。途上国の血縁・地縁社会を中心にした市民社会と、NGOsを中心にした市民社会では性格が全く異なる。アフリカの研究者マムダニは、現代アフリカの社会は市民社会とエスニシティという2つの公共性によって引き裂かれていると述べた（Mamdani 1996）。アジアでもエスニシティや宗教などの分節性は類似しているが、社会階層やナショナル・アイデンティティ、言語の状態が違うので、この図式から説明するのは難しいであろう。

分権化は集団や地域の分裂や、新家産制の問題を解決する制度的な契機となるが、さまざまな課題に直面している。民主化や分権化が新たな資源配分や収入の展望を作ることで、従来とは異なる新しいガバナンスを形成する可能性がある。それを英国国際開発省は「運転手の交代」と呼んで途上国に組織的に働きかけようとした。そして、中央レベルのさまざまな改革だけではなく、分権化を通じた地方制度が地域の市民社会と提携関係を強めることで、相互に強化し合える可能性も見逃せない。第Ⅱ部第3章の論点を受けて、この問題のグローバルなレベルでの展開を考察する。

第3章では、「ガバナンスの重層性」の行方をどのように見通すのかという、将来展望にも触れておきたい。ただし、ここでは議論の対象はODAを含む国際開発の問題を中心とする。「ガバナンスの重層性」は非常に広範なテーマである。本書ではグローバルな次元で政治的なガバナンスが十分に形成されていないと述べているのだから、その将来に対する見解を暫定的にであっても述べた方がよい。しかし、この問題は広範にわたる研究を続けなければ論じられない問いである。それは今後の課題に残させていただいて、ここでは「国際開発を超えるガバナンス」に議論を限定する。世界市民は本来対等であるが、国家は同質でも対等でもない。ODAは国内社会の福祉目的税のような確立した財源を得るべきである。その意味で、国際連帯税やFTTについては、言及する必要を感じている。

第Ⅳ部の三つの章はそれぞれ奥の深い、一筋縄ではいかないテーマである。それを足早に通り過ぎる意味とは何であろうか。ここで共通するのは、ローカルからグローバルに至るガバナンスの問題である。それはさまざまなレベルの平和や開発の問題とも関係する。第3章が開発政策のガバナンスの問題であり、グローバルな開発レジームがどうなるのかという話だとすると、第1章は政府の開発戦略に、第2章は市民社会の形成に軸足を置いている。第1章は、開発主義か民主主義かが途上国の選択肢としてあったこと、そしてそれが過去形になりつつあることを論じている。第2章は非政府のNGOsや市民社会を論じている。それは、伝統社会や台頭しつつある中間層を含む。各章の関係はこのように位置付けられるであろう。

第1章　開発主義と民主主義

　民主主義については、第I部第2章でグローバリゼーションとの関係、グッド・ガバナンス、バッド・ガバナンスの類型について論じた。バッド・ガバナンスの類型のなかでは新家産制についても言及した。他方、開発については第I部第4章で貧困削減について論じたが、ここでは開発という大きなジャンルのなかで貧困削減と対照される経済成長について取り上げる。2000年のミレニアム開発目標に至る開発潮流の議論のなかで、経済成長が貧困削減をもたらすのかどうか白熱した議論が行われた。成長しても、その成果を市民に上手に、かつ公平に配分しない権力エリートはいるので、市民一人一人の福祉の改善を開発や民主主義の目的に求めると、成長それ自体が結果を保証するわけではない。しかし、成長しなければ、途上国の社会経済状態が改善する目処も立たず、援助依存状態からも抜け出せない。成長も貧困削減もいずれも重要であるが、両者は全体のパイを膨らます政策と、パイの切り方や味付けを変える政策として、開発政策上の意味はだいぶ異なる。

　開発主義という用語があり、韓国、台湾、アセアンにみられた独裁政権が経済成長に最も重点を置いた開発政策を採用したことを意味する。開発独裁は、経済成長のために政治的安定が不可欠となり、政治体制への社会的諸勢力の参入を制限することを正当化した（高橋 1980）。この言葉はもともと1960年代の南米の軍事政権をさしていたが、東アジアの政権をさすようになった（堀金 2004）。そして、1960〜

１９７０年代の冷戦下の朝鮮・インドシナ情勢を背景として、東アジアの権威主義体制を容認する考え方もうまれた。次に、１９８０年代に入ると、成長の実績が評価されると共に社会に経済的格差が生じ、格差からの政治的不安定を抑圧して安定化させる意味が加わった（鈴木 1982）。開発主義と呼ばれるためには、ふつうは経済成長の実績が必要とされ、そしてそれは市場ではなく、政府が主導的な役割を担うとされた。

同様に、「開発主義国家（developmental state）」という言葉も欧米で使われ出していた。この言葉はジョンソンが日本の通産省（現在の経済産業省）を分析した論文のなかで初めて使用した[1]（ジョンソン 1982, 1982）。日本の政府や国家が工業化推進の役割を負っており、それは市場を中心に経済を考える欧米の考え方や、特に新古典派経済学の視点とは全く異なっていた。そして、この言葉は韓国や台湾など他の東アジアの国々に対しても使われるようになった。ムーンとリューは、開発主義国家の経済政策が社会の政治的圧力から「遮断された」優秀な官僚によって担われている特徴を指摘した（Moon and Rhyu 2002）。この「遮断」は官僚の権力エリートからの行動の自由を意味し、東アジアでは「新家産制」支配の退潮を意味していた。

本章では開発主義と民主主義の関係を検討する。その場合、政治体制を①民主主義と②開発主義ないし開発独裁、③開発のない権威主義（「収奪国家」）の３つに分類することにしたい。それぞれの政治体制の該当国は多様であり、時期によっても変化する。ただし、１９９０年前後のおおよその政治体制とリージョンとの対応としては、民主主義が中南米、開発主義が東アジア、開発のない権威主義がアフリカに相当すると考えられる。これらの区別を成り立たせてきたものは何なのか、そしてこれからどうなるのかを考えてみたい。

まず、第1節で各リージョンの民主主義の現況を確認し、開発主義と民主主義の関係について試論的にリージョンの特徴を述べる。非常に大雑把で、表面的な把握ではあるが、ここで地域としてのイメージをもちたい。次に、第2節で民主主義と開発主義の対比ではつかめない社会契約の問題について考察する。民主主義国と開発主義国は対照的な政治体制であるが、両者は政治権力が社会の構成員の生き残り、生存については最低限の配慮を払うという意味で社会契約的な規範を共有していた。これらの社会契約の国とアフリカなどにみられた非社会契約の国を隔ててきたものを考える。最後に、第3節で中南米や東アジアの社会契約の国やアフリカなどの非社会契約の国の今後の展望と処方箋について検討を加える。

1　開発主義と民主主義

開発の進展を示すものは個人の所得だけではないが、ここでは標準的な例として世界の各リージョンの1人あたり所得を比べてみる。**表1**は各地域の1人あたり所得のレンジと都市人口の比率を表している。途上国でもリージョンによって個人所得に相当な開きがあるが、個人所得の豊かさと都市人口の比率はだいたい有意に相関している。1996年の個人所得を100とした場合の2006年の所得の比率は、高い順に東アジア太平洋186、欧州中央アジア154、南アジア152、中東北アフリカ124、中南米カリブ117、アフリカ116である。近年、東アジアだけでなく、アジア全体の個人所得が急速に高まってきた。

次に、民主主義の進展を示す指標としてフリーダムハウスの自由度指標を用いてみたい。フリーダムハウスは米国に本部を置く国際NGOsであるが、毎年世界の各国を「自由」、「部分的に自由」、「不自由」の3段階に分類して発表している。このレイティングはかなり熟慮が加えられている。2002年から2012年にかけての各リージョンの傾向をみたのが**表2**である。ここには途上国だけでなく、先進国も分類されている。10年間のあいだに他地域では大きな変化はみられないが、アジア太平洋地域は「自由」と「不自由」の国が減って、真ん中の「部分的に自由」の国が増える傾向にある。

表1と**表2**から観察されるのは、「自由」の国が半分を超えるリージョンの個人所得はおおよそ8千ドル超であること、「自由」と1人あたり所得には有意な相関があることである。個人所得8千ドルを充たしているのは途上国では中南米、それにおおよそ近いのが中東欧・ユーラシアである。反対に、「不自由」の国が多いのが中東北アフリカ（7割）とアフリカ（4割）であるが、この2地域の個人所得平均は中東北アフリカがアフリカよりも3倍ほど高い。「部分的に自由」の国が多いリージョンはアフリカとアジア太平洋であり、アフリカでは当該国が若干減っているのに対し、アジア太平洋では増えている。

途上国としてはもともと相当に豊かであった中南米と急速に豊かになってきた東アジアの冷戦期までの発展パターンの相違を示した概念図が**図1**である。**図1**はヨコ軸に開発（個人所得）、タテ軸に民主化（自由をとっている。東アジア諸国は図の下側の曲線、中南米諸国は上側の曲線に相当する（意識的に違いが強調される図になっている）。中南米は1970～1980年代に民主化を推進する一方、輸入代替型の工業化政策が功を奏さず、経済は停滞気味で推移した。他方、東アジアではこの期間に開発独裁の政策が長期間採用されたことで輸出指向工業化が進展し、全般的に暮らしは豊かになった。しかし、民主化の進展は限られており、ポスト冷戦期にいったん広まったが、その後揺り戻しがきている。

中南米は1978年初期にはコロンビア、コスタリカ、ベネズエラの3カ国のみが民主主義国であった。17カ国が権威主義的体制であったが、その後急速に民主化が普及し、かつ社会に定着した。スペインとポルトガルの民主化は、文化的に繋がっている中南米の民主化に火をつけた。その結果、1992年までに15カ国が民主主義国か半（semi）民主主義国に変貌した。ただし、1990年代にはアンデス諸国を中心

表１　各地域の１人あたり所得と都市人口比率

	〜2,000ドル	〜4,000	〜6,000	〜8,000	8,000〜
都市人口比率					
70%〜					中南米カリブ
50〜70%		中東北アフリカ		欧州中央アジア	
30〜50%	アフリカ(SSA)		東アジア太平洋		
〜30%	南アジア				

（出典：World Bank〈2012〉）(2)

表２　各リージョンの自由度の変化（2002年→2012年）

	Free	Partly Free	Not Free
北米中南米	23 (66%) → 24 (69%)	10 (28%) → 10 (28%)	2 (6%) → 1 (3%)
アジア太平洋	18 (46%) → 16 (41%)	10 (26%) → 15 (38%)	11 (28%) → 8 (21%)
中東欧・ユーラシア	11 (41%) → 13 (45%)	10 (37%) → 9 (31%)	6 (22%) → 7 (24%)
中東北アフリカ	1 (7%) → 1 (6%)	3 (21%) → 4 (22%)	10 (71%) → 13 (72%)
アフリカ（SSA）	9 (17%) → 9 (18%)	25 (47%) → 21 (43%)	19 (36%) → 19 (39%)
西欧	24 (96%) → 24 (96%)	1 (4%) → 1 (4%)	0 (0%) → 0 (0%)

（出典：フリーダムハウス〈2002, 2012〉）(3)

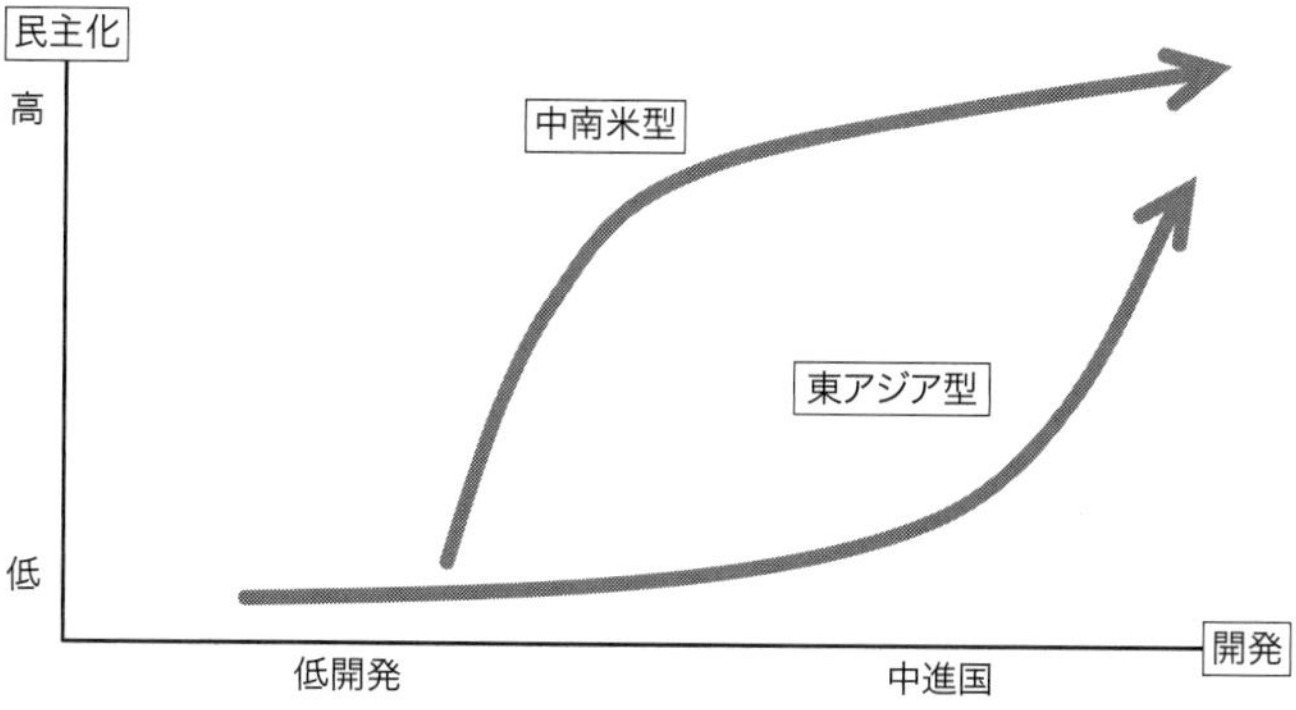

図１　開発と民主化の相関関係（筆者作成）

に経済の停滞、貧困の拡大、犯罪の増加といった問題が深刻化し、ポピュリスト政権の誕生や政治への失望も起きた（Hagopian and Mainwaring 2005）。政府に対する失望から現職大統領を追放する事件がエクアドル、アルゼンチン、ボリビアで起きた。１９９０年代の民主化は定着と揺り戻しの同時発生となっている。他方、経済の方は２０１０年にアジアからの原材料需要などで世界不況からの立ち直りをみせている。成長の筆頭格のブラジルの最大の貿易相手国は米国から中国に変わった。

東アジアの民主化は１９８５年から２０００年まで進捗したが、それ以降は停滞している。フリーダムハウスの２０１２年のレーティングでは東アジア17カ国中で「自由」が5カ国（インドネシア、日本、韓国、台湾、モンゴル）、「部分的に自由」が5カ国、「不自由」が7カ国となっている。フィリピンのマルコス大統領は１９８６年に国外に逃亡し、韓国は１９８７年に軍事政権が終焉し、カンボディアは１９９１年にパリ協定が締結され、台湾とタイが１９９２年に民主的憲法を成立させ、１９９８年にインドネシアのスハルト政権がハビビ副大統領に権力を委譲した。これらの政権の移行はフィリピン以外は直接的な民衆蜂起によるものではなく、最終的には与野党の協議のなかで行われた。民主化の時期は中南米よりも遅れたが、一定の時期に急激な変化が起きたところは共通している。

中南米と東アジアの発展パターンの違いとしては、中南米は市場の自由化や経済政策の転換に後れをとり、アジアはそれに比べて進取の気性があった。この意味では経済学的な新自由主義の勝利のようにみえるが、東アジアの方法論は政府主導型であった。第二に、先進国が直接投資を行う際に、中南米ではすでに労賃が高かったのに対し、アジアは安かったという事情もある。このことが経済政策に加えて、直接投資の促進要因になった。また、中南米において経済成長が不振なまま民主化が進んだ理由として巨大な累積債務の存在があり、このことがカーター政権の人権外交に対する受容性を高め、また軍部に経済政策を運営する自信を喪失させた。東アジアのマレイシア、インドネシアでも累積債務はあったが、天然資源に恵まれ、中南米諸国ほど対GDP比で大きくなかった。

中南米ではある程度の中間層が存在し、彼らが民主化の担い手となった。中間層には自国で産業を振興する層がおり、農業小作の多い先住民系と共に、社会福祉的、中道左派的な傾向があった。これに対し、欧米に農産品を輸出する地主層や自営農民層は開放経済を支持し、保守的な傾向があった。1980年代には両派が交互に政権をとる時期があり、開発政策の頻繁な変更が持続的な成長を困難にしていた。アジアの中間層は経済成長と共に拡大し、彼らや学生の一部が1980年代から民主化を要求する運動を支持した。欧州と中南米ではリージョンのレベルで国際機構やNGOsが民主化の啓蒙と普及を推進したが、東アジアにはそうした組織はなかった。アフリカや中東では、中間層が決定的に不足していた。

1960〜1980年代のアフリカの発展パターンは、民主化と経済成長のいずれにおいてもほとんど進展がなかった。**図1**の左下部分で足踏みをしていたが、1990年代に入りドナーの圧力もあって民主化が進展し始め、1990年代末には相当数の国が貧困削減戦略と債務削減の恩恵を受け、2000年代に入ると資源輸出から成長を始めた国もあった。アフリカのパターンは成長の水準や開始時期に大きな差があるが、東アジアよりも中南米パターンに近い。しかし、1990年代に入ると東アジアでも民主化が開発の前提条件になってくる。南西アジアではインドが民主化を進捗させ、その後に高度成長が持続した。民主化が最も遅れていた中東においては、2010年代に入って「中東の春」が起こり、現在も変化の渦中にある。

民主化か経済成長かの選択では、国際関係や歴史的な社会構造も影響している。開発主義が発生した東アジアでは冷戦の影響があったが、中南米ではキューバやニカラグアなどを除いて相対的に影響は限られた。東アジアでは植民地期の前に王国などが発達した地域があった。歴史も長く、近代以降は領域内にネイションが発達し、言語も共有される傾向にあった(4)。中南米では、混血化が進み、エスニック・グループの存在は希薄であった。東アジアでは多数派のエスニック集団の人口シェアは、中国が漢民族90%、シンガポールが華人77%、タイがタイ族75%、マレイシアがマレー系60%である。これはより分散・多極化しているアフリカのエスニック分布と対照的である。東アジアと中南米は、エスニック集団の分散度が低く、文化的な同質性が高かったので、アフリカよりもネイションの形成による国家統合を進めやすかった。

2 社会契約の問題

中南米と東アジアの図1の発展パターンは対照的であった。中南米は、言語はスペイン語・ポルトガル語、信仰はカトリックであり、中間層も発達し、市民の同質性は高い。残っていたのが人種の混血度と関連した社会階層の問題であったが、民主化はこれに取り組んだ。他方、東アジアは政府主導型の経済成長を導入し、市民的自由は抑えられたが、人々の生活水準の向上は達成された。しかし、両者には共通性もあった。両者は国民が比較的に同質性を有することを前提に、一人一人の社会の構成員が最低限食べていけることを政策ないし人倫体系の前提として想定していた。独裁とは言っても、構成員のぎりぎりの生存については配慮する関係が支配者と市（臣）民のあいだに存在していた(5)。他方、アフリカでは、地域や時期の違いはあるものの、構成員の生存が軽視されることが少なくなかった。現在のダルフールや東部ＤＲＣなどもそうであり、ソマリアは完全に国家が破綻している。

このような相違はどこからきているのだろうか。東アジアの場合、家産制の歴代王朝における存続と共に、家父長制による扶養義務という観念が社会に浸透し、家産制の支配者が臣民の安寧と福祉を守るという観念が形成されてきた。中国の皇帝は清朝末期まで無慈悲な略奪者ではなく、こうした観念をもっていた。エスニシティには共通の祖先をもつという実体的ないしは虚構の論理が存在するが、有力なエスニック集団とその言語が領域内で拡大するなかで、東アジアではエスニックな共通性がネイションの基礎とされやすかった。ただし、リージョン内部の違いはあり、フィリピンやインドネシアでは第二次大戦後に新家産制が形成された経緯がある。また、ネイションの構成でもマレイシアは三つの種族からなる複合社会であるし、シンガポールはその複合社会と華人社会のブレンドであった。

中国の家産制は、石川（2008）によれば、中国共産党による人民共和国創設の前後にその社会経済基盤が崩されたことで基本的に克服されたという。具体的には、「共和国成立に先立つ国共内戦が土地革命を伴う解放区の拡大を土台とした都市包囲網の拡大による勝利という形をとったこと」が家産制体制を崩壊させたという。他方、「共和国政府は国民政府から接収した行政・軍事・教育機関及び国営企業・事業の全人員を新政府に〝丸がかえ〟する政策をとった」。このことが人民共和国政府の管轄下国営企業に対する「部門所有制」などの「家産制の残滓」の行動様式となった。また、タイの家産制は14世紀のアユタヤ王朝から18世紀のチャクリ（バンコク）王朝まで続いたが、植民地化を恐れたラマ5世による改革でそのほとんどが克服されたという。

アフリカの場合、独立後の民主的な体制のもとで新家産制が成立した。東アジアにおいては歴史的なプロセスによる家産制の形成が主流であったが、アフリカでは植民地の形成過程とその後の独立過程において人為的なプロセスとしてうまれている。人為的という言葉には、相当に外国、特に植民地宗主国の影響を受けたというニュアンスがある。「新」家産制という用語からして、アフリカにある支配者と臣民の関係に、独立以降の近代的な統治機構と官僚制度が加わったという複合性を意味していた。(6) 石川によれば、この「新」には開発の積極的な役割もありうるのだが、アフリカにおいてはこの制度の存続により開発に向かう動きが阻止されることが多いという。そして、それがアジアとアフリカの発展パターンの違いを相当程度に説明すると指摘したのである。アフリカでは東アジア以上に植民地期に形成された垂直的な集権構造や人工的なエスニック集団対立の性格が強く、このことが新家産制の存続する要因になっているとも思われる。

次に、新家産制の支配者はエスニシティ、宗教、人種などのアイデンティティ集団に中立的な場合と、特定の集団に肩入れしている場合があった。象牙海岸のボワニ初代大統領の場合は前者であり、ウガンダのオボテやムセベニ、ケニアのモイ大統領の場合は後者である。新家産制において、国家財政が貿易収支・援助などで潤い、政権基盤が安定している場合には、構成員に対する安全の提供や資源配分は可能な限り公平に行われやすい。しかし、そうした余裕がなくなってくると、政権はすべての構成員の生存を自らの課題とはしなくなる。その状態からアフリカでエスニック・ネイションを構想することは難しい。そうしたガバナンスは、開発のない権威主義体制となって市民や野党に対する容赦のない弾圧になる。2011、2012年に「中東の春」で標的にされた政権もこうした傾向を有していた。

ネイションはエスニックな共通性に依拠しなくてよいという考え方に立てば、統治原理としては、構成員の同質性ではなく、異質性や多様性を容認する自由主義や民主主義に立脚することになる。エスニシティが分裂的で、市民に対するアカウンタビリティが弱く、物理的強制力が支える権威主義体制が多いアフリカにおいてネイションを考えると、集団を超えた人権や人々の平等性の価値を説いて民主化を進展させるシビック・ネイションが望ましい将来の選択肢であることに気づかされる。シビック・ネイションが進んだ例外は、人種を超えた民主主義制度が少なくとも表面的には定着している南アフリカや、エスニシティが非常に細分化され、スワヒリ言語が完全に浸透しているタンザニアであろう。もしネイションに求心性がないとなれば、ネイションの上と下の政治単位、リージョンとローカルの役割が重要になってくる。

家産制はエスニック・ネイションが領域内に成立しやすい東アジアにおいても、それが見込みにくいアフリカにおいても異なる契機から存在した。ただし、東アジアにおいては家産制がその残滓は残しつつも相当に退場したのに対し、アフリカでは新家産制が今でも存続している。新家産制は、その中核部分は個人支配と似ている。それは支配者個人の権威に政治的権力の源泉をもつ政治秩序である。その意味で、本質的には政府中枢は法的・合理的な制約を受けない。次に、民主化が本格的に進展すれば、家産制は存続しえない。(新)家産制とネイションの関係についてリージョンごとの傾向を考えると、中南米が①ポスト家産制とシビック・ネイション、東アジアが②ポスト家産制とエスニック・ネイション、中東が③家産制とエスニック・ネイションという組み合わせだろう。そして、将来のモデルとして、アフリカは④新家産制とシビック・ネイションという当初は矛盾の多いモデルを進むことになる。それがハイブリッド・レジームにおける民主化の課題であった。

さて、家産制とネイションの関係を社会契約の観点からまとめてみたい。家産制のコアの部分にある扶養義務は、家産制という制度のなかで変容してきた。その際に、各文化において普遍的な宗教（儒教を含む）の影響も伴って、支配者に一定の義務感が形成されることになった。しかし、家産制が確立した過程で官僚制を内包する段階になると、権力と社会の要求とのあいだには「遮断」関係が生じるようになる。この遮断関係は良く働くと、政治家の口先介入などの社会の個別の利益に振り回されずに官僚が中長期的な産業・経済政策を立案できることを意味するが、悪く働くと社会各層の盛んなニーズに対して敏感にしか反応しないことになる。東アジアの場合は社会の凝集性やネイションの意識が存在したことで相当のニーズをくみ取ることもできたが、アフリカの場合はそれは少なかった。

社会契約は、市民と国家のあいだで交わされ、国家が最低限の機能を果たすことで、その正統性に市民がコンセンサスを与えるものである。その意味で、民主的な憲法を整備した国においては、その条文が有名無実化しない限り、社会契約は存在していることになる。次に、ポスト家産制の政治社会では、その社会が民主化する場合は明らかであるが、そうでなくとも東アジア的な環境で明確に開発主義国家を指向すれば、ある程度の社会契約の基盤は形成されることになる。開発主義の場合は、市民的自由や野党の活動の自由を完全には保障しないが、開発の成果を上げる政策、国民が主食を食べていける状態に努力を傾注し、官僚層に一定の政治的独立性を与えることで合理的、専門的な政策形成・遂行がしやすくなる。もちろん、政策は常に成功するわけではなく、失敗もあり、その例がアジア経済危機以後のスハルト政権体制であった。

家産制度は、支配者にある程度の扶養義務を織り込んでいたが、その確立過程で官僚制を内包し、政治的独立性を獲得すると共に、社会的要求からの距離を形成した。この距離が市民からの声に対しては感受性の減少となるのである。権力エリートは与党など自らの権力基盤においてはパトロン―クライアント関係により支えられている。それが地域やエスニシティなど特定のアイデンティティ集団において排他的に形成される場合には他の集団からの不満や反発を受けることになる。そして、困窮したある時点から、(新)家産制は契約の対象を特定のパトロン―クライアント関係の集団のみに限定し、市民社会の声を広く聞く態度を失い、反対者には強制力を使うようになる。この事象がアフリカでは広くみられたし、２０１１年以降の「中東の春」はその反作用であった。

石川（2008）は、家産制の開発促進インパクトについて先行研究をレビューし、国際援助機関の構造調整政策やコンディショナリティを伴う政治経済的な改革要求がもたらす正負の要因を慎重に検討する必要性を指摘したうえで、「これらの要求を適切に捉えて家産制改革、克服の手段として用いることが可能であり、その可能性を捉えて開発を進めた国々が（特に東アジアに多く）存在していることを強調すべきであろう」と論じた。これはドナーの側の開発・ガバナンスのアジェンダが途上国の改革に有効に作用する可能性を示唆したものであった。他方、アフリカに対しては同じ処方箋では成功しないという予想が暗に示されていたように思う。次節でこの問題を扱ってみたい。

3　今後の展望と処方箋

それぞれのリージョンは内部にさまざまな差異を抱えているが、それでも大きな共通性をもっている。リージョンごとの違いも大きく、それぞれのリージョンの今後の展望と処方箋も多様である。東アジアでは家産制が衰退し、なおかつ冷戦期に家産制が残ったところでも開発主義が台頭し、成長に有効な資源配分、投資形成に対する期待があった。それに対し、中南米では民主化して選挙を経てから社会セクターや社会保障関係の予算が増える傾向があった。民主主義には複数政党制や自由な選挙といった選挙民主主義の要素だけではなく、人権の尊重を実体化するために各種の公共予算が配分される必要があったし、実際に選挙の公約はこれらの予算の増額をコミットしていた。

民主化を受けて、中南米は東アジアよりも先に「福祉国家」への歩みを１９８０年代に開始したのである。社会保障関係の予算は１９８０年から２０００年にかけて中南米では５％から８％に増加したが、東アジアでは同じ期間ほぼ1％台の予算で推移している。[7] これは経済の発展段階の差を反映していたが、民主化の影響もあった。そして、批判者は福祉路線の形成が特に1980年代の経済成長の低下をもたらしたと説明する。ただし、中南米は1980年代の初期には累積債務問題にみまわれていたので、その影響も考慮されるべきだろう。次に、成長の果実の再配分の問題も考えなくてはならない。東アジアでは1980年代に高い経済成長を経験し、1990年代は低下したが中南米を上回っていた。中南米は1990年代にやっと成長を回復軌道に戻した。東アジアがこれから成長の果実を社会セクターや福祉に回すのであれば、両者が長期的にはある程度近似する可能性もある。[8]

これらと対比しうる開発路線の対照がアフリカをめぐって行われた。アフリカに対する英国、北欧、世界銀行などを中心とするドナーの貧困削減戦略の推進は、初等教育、保健、飲料水、地方インフラといった社会セクター予算を拡充する傾向にあった。これに対し、そうしたネット・トランスファーだけではなく、生産性を上げて経済成長に繋げる投資を行う必要があるとの議論も起きた。石川（2002）は、この議論を貧困削減の方法としての「貧困分野の予算拡充（pro-poor targeting)」と「裾野の広い成長（broad-based growth)」の経路選択の問題として捉えた。「貧困分野の予算拡充」は非市場的資本、つまり社会セクター分野の充実を説いたアマルティア・センなどによって推進された考え方であった。そして、UNDP、ユニセフなどの国際機関は1990年代後半にこのアプローチを北欧諸国、英国と共に強調したのであった。「裾野の広い成長」の議論においては、成長実績のあるアジアが模範例として言及された。社会福祉予算の配分が少なかったこと、つまり過剰福祉路線にならなかったことが成長要因になったとの見地から貧困削減戦略を批判する議論はつねにあった。しかし、これは1980年代の中南米と東アジアの比較からすでに議論され、決着を見ていない問題であったのである。

現在、この地域間比較の問題は民主制、(新)家産制、開発のない権威主義といったガバナンスの問題として検討すべき時期にきている。民主制が短期的に成長を遅らせる効果があったとしても、民主主義の目的の範囲が市民の選挙権だけではなく、市民的権利や社会的権利に及ぶ場合には社会セクター(福祉)予算の拡充はいずれ不可避になるだろう。図1において開発と民主主義は対比的な概念であったが、２０００年代から民主主義と開発主義は相反しないという認識もうまれてきた。第一に、「民主的開発主義国家」の議論は、国家の権威主義的体制よりも国家が政府、民間セクター、市民社会などの自治(autonomy)を活用する能力の方が重要であるとした(Edigheji 2005)。ブラジル、インド、南アフリカ、モーリシャス、ボツワナの経験から、民主主義と国家の開発指向性は同時に進められるという見方もうまれた。もちろん、その両立を一般的には認めない見方もあった(Leftwitch 2005)。第二に、開発の議論においては貧困削減や社会的公正を重視する認識が定着してきた。開発は参加や民主主義を前提とするようになった。第三に、最新の民主主義の議論において社会経済的領域における「機会の平等」まで対象とされるようになった。民主主義と開発の概念が広がり、広範な重なりをもつようになった。開発独裁は過去のものとなったが、その変形版が中国やベトナムの社会主義政権の支配の正統性として残っている。社会主義政権下では自由が制限されるが、経済成長を続けることで人々の支持が維持されるのである。

経済成長が当然視されていた東アジアでは１９９０年代末に成長が止まると、スハルト体制などの権威主義体制に対する批判が怒濤のように起きた。天安門事件は１９８９年であった。アジア経済危機が開発主義の実力に疑問を投げかける最後のきっかけとなった。中間層の台頭を受けて、民主主義への支持が高まった。高度成長に慣れ親しんだ市民たちは高い期待値をもっており、成長が突然止まるとその落差は開発独裁への批判に向かったのである。他方、アフリカではこのようなトレードオフは認識されていなかった。先に述べた要因から、アフリカの新家産制はアジアのポスト家産制や新家産制のような扶養の義務感や市民との一体感をもっていなかった。１９９０年代まで低成長やゼロ成長を続けていたアフリカにおいて開発に対する期待は冷めきっており、選択肢としては民主主義しかなかった。ただし、南アフリカのように安定的に民主化すると次の課題として開発が後追いすることはある。

開発主義は東アジアを中心に政策として残っているが、政治体制として基本的には１９９０年代の民主化によって終焉した。政策としては、たとえば１９９７年12月に通貨危機を経験した韓国がその後の復興策のなかで推進した輸出産業政策やウォン安政策のように残っている。他方、アフリカにおいてはエチオピアのメレス首相のように開発主義を求める権力エリートもいたし、「民主的な開発主義国家」が移植可能かどうかはずっと議論されている。アフリカが経済成長を求める必要性は明らかであるが、東アジアとは社会・認識構造が異なるところで開発主義モデルは成立可能であろうか。歴史的経緯からして、東アジアの開発主義とアフリカの一般的な権威主義は相当に異質であった。アフリカで植民地期に形成された集権主義は臣民に対するアカウンタビリティを全くもたずに形成されたのである。東アジアの場合、これほどまで植民地主義の影響は深刻ではなかった。

これはハイブリッド・レジームのアフリカにおいて民主化がさらに進むのかどうかという問題に通じる。民主化が進行すれば、シビック・ネイションの原則は確立しやすくなり、新家産制の方は時間と共に衰退していくはずである。新家産制がなくなったときに、冷戦期の東アジアのようなそれに代わる権威主義体制がなければ、本来の開発主義は成立しえない。疑似開発主義は成立しうる。ハイブリッド・レジームの政府が腐敗対策をある程度行い、援助または鉱物資源依存型の開発を続けるシナリオである。これは東アジアの輸出指向工業化路線とは異なっている。他方、アフリカが民主化し、社会福祉路線になると成長が遅れるので、それを待てないという議論もあるだろう。南アフリカ、ボツワナやタンザニアでは民主主義は定着し、成長もしているという議論もあるだろう（これらの国々には鉱物資源の輸出があるが）。ただし、これらの国々は圧倒的に与党が強く、現実的な政権交代の可能性はこれまでなかったのであり、民主化が定着している国とまでは呼べないかもしれない。

新家産制を開発主義に利用しようという提案は少なくない。英国の開発コンサルタントＯＤＩが行った調査のなかで、ブースらはエチオピアとルワンダには開発主義的家産制の要素があると指摘している（Booth and Golooba-Mutebi 2011）。それは圧倒的な与党の将来ビジョンをもったリーダーが経済的なレントを集中させ、そのマネジメントを長期に維持することだという。ただし、このモデルはアフリカに普遍的に適用できるモデルではなく、制度的ルールの適用の少ない最貧国に向いており、選挙によって政権交代が起こりうるガーナのような民主主義国には向いていないという。つまり、アフリカの一部の、過渡的な開発モデルとして提唱されているのである。この限定的なモデルの妥当性はあるかもしれないが、未だに残存する新家産制の権力エリートたちが延命のためにこの論理を使う可能性も同様に高いだろう。

より普遍的、長期的なモデルとしては地域を問わず、民主主義の定着をグローバルな政治環境のなかで追求しなければならないであろう。アフリカではハイブリッド・レジームの問題があり、これは高い援助依存率によってドナーの要求する民主化をエリートが部分的に取り入れたためと考えられる。アジアでも「部分的に自由」の国の増加や、パキスタンのように民主化してもいつ権威主義に戻るのかわからない国もある。そうしたなかでミャンマーの民主化とアウンサンスーチーの軟禁解除は特筆される動きであろう。同国に対する経済制裁もきちんと評価されるべきだろう。民主化に進む際に市民が考えなければならない課題は、現在の先進国と共通している。つまり、民主主義の実体化としての福祉社会を実現する際に成長とのトレードオフをどう考えるのか、そしてその財源として税制をどうするのかという点である。

最後に、東アジアとアフリカの（新）家産制と社会契約の比較に言及する。東アジアでは社会主義国を除けば、開発主義の終焉により、民主主義体制のみが市民と政府を繋ぐ契約になっている。その際にエスニック・ネイションの中核になる権力を掌握しやすい大きな集団とそのほかの集団とのあいだに協力と融和が進むような政策が求められる。ただし、基本的には政府や国家は以前のように前面に出ないことが望ましい。これに対し、アフリカの方は植民地遺制の影響がさらに強く、エスニシティないし宗教集団間の協力と融和を図ることが難しい。これらの集団は実体としてあるというよりも、政治的リーダーの道具主義的な利用として幾度となく蒸し返され、それに利害も付着し、過去の紛争の怨念が再生産される過程にある。集団を極端に政治化させずに、社会文化的なアイデンティティや自助的な単位としての活動を鼓舞することが重要である。アイデンティティ集団が政党と直結する仕組みを避け、権力が集中するのではなく分散する政策をとることが必要であろう。制度の形成と共に、シビック・ネイションによる国家統合が図られるべきであろう。

分権化とリージョナリズムは、その場合の手立てとなろう。分権化は、それぞれのアイデンティティ集団が地理的に凝集して存在する場合、それぞれの地域に権限を委譲することで潜在的対立の抑制を求める施策である。ネイションへのアイデンティティとエスニシティなどのサブナショナルなアイデンティティ、リージョンなどのスープラナショナルなアイデンティティが拮抗・競合する社会においては、重層的なアイデンティティは機会主義的に使い分けられる。アフリカの分権化の話をすると、東アジアのような集権制をアフリカも採用すべきだという議論をよく聞く。分権化などは先進国の産物で、まだ早いという人もいる。しかし、アフリカでは集権制の基盤は基本的に植民地主義であった。昨今の権威主義体制もさほどの正統性を獲得しているようには思われない。それらが解決策には思えないのである。他方、問題の根は深いので、権威主義の現政権を罵倒しさえすればすむわけでもない。

集権制のメリットはある一定の時期に「不均等発展」をすることができることであろう。特定のセクターや地域に資本や投資を集中させることができるアプローチである。国内のいくつかの場所に「開放特区」などを作るのも同様である。分権制は一見どの単位にも公平な予算を配布するので、こうしたアプローチに向かないように見られることがある。分権制は基本的に「均等発展」のモデルだと考えられやすいのである。しかし、それは必ずしも正しくない。それぞれの単位に活動の裁量権が与えられれば、それぞれがユニークな発展過程に入っていく可能性が中長期的には存在するのである。

【注】

1　ジョンソン（1982, 1982）は資本主義国家や共産主義国家と異なる第三のタイプとしてこの概念を用いた。

2　所得はドル・ベース。基準年は所得が２０１１年（中東は２０１０年）、人口が２０１０年。東アジア太平洋は４２３５ドル、46％、欧州中央アジアは７６１０ドル、64％、ラテンアメリカ・カリブは８５４４ドル、79％、中東北アフリカは３８６９ドル、58％、南アジアは１２９９ドル、30％、アフリカは１２５４ドル、37％。

3　自由の尺度は、大きな区分けとして政治的権利と市民的自由の２つであり、少ない評点ほど自由となる。自由は１・０〜２・５、部分的自由は３・０〜５・０、不自由は５・５〜７・０のレンジ。（Freedom House http://www.freedomhouse.org/）

4　ここでも民族ではなく、ネイションの用語を用いる。どのような集団構成であれ、国家内が一つの集団にまとまる方向にあるニュアンスを示している。

5　東アジアにおいて構成員の生存が無視された事例としては、中国の大躍進政策とカンボディアのポルポト政権下の粛清がある。諸説あるが、大躍進の餓死者は３６００万人、ポルポトの粛清は１５０万人くらいと言われている。いずれも毛沢東主義の統制のもとで行われた例外的な政治闘争であった。中南米ではマフィアによる暗殺などはあるが、このような規模の虐殺はなかった。

6　ウェーバーの定義においては家産制は官僚制度と結びつき得るとされていたので、そもそも「新」を付ける必要はないという論者もいる。

7　同期間の教育支出の対ＧＤＰ比は東アジアの方が中南米よりも高かった。

8　類似の問題がベトナムについて言える。同国は従来の社会主義政策が社会セクターのサービスをある程度の水準まで引き上げていた。たとえば、保健医療分野では二人っ子政策の影響もあり妊産婦死亡率はタイやインドネシアよりも低く、95%の子供が完全な免疫をもち、広義の避妊手段普及率も75%であり、域内で韓国に次いでいた（World Bank 2000）。

第2章　グローバル市民社会

１９９０年代からグローバルな市民社会に関する議論が開始されたが、２０００年代に入ってからさらに現在の国際社会の問題点、国連の限界、内戦や暴力紛争に対する国際的な介入のあり方などと共にその議論は深まりをみせている（Kaldor 2003; Keane 2003）。カルドーやマッグルーなどは非国家型の暴力のグローバリゼーションに注目した。カルドーはボスニアやアフリカの紛争を「新しい戦争」と呼び、国家とは遊離した勢力が暴力手段を獲得し、アイデンティティを形成して国家を侵食し、市民性を排除していると述べ、エスニシティと市民を対抗軸に置いた。この設定には過剰な単純化があるが、カルドーはアイデンティティという言葉を「一種のレッテルの貼り方という狭い意味」で用いている。この「レッテル」が先天的で変更することができないものとして扱われても、それは政治的な利用でしかないという意味なのであろう。

これに対して、グローバル市民社会は１９９０年代から世界各地で実体化しているという。ただし、アフリカに関して言えば、第Ⅱ部でみたように、エスニシティも市民社会も欧州の植民地主義勢力が形成した「両肢国家」（p.110）であった。その観点から言えば、両者はいずれも原初的でも本質的でもなく、人工的な構成であった。植民地統治の遺制は広く途上国全体に見渡すことができ、これが「ガバナンスの重層性」の第一層や第二層に位置付けられるが、アフリカでは国家それ自体が人工的であった。人工性は階層性や特定集団の優遇を伴ったので、他集団に対する不信や排除に繋がった。カルドーはこの人工性の部分を「レッテル」と緩く規定している。ただし、アフリカではエスニシティと市民は単純な対抗軸というよりは、市民のなかにエスニシティがあるような入れ子構造になっている点に留意が必要だろう。ルワンダのトゥチとフトゥ、ウガンダのブガンダと北部集団は共存していたが、その関係は植民地体制において変化した。外部からの圧力で集団間に新たな支配・緊張関係がうまれた。独立後にこの人工的対立は政党政治で利用され、1990年代の民主化で再燃した。外部からの圧力は、筆者の分類で言えば、植民地期がガバナンスの第一層、独立期が第二層、1990年代以降が第三層に対応している。第二層と第三層の民主化それ自体が望ましくなかったのかと言うとそうではない。ただし、あまりに性急で工夫がないプロセスであった。西欧国家体系の起源である1648年のウェストファリア条約では武力紛争に信仰の違いを持ち込まないことが条件付けられていた。1990年代の民主化ではエスニック・宗教・地域政党の禁止を徹底して条件付けるべきであった。同時に、軍部のエスニック構成の改革も必要に応じて断行すべきであった。

次に、民主化に先行して広義の分権化を進めるべきであった。民主主義は集団間の競争を強めるものであるから、それが中央の一カ所で衝突する割合を意識して下げるべきであった。分権化は政治、行政や財政の地方自治だけには留まらない。民営化や連立政権の権力分有、少数派への閣僚ポストの配分、多元的な文化や宗教、慣習の尊重、ジェンダー平等化の推進、さらには独立司法制度の強化や議会の行政に対する権限の強化、必要に応じて大統領制下の首相制の導入ないしは大統領制の首相制への転換なども広義の分権化の方策として考えられる。最後に、政府との関係性における市民社会の対等性と意見の尊重である。市民社会は「知る権利」をもち、政府は情報公開の義務を負う。これらの一連の施策や広報が政府やドナーの開発戦略において簡単にできるとは思えないが、いくつかの施策を講じたうえで民主化を進めるべきであったし、今でも重要な原理である。

植民地期に人工的にエスニック・アイデンティティに分裂や相互不信が付与された最たる地域がアフリカであった。その結果、独立後にはいったんは集権的な政治統合が必要となった。ただし、集団間の溝は埋まらず、権威主義体制が成立すると、特定集団や地域の優遇が習わしとなった。程度の差はあれ、東アジアにも同じ要素はあった。ただし、ネイションの浸透度、裏を返せば国家の人工性や家産制の残存度合いなどが異なっていたので、東アジアには国家全体の開発という発想が存在した。冷戦期はどの地域でも一党独裁が正統化され、権威主義や家産制のもたらす汚職やネポティズムは不問にされやすかった。1980年代からの構造調整は経済的圧力としてグローバリゼーションを支える政策となり、パトロネージの強い、非効率的な政府系事業を縮小したが、多くの失業者や社会不満をうみ、与党政権の基盤を脆弱にした。これらを背景とした1990年代の民主化は、市民像の構築を行うよりも「レッテル」のアイデンティティと結合して政治的な集団対立を強めたのである。

カルドーはグローバリゼーションが市民社会に新しい意味を与えたとしている。それは強制ではなく、個々の市民の同意に基づいて支配される社会であった。ただし、1990年代にいきなりグローバル市民社会が到来したわけではなく、1970年代のヘルシンキ合意やチェコスロバキアの憲章77のような人権擁護の動きが第一世代であり、1980年代に市民社会の諸概念の発見が世界各地でなされたという。その代表が中欧の反体制闘争であり、欧州からの米ソ両軍の撤退とドイツの再統一を主眼とした1985年のプラハ・アピールが第二世代にあたるという。「ガバナンスの重層性」の第三層、つまり比較的に短い時期区分としてのグローバリゼーションは、カルドーが語るように1989年から始まるとみてよい。しかし、当時も世界的な政治秩序が全く未確立であった。国連が弱いという問題は１９９０年代の前半に現れるが、国家や国際機構は第二層の近現代国家形成の産物である。より問題であったのは、第三層のグローバル市民社会であり、これがまだ形成途上で、地域によって不均質なのであった。

たしかに、欧州では戦術核ミサイルの配備問題を契機として大規模な平和運動が起き、ドイツの統一や環境・ジェンダー問題も論じられ、政治環境や政治的権威が変容した。欧州では１９８９年の画期的な変化の前に時間をかけてトランスナショナル社会が形成されてきたのである。途上国でも類似の変化はあったが、まだその多くは萌芽期にあった。先ず、東側陣営の退潮によって共産主義や社会主義の影響力が失われ、表現の自由や政治的結社が認められる国が増えた。一部の国では冷戦期の独裁体制が残ったが、その内部でも相当な政治経済体制の変化が起きた。民主化が圧力として途上国に加わり、内部からの民主化を求める声と連なった。次に、１９９０年代には経済成長を通じて中間層が形成され、それが民主化の担い手となった。１９９０年代後半に民主化されていなかった国でも、アジア経済危機の後にインドネシアの民主化、世界同時不況の後に「中東の春」がうまれたように、グローバルな経済的危機を契機として市民社会が発言権を強める場合もあった。しかし、途上国、特にその農村部や低所得国では、市民や民主主義の実像は欧州とは相当に異なっている。

本章では第Ⅱ部第３章の論点や他章の内容を踏まえ、グローバル市民社会が世界中でどのように形成されているのか検討してみたい。第１節ではグローバル市民社会論の基本的な議論の特徴やその限界について考察する。第２節では途上国に対する人道的介入の問題を考える。これは一見異なるテーマのようだが、グローバル市民社会の将来像を占う試金石となるテーマである。第３節では途上国の市民社会からみたグローバルな観点との共通性と個別性の問題を振り返り、ガバナンスの行方を考察してみたい。民主化や分権化、地域統合が新たな資源配分や価値形成の展望を作ることで、途上国では従来とは異なる新しいガバナンスが形成される可能性がある。そして、ローカルな市民社会とグローバルな市民社会が提携関係を強めることで、相互に強化される展開もあるだろう。

1　市民社会論の議論

マイケル・ウォルツアー（1995）はグローバルな市場社会に対抗してNGOsやNPOのネットワークに期待する地球市民的な概念として市民社会を提唱した。ウォルツアーやギデンズの先駆的な考え方がその後の1990年代の英国などの政治思想家や国際政治学者たちに影響し、彼らがブレア労働党政権の政策を支え、または批判する根拠となったグローバル市民社会を論じるようになったと思われる。ウォルツアーによれば、

「市民社会」という言葉は、非強制的な人間の共同社会（association）の空間の命名であって、家族、信仰、利害、イデオロギーのために形成され、この空間を満たす関係的なネットワークの命名でもある。中欧、東欧の反体制運動は、極めて限定づけられた形態の市民社会のなかで花開いたが、その反体制運動家たちによってつくられた新たな民主主義諸国の最初の任務は、言われているように、ネットワークの再構築であった。そのネットワークとは、様々な組合、教会、政党、そして運動、生活協同組合、近隣、学派、さらにあれこれを促進させ、また防止する諸々の共同社会である。

西欧諸国では対照的に、われわれは長きにわたって市民社会を自覚することなしにそのなかに生活してきた。換言するとスコットランド啓蒙以来、またはヘーゲル以来、市民社会という言葉は事情通

の人々には知られてきたのだが、その言葉はほとんど他の誰からの注目を浴びることはなかった。現在では、ハンガリー、チェコスロバキア、ポーランドの著述家たちが市民社会の編成がどのように確保され、活性化されるのかを考察する機会をわれわれに与えてくれている。(石田淳ほか訳 2001)

という発見があった。ウォルツァーもギデンズもコミュニタリアン的に市民社会を捉えている。ギデンズは『第三の道』において、社会民主主義の再生と副題を付けたように新しい民主的国家を想定し、それは「社会的投資国家」を担う政府と「市民社会の再生」から構成されると説明したが (Giddens 1998, 1999)、市民社会はローカルな共同体を基礎としていた。この考え方がブレア労働党政権の基本的な政策を支えたのである。ギデンズと同じロンドン・スクール・オブ・エコノミクス (LSE) 教授のヘルドは国内開発のための堅実な政策のためにも労働組合、市民グループ、NGOsや独立諸組織の幅広い市民団体の発展が不可欠としていた (Held 2005, 2007)。カルドーはLSEのグローバル・ガバナンス研究センターの所長である。

カルドーによれば1989年革命が国境を超えたグローバル市民社会の概念を形成したという。この定義はわかりやすく、ベルリンの壁を人々がハンマーで崩している映像イメージと重なる。カルドーは西欧の平和運動と東欧の反政府運動の対話からグローバル市民社会が出現したと考える。それは「グローバルな社会運動、国際NGOs、トランスナショナル政策提案ネットワーク、市民社会組織、グローバル公共政策ネットワーク」であって、単なるNGOsではなく、「グローバル、ナショナル、そしてローカルなレベルで契約や合意が交渉される過程として考えれば (中略) 個人の声に耳を傾けるすべてのあらゆるメカニズムが含まれる」。つまり、NGOsが典型的な例であるが、社会で広く対話する組織全般が市民社会なのである。

カルドーはウォルツアーほどには国家権力には期待していないが、国際NGOsが政府や援助資金などによって飼い慣らされている事実は認めている。それは、現在までのグローバルな枠組みが主権国家や先進国によって資金面で支えられているということだ。それでも、彼女は国際NGOsを主体とする新しい社会運動がグローバル政治に関わることで国家を超えたグローバル・ガバナンスが形成され、国家もこうした動向を支える多国間主義国家になれるとする。こうした思想はヨーロッパ核軍縮運動に参加した経験に裏打ちされている。

このようなグローバル市民社会論の議論についてはカルドーも認めていたようにODAに依存する北のNGOsによる支配ではないかとか、世界中のニュースは大手メディアによって配信されているので、北の期待している知覚や認識が世界中で再生産されているという批判がある。また、リージョナリズムでも同様であるが、総論のところで「ローカルな、下からの視点」が強調されているわりには、各論では実際のコミュニティの視点は汲み上げられておらず、議論が空疎という指摘もある。さらに、途上国の、それぞれの国家の市民社会の議論には、世界銀行やUNDPなど援助機関の関わりもあった。国家の正統性が低い国や地域では、国家に抵抗する市民社会は無条件に評価されるという批判もあった。その典型例が「脆弱国家」に対峙する市民社会論で、この種の議論は操作的だというのである。

たしかに、「失敗国家」など前段の議論は1990年代から開始されたとはいえ、「脆弱国家」論が頻繁に開発の世界に現れたのは2005年の「援助効果にかかるパリ宣言」の頃からである。EUの人々の問題意識は9・11が発生してアフガニスタンやイラクへの戦争が実施ないし議論された頃から高まりをみせ、犯罪やテロを呼び起こし、地域の不安定を助長する存在として「脆弱国家」が着目された。具体的な成果としては、2003年にECはガバナンスと開発に関する枠組みを示し、それに基づいてパートナーシップのカテゴリーを形成し、それに応じて個別の対策をとるべきだと議論された（Hout 2010）。２００７年には「脆弱国家」の概念を整理し、ガバナンスの欠如がその背景として強調され、「脆弱国家」を支援する方策のリストが作成された。

しかし、ＥＣの具体的な方策は世界銀行と大差なく、公共財政管理、会計検査院、腐敗対策、分権化支援、公共セクター改革、セキュリティ・セクター改革、選挙制度、司法制度などであって、これは基本的には政府の能力の構築や再建を制度・技術的に支援する内容であった。政府とは離れた領域で活動する市民社会に対する支援は限られていたのである。ＥＵや世界銀行の援助は政治を避け行政、地方を避け中央に偏る傾向があり、並行して行われてきた市民社会やグローバル市民社会の研究者の提案とは大きな乖離があった。バイのドナーによっては、より積極的に市民社会支援を行ったところもある。しかし、米国援助庁ガバナンス局の予算配分をみても２００５年以降市民社会プログラムの予算は増えていないし、どのドナーも政府、特に中央政府に援助が偏っていた。

シャバルとダロズは、市民社会概念がアフリカ政治分析のために適用され、また国際援助機関によってイデオロギーとして世界中に流布されていると批判した。彼らによれば、市民社会はアフリカに本来存在するはずのないものであり、それを強調する議論はＩＭＦ世界銀行などによるイデオロギー政策がもたらしたものであるいう（岩田 2004）。このイデオロギーは経済発展や民主化をもたらさず、ＮＧＯｓの急速な拡大が無秩序をうみだし、その無秩序が権力の道具とされると述べた。この批判はかなり厳しい内容であるが、ドナー主導型の議論がアフリカの国家や社会を翻弄していることは一面の真実でもあった。

最後に、これまでの論点をカルドーの議論をベースに束ねてみたい。カルドーのグローバル市民社会の議論にはユーロ・セントリックという批判がある。カルドーは中欧の反体制闘争や中南米の民主化をみてグローバル市民社会が世界中で台頭していると説いた。前章の**表1**は1人あたり所得と都市人口の比較であったが、中南米カリブと欧州中央アジアは上位に位置する2つのリージョンであった。これらのリージョンから議論は始まっているが、アフリカやアジアでの綿密な具体的検証は行われていない。一般に市民社会の議論が普遍的価値を強調し、それが適用される地域やその歴史に関心を払っていないことを岩田(2004)は「リベラリズム帝国主義とも呼べるような性格」と論じている。

カルドーの議論は二点において正しく、二点において誤っているか、誇張されている。まず、正しい点として指摘できるのはカルドーの市民社会の出発点が国際NGOsとそのパートナーであったという点である。この部分における普遍性は認められよう。次に、社会においても都市部や中間層において非強制的な人間の共同社会はある程度は形成され、連なっている。ここまでの議論は正確で、1989年を開始時点とすることも可能であろう。誤っているかもしれない第一点は、市民社会が自動的に民主主義の担い手になり得るという論理設定である。これは地域と時期によって多様ではないかと思われる[1]。NGOsのなかにも一部の途上国では政府が事実上所有するGONGOs(Government-Owned NGOs)が存在する。ポスト冷戦期に民主化の圧力が始まったことは事実であるが、その外圧と内圧の比重は国によって違っていたろう。第二点は、市民社会の内在的な歴史的形成過程が軽視されており、「ガバナンスの重層性」の第一層と第二層をもっと踏まえなくてはいけない。

ただし、現状の診断としては不正確だとしても、将来に対する政策の処方箋としてはそれ以上の価値と説得性をもった分析になっている。民主主義や地域主義といったフォーマルな政治経済体制では欧州的な価値や経験がどこまで普遍性をもち得るのかが課題になるとしても、社会において討議民主主義が重視されるべきこと、グローバリゼーションの進展のなかでいかなる国家も能力と正統性にある程度の陰りをもたざるを得ないことは共通のシナリオであろう。ただし、カルドーの予想以上に途上国の近現代国家の形成過程は多様であり、多くの政府がある程度の能力と正統性をこれからも形成しなくてはいけない点に留意が必要であろう。筆者としては、国家形成の過程における集権化と分権化の組み合わせが最適な社会発展を決める一つの要因となることも併せて強調しておきたい。

2　どの層の人道的介入か

ウォルツアーに話を戻すと、彼はコソボへの人道的介入を正義の観点から支持していた。カルドーは人道的介入を肯定するが、コソボ戦争は人道的介入には分類できないとしている。ウォルツアーにとっては戦争の大義を構成するのは人道的介入などの例外を除いて自衛戦争に限られている。自衛戦争が正当な軍事的行動であるのは国内社会における正当防衛の論理が国際社会の国家間の規範にも適用できると類推されるからである（Walzer 1992, 2008）。もう一つの大義となるのが非戦闘員に対する保護で、彼は戦争において非戦闘員が意図的な攻撃対象にされるべきでないことを強調する。この規定からは、コソボの介入が地上軍の展開ではなく空爆として実施されたことで民間人の殺傷を招いたとウォルツアーは批判したし、民間人を無差別に殺害するのでテロリズムは絶対に許されないことになる。

人道的介入については第Ⅲ部第2章で述べたように、１９９９年のブレア首相のシカゴ演説の背景にはウォルツアーの人道的介入論があったと思われる。シカゴ演説は4月であり、その前月には米軍を中心に編成されたＮＡＴＯ軍がセルビアに軍事侵攻していた。ウォルツアーは空爆を批判したものの、コソボの介入それ自体は認める発言をした。シカゴ演説は左派系のウォルツアーの議論を射程に入れながら、ブレアが今後の介入指針の輪郭を述べたものと受け取れる。ウォルツアー（1992, 2008）はコソボのジェノサイド防止を「放火を消す意思」という観点から説明した。

「火事が自分と自分の周囲にとって危険であるかどうかはそれほど重要ではない。（中略）ただ座視しているわけにはいかない」

ウォルツアーにとって、座視することは「ある種の道徳的退廃を招き、その対価を支払うことになる」のである（駒村ほか訳１４８）。

ハーバーマスもコソボ空爆を支持したが、ウォルツアーとは違う根拠からであった。ハーバーマスは来たるべき世界市民社会の実定法の立場からカントの「永遠平和論」を批判的に検討し、人権は主権国家の枠内に留まるものではなく、その普遍的妥当性から世界市民的秩序という枠組みのなかで制度化されることを待っていると述べた。[2] 強制的実定法を備えた世界秩序はまだ出現していないが、組織化された国際社会がその秩序の代行として人道的介入を行うことはあり得るとしたのである（内藤 2009）。ただし、両人とも２００３年のイラク戦争は正当な自衛のための先制攻撃ではないとして支持しなかった。ハーバーマスはイラクもコソボも国連憲章で武力行使できる要件（個別的・集団的自衛権、安保理の決定）を満たしていないが、コソボには１９９５年のスレブレニツァの惨劇の再発防止という緊急の要請があり、安保理の事後承認も可能と欧州諸国が予想していたことを違いとして挙げている（内村 2008）。

イラクによる大量破壊兵器の保有という開戦根拠を失ったブッシュ政権はイラク戦争を民主化やクルド人保護のための人道的介入として正当化しようとした。これに対して、ウォルツアーは抑圧的なフセイン体制は許しがたいが、ジェノサイドの危険は現在はなく、イラク戦争を人道的介入として正当化することは難しいと批判した（阪口 2006）。人道的介入の信条を強く保持していたのはブレア首相であった。しかし、ブレアはウォルツアーが常々警告していた失敗を犯した。それは人道的介入は、帝国主義・植民地主義による通常の戦争行為の正当化のロジックになり得るというものである。ブレアの戦争は人道上の要請のない、古典的な大国主導の戦争となったのである。この論理の迷走は「ガバナンスの重層性」の第二層と第三層が混合した領域で起きたものとして理解できる。

これまで人道的介入を検討してきたのは、これがグローバル市民社会の出現と関わるテーマであるからである。カルドーの言う意味と完全に同じではないが、ポスト冷戦期に世界はグローバル市民社会の時代に入ったのである。これは「ガバナンスの重層性」の第三層にあたる。しかし、このレベルでは経済や情報面での越境的な浸透が拡大し、市民や「抗議者」のさまざまな声が世界中で直接につながる一方、政治秩序の形成は遅れ、現在もそれがどうなるのか、はたして現れるのかも定かではない。ただし、そうであっても、将来の政治秩序が実定法的に行使するような警察的な機能はすでに必要であり、なるべく早く形成しなくてはならない。この点での従来の最大の候補は国連であり、自衛権の行使を除けば主権国家は国連憲章によって武力攻撃を禁じられていた。その例外が国連による平和の強制執行と国連安保理が承認したケースの二つであった。

１９９０年代初期にはガリの「平和への課題」のように国連の「世界の警察官」への期待も大きかった。しかし、それがソマリアで失敗し、徐々に米国は安保理から離れ、コソボでは安保理決議が回避された。当時の欧州では国際社会による人道的介入が肯定的に支持される空気が強かった。たとえば、第二次大戦のユダヤ人虐殺を克服して社会を形成してきたドイツも戦争は嫌だが、ジェノサイドの防止には倫理的な使命感を感じたのである。アフガニスタンにおいて米国は自衛権の行使として戦争を多国籍軍と共に遂行した。ここでも戦争を肯定する国際世論は強かったが、タリバンとテロリストとの同一視や民間人の誤爆について疑問が投げかけられた。2003年のイラク侵攻では米国はブレアの説得もあって安保理決議採択を目指した。安保理決議違反と自衛権が開戦の表向きの理由だが、国内的には大量破壊兵器（WMD）の開発疑惑とイラクの民主化も根拠になっていた。

この1990年代から2000年代前半までの動きは国連の地位低下のように見えた。国連が安全保障機能を十分に果たせないと認識され、米英などの諸国は国連に代わりNATOなどによって人道的介入を実施しようとした。他方、国連も手をこまねいていたわけではなかった。2001年12月の「干渉と国家主権に関する国際委員会」の報告書で「保護する責任（R2P：the responsibility to protect）」という概念を提唱したのである。2004年12月の国連ハイレベル委員会による国連システムの改革案や翌年3月のアナン事務総長報告のなかでR2Pは確認された。ハイレベル委員会は国際社会が直面する脅威として貧困、感染症、環境悪化、国家間紛争、国内紛争、WMD（核、生物、化学兵器等）、テロ、国際組織犯罪の6カテゴリーを挙げた[3]。2005年9月の国連首脳会合成果文書、2006年4月安保理1674決議においてもR2Pは確認されている。

R2Pは、国家は集団殺害、戦争犯罪、ジェノサイド、人道に対する罪から人々を保護する責任をもつが、国家がその責任を果たせない場合は国際社会がその責任を務める、その場合には責任が内政不干渉の原則に優先するという内容である。軍事行動を起こすのは例外的な措置であり、正当な権限、正当な理由（人道的危機の急迫性）、正当な意図、手段の均衡、合理的な見通し、最後の手段という6条件があった。軍事行動には安保理の承認が必要とされているが、拒否権の濫用を慎むという行動規範に安保理理事国が同意することも提案されている。2011年にカダフィが失脚したリビアの紛争で初めてこの原則に基づいて国際社会の武力行使が容認された。安保理決議においてはブラジル、中国、ドイツ、インド、ロシアの

5カ国が意見を保留したが、反対国はなかった。リビアのケースにおいては、例外的に国際社会のコンセンサスが迅速に形成された。これは国連の地位低下が防がれた事例とみることができる反面、フランスやカタールのリアル・ポリティクス的な動機から自由でもなかった。

第二の国連の安全保障面の復権は、第Ⅲ部第3章でみたような地域主導型のPKOの隆盛とその効果の増加である。特にアフリカにおいて近隣国が軍隊を派遣し、国連や欧米の軍事・経済力とも提携しながらPKOを実施するモデルが定着してきた（Western and Goldstein 2011）。それはシエラレオネ、リベリア、象牙海岸で実施された[4]。ソマリア・アフリカ連合ミッション（AMISOM）にはウガンダ、ブルンディ、ケニア、シエラレオネの軍隊が派遣され、資金技術面を欧米が支援しているが、2012年に入ってイスラム過激派組織アルシャバーブが抑え込まれる状況がうまれている。これは欧米諸国が支援するAUの活動で、伝統的国連PKOよりも多くの戦闘行為を含む。住民に乱暴したアルシャバーブが支持を失ったことや「アラブの春」の混乱でアルシャバーブに資金が届かなくなっているなかで、リージョナルな軍隊を構築してきた[5]。

このタイプのPKOは地域機構や国連の活動と先進国側の支援の組み合わせで、「ガバナンスの重層性」では第二層のモデルである。ただし、地域機構がEUのように地域統合をベースにしていれば、超国家性という意味で第三層の要素が入ってくる。主権国家は国連に対して活動の裁量権を与えるために上位への権限委譲を行うが、地域機構も事情は同じである。ただし、地域機構のメンバーが数カ国であれば加盟国は権限移譲というよりはあまり拘束されずに行動できることになる。他方、先進国にとっては自国の兵士を送らないという意味で国内世論を気にしなくてすみ、コストも安価になる[6]。もう一つのモデルは、常備軍のない国連に代わって比較的に近隣の先進国の単独の軍隊や多国籍軍が国連のマンデートのもとに派遣され、数カ月後に戦況が安定してから準備ができた国連PKOにバトン・タッチするものである。これは東チモール、チャド、中央アフリカなどでみられ、ポール・コリアーも西アフリカにおけるフランスの常備軍の活躍を評価している（Collier 2009, 2010）。

これらのモデルはPKOが工夫すれば失敗しないことを示しているが、第三層の来たるべきモデルの萌芽状態でしかないであろう。AUの活動を欧米諸国が支援する第一のモデルは、地域機構と先進国が組み合わさったローカル・オーナーシップ型である。ウガンダは内部に置きにくくなった軍隊をソマリアPKOに派遣し、権威主義体制としての国内での不評を海外のPKOの活躍で埋め合わせている。狙いは米国の継続的なムセベニ政権支持である。その意味では、先進国にとっての「良い子モデル」にもなりえる。フランスの常備軍に代表される第二のモデルはより先進国・地域大国主導型であるが、ハーバーマスがコソボにおいて社会民主的法治国家が世界市民社会の将来の行為を現時点で代行するとみなした人道的介入のモデルに近いところがある。ただし、ハーバーマスの議論でも誰が民主的法治国家なのかを決める際に先進国バイアスがかかってしまうところがある。いずれのモデルも基本的に国連安保理のマンデートと国連諸機関の協力のもとに派遣されなければ、特定国の個別の関心に引っ張られることになるだろう。

コスモポリタン社会民主政が形成される際には、政治秩序だけではなく、国内の警察と同様な安全保障の機能と各種資源のミニマムな再配分の機能が備わる必要がある。政治秩序がないところの安全保障は予備的な機能でしかなく、過渡的な機能になる可能性もある。安全保障の分野で言えることは、イラク戦争の前から論点としてあったが、イラク戦争で国連に主導性をもたせることが望ましいということがはっきりしてきた。国連を重視するメリットの一つは、介入にあたって非軍事的な手段を全加盟国で考える機会をもてることにある。イラクやユーゴなどの暴君国にも「ガバナンスの重層性」の問題が存在していた。

それは政治社会構造の問題であるから、軍事的に暴君を倒せばすむ問題ではなかった。

他方、国連主導で軍事行動に至る前の経済制裁にはより大きな配慮と対策が与えられるべきである。イラクにおいて米英は経済制裁が効いていなかったと主張していたが、大量破壊兵器がなかったことは制裁の効果でもあっただろう。経済制裁は原油などの輸出禁止、海外からの投資禁止などとして行われていた。しかし、制裁が国民生活を圧迫するとの国際世論を受けて、１９９６年に石油食料交換プログラムにより禁輸は一部解除され、人道物資を購入する目的の輸出が承認された。制裁の目的は国連安保理がイラクの軍事的な再構築を抑えることで、国連制裁監視委員会が輸出を管理していた。イラクはヨルダン経由での密輸や仲買人を画策したが、いずれも大きなコストがかかった。石油輸出は半年あたり20億ドルの上限があったが、１９９９年に上限は撤廃された。主たる輸出先はロシア、フランスや中国であった。

経済制裁は実際には大きな効果をもたらしていた。１９９９年3月に制裁監視委員会は湾岸危機以後、イラクにおける乳幼児死亡率は世界で最も高く、誕生した乳児の23%が未熟児で、5歳児の4人に1人が栄養失調であると制裁の効果の大きさを説明した（UNICEF 2003）。このような制裁は人道的に問題があったし、一般庶民にも国際社会に対する怨恨の感情をうんでしまう意味で失敗であった。一般の庶民にはあまり効果がなく、権力エリートに打撃が及ぶ制裁は精密誘導のスマート兵器にならって「スマート・サンクション」と呼ばれ、イラク制裁でも米英は議論した。権力エリートやその家族の海外預金の凍結は効果があり、ＤＲＣ（ザイール）、リビアやイラクなどで行われた。

経済制裁というオプション、それと軍事行動との連続的な移行戦略の関係で言えば、国連の関係しない同盟軍による軍事介入ではこのような総合的な外交戦略を形成することは難しい。単独国の軍事介入では最も明らかであろう。イラクに対しては大量破壊兵器の査察を続けるべきであった。そして、米英は「スマート・サンクション」を唯一の交渉手段とすべきであった。同時に、制裁の影響が一般庶民に起こりそうな脆弱なセクターに対しては緊急の支援を国連機関が行うべきであった。これらの綿密なパッケージがどのような効果をもつのかについて「政策の一貫性（policy coherence）」としての詳細な研究が必要であろう。(7)

カルドーによれば、イラクにおける戦争は多国間主義国家の地位を大きく掘り崩してしまい、国連とEUは分断され、弱体化した（Kaldor 2003, 2007）。しかし、国際法の執行とグローバルな規範を支持することについての理念は、グローバルな論議の一部であり続けている（Kaldor 2007: 232）。彼女はR2Pに希望をみいだしているが、その初のケースとなったリビアはよい先例となったのだろうか。一般的な多国間主義国家（欧州、カナダ、日本など）は米英に対してイラク問題ではうまく働きかけられなかった。しかし、その教訓も踏まえてEUは平和執行の能力を強化し、カナダや日本は「人間の安全保障」論を検討し（カナダはPKO、日本はODAを議論のベースとした）、さらに日本は北欧、カナダ、英国と共に国連の平和構築委員会（PBC）の活動に深く関わったのであるが、これらは比較的に小さな貢献に留まった。

3　市民社会の普遍性と個別性

ここでは紛争との関係から市民社会、グローバル市民社会そしてガバナンスの行方について考察したい。紛争の形成要因には国家を基準に考えれば、グローバルなレベルと国内のレベルの二つがある。途上国においては先進国の文化や行動が情報として伝わるようになると、摩擦が増える。文化間の摩擦は交流と共に古代からあったが、グローバリゼーションや情報通信の発達と共に増加している。文化的なレベルでの反グローバリズムの急先鋒が宗教、特にイスラムの原理主義であろう。これはカルドーたちが依拠しているコスモポリタニズムとは対極的であるし、通常のナショナリズムとも異なっている。他方、国内においては植民地遺制も影響してアイデンティティ集団間の対立が問題になっている。この対立はカルドーのいうレッテルのように貼り付けられたもので、１９９０年代の民主化の時期に過激になった。アイデンティティはレッテルとして操作されるが、完全に操作できないし、それを説いた者たちも自縛する力をもっている。

(1) グローバル・レベル

冷戦が終わり、世界が一つのグローバルな世界に向かうと思われた矢先に、ソ連邦の崩壊後に中央アジアでイスラム系の5カ国が独立するなど宗教の多様性が顕著になった。さらに、イスラム原理主義者たちは勢力を伸張しながら、グローバルに浸透する自由主義の流れを止めようとした。積極的なミッション（布教）を有するイスラム教とキリスト教のあいだには「文明の衝突」を思わせる対立があった。しかし、一方的なミッションは一部の社会に不安定化と差別をうむ。9・11によって各地の社会でそのような現象が頻発している。イスラムの社会も一様ではなく、原理主義者も世俗主義者もいる。戦闘的スンニーであるアルカイダやＩＳの脅威は限られている。しかし、欧米社会に9・11以降に移民問題も絡み、反イスラム的な感情がくすぶるようになると、イスラム社会も欧米の自由主義や物質主義に警戒感をもつようになった。特にイスラム諸国で戦闘行為を続けてきた米国に対する人々のイメージは悪化している。逆に、「中東の春」では下からの民主化で大衆が新たな権利を獲得したが、民主化のプロセスが昏迷すると共に、それらの社会のなかでは非イスラム教徒の人々に対する圧迫が増している。

集団の境界は流動的で不確実なものであるが（Horowitz 1985）、自由に取捨選択することはできないと一部の構成主義者は考える。集団の認識や感情というのは簡単に指導者が考案し、操作できるものではないという考え方である。ヘイルは原初主義と構成主義の二分法に反対し、両者の議論は極端な論者を除けばほとんど重複しており、「多くの構成主義者たちは、集団のアイデンティティはいったん形成されると極めて安定しがちであるという点で原初主義者と意見が一致する」と説明する（Hale 2004）。そして、本当の相違は個人が相対的に容易にアイデンティティを変えられるとする道具主義（instrumentalism）と個人レベルの集団アイデンティティに持続性があるとする不朽主義者（perdurabilists）のあいだにあるという[8]。構成主義の通常の理解は、原初主義のように安定していながら、道具主義のように短期間に変わり得る異なる性質があるというものであろう。

現在、国境を超えて対立をうんでいる宗教は一般的な構成主義の観点で把握するのがよいだろう。歴史的に長く、相当な不朽性をもっている。普遍的な宗教のなかでも仏教は比較的に共存性を有している（日本でも神仏習合があった）。イスラム教とキリスト教には唯一神の信仰の考え方が強い。他方、１９９０年代から現在までの国内のエスニシティの問題は、傾向としては道具主義に近い構成主義からの分析に向いている。次に、視点が構成主義と言っても、カルドーのグローバル市民社会の視点は歴史的構造の制約を避けがちなアプローチになっている。これからのグローバリゼーションの過程で各地域において構造の制約（主に第一層）がなくなる状況であれば、カルドーの視点で問題はないだろう。反対に、各地域においてさまざまな宗教の主張が増えるのであれば、歴史的構造は無視できない。

次に、構成主義の分析で重要なのがエスニシティや宗教のような古くから流れてきたアイデンティティと市民社会や民主主義のように新しく普及してきたアイデンティティがどのように融合したのかという観点である。これは特にイスラム社会における自由主義や民主主義の観念の定着の問題にあたる。１９９０

年代からグローバリゼーションが強まるようになって、相互依存の進展や情報通信の発達といった新しいガバナンスの次元（第三層）は普遍的な宗教の衝突を強めている側面がある。古代から普遍的な宗教の対立はあったし、それらの共存を図る世俗化や寛容の措置も行われてきた。しかし、世界的な交流と浸透が強まるなかで、宗教の対立はさまざまな文化や利害、価値観の対立を集約するようになっている。イスラム原理主義ではコーランとシャリア（sharia）が完全な統治原理であり、コミュニティの協議（shura）は価値や有用性が認識されているが、それは西欧的な民主主義とは相当に異なっている。他方、キリスト教世界もグローバリゼーションが自分たちの価値体系に有利に働いたことが反発を招いていることを理解しなくてはならない。この問題の解答は、文化的な次元での分権性、多文化主義にほかならない。

多文化主義のガバナンスとはどんなものであろうか。それは寛容を価値とし、世俗的な価値と宗教的な価値の均衡を目指し（現世においては世俗的な価値を優先し）、少数派の意見を尊重し、討議を重んずる民主主義である。それは平等な市民権や法の下の平等と一致するものである。実際の主権国家においても日常生活において多文化主義は厳正に守られてはいないが、原理主義のミッションはそれに反した動きを主権国家の枠組みを超えて広げようとしているふしがある。原理主義にはイスラム教に限らず、自由な交流を排するという意味で反グローバリズムの要素がある。欧米的な価値観がグローバリゼーションのなかで政治、経済、文化すべてまとめて浸透してくるときに、それに対抗するには反グローバリズムにならざるを得ない面はある。問題はそれを対話で行うのか、暴力で行うのかであろう。

（2）国内レベル

国家内部の紛争にはいくつかの説明の方法がある。カウフマンの緊張状態に置かれたエスニック集団間の他者認識としての恐怖（Kaufman 2006）については第Ⅲ部第1章で述べたのでここでは省きたい。しかし、恐怖は人々を集団と固定的な観念に向かわせる大きな動機付けになる。ほかにも人間の友敵感情や攻撃性、排他主義が存在する。ここではさらに専門的な分析として、国内紛争を説明する貪欲と憤懣についてみておきたい。コリアーの貪欲説は特定の政治集団が資源の獲得をめぐって、大衆や貧困者を操縦・動員して紛争を仕掛ける考え方である（Collier and Hoeffler 2002）。これに対して、スチュワートの憤懣説は差別され、不平等な立場にいる人々の憤懣が集団内で増幅して、抑圧者に対して紛争を起こすという考え方である（Stewart 2008）。

貪欲説は紛争を起こす首謀者・集団は費用便益分析に立脚して個人的に行動を決定しているという。憤懣が原因のように見受けられる政治現象は、紛争を仕掛ける集団の宣伝により醸成されている。この集団が紛争の前に用意しなくてはならない資金は巨額で、とても大衆や貧困者には集められない。また、教育普及が低い地域においては、人々が紛争に参加する場合の機会費用が低いので紛争が拡大しやすいという。憤懣説はエスニシティや宗教という集団のアイデンティティを重視し、集団間に政治的、経済的、社会的に深刻な不平等や文化的な差別があり、かつ政府がこれらの状況に対応しないときに紛争のリスクが高まると説明している。

カウフマンを含めた三つの説は、紛争推進者の動機のみならず、社会の不平等や人間の心理についても対照的な見解を示している。カウフマンは歴史的イデオロギー構造を重視しており、不平等など政治経済的な要因はあまり重視しない。これに対し、コリアーとスチュワートの両者は、政治経済的な要因を重視している。コリアーは合理的選択（rational choice）に依拠する新古典派経済学者である。スチュワートは構成主義の観点に立つ経済学者である。構造主義は恐怖、合理的選択は貪欲、構成主義は憤懣を紛争の主要な動機として挙げている。貪欲説は社会のさまざまな属性と紛争の起こりやすさとの相関を分析しているが、個人や世帯所得の不平等と紛争の発生の関係については明解な分析を示していない。憤懣説はアイデンティティ集団間の不平等を水平的不平等としてこちらを決定要因としているが、因果関係は不平等から紛争への一方向の動きとして捉えている。

民主主義について両者は対照的な解釈を示している。コリアーはエスニシティがある程度多様な国はそれが同質的な国よりも民主主義を進める必要があるという（Collier 2000）。エスニシティが同質的な国では政治的な権利の進展は経済成長に影響しないが、多様な国では独裁制は民主制よりも成長が緩慢になるとした。つまり、民主主義はエスニシティの多様性と結びついて成長の障害となる要因を取り除けるという。ただし、1人あたり所得1300ドル以下の国のみならず、紛争後の社会における急激な民主主義の導入は紛争リスクを高めるという。スチュワートは民主主義が重要であるとしても、多数決で勝者がすべてをとるシステム（ウェストミンスター・モデル）の性急な導入が集団間の関係を不安定にすると述べ、包摂的な資源配分政策の導入の方を勧める。

三つの仮説は紛争の構造・社会心理的な側面での示唆に富む有力な見解であるが、その限界についても指摘したい。カウフマンの恐怖は最も直接的な動機のように思えるが、構造ということで社会のなかの人々の心理変化がつかめないことに難点がある。また、いかなる政治経済条件のもとで構造が前面に出てくるのかの考察にも乏しい。貪欲説は紛争を主導する集団を政治集団としてよりも犯罪集団としてみなしやすく、抗議の信憑性を疑問視させる効果をもっている（Goodhand 2003）。また、権力エリート自身が収奪者となりうる側面は軽視されやすい。天然資源の獲得をめぐる紛争の説明には適しているが、それ以外にも紛争は起きており、資源をより広義に捉え直す必要がある。憤懣説は社会経済的な不平等と政治的な不平等が同じベクトルに向かうと紛争のリスクが増すと説明するが、大衆が正確に社会経済的な不平等を認識することは困難であり、また、不平等を把握する方法論が集団を固定して推移をみるために原初主義の立場に近づき、それによりアイデンティティの心理面における複数性や変動性を把握できずにいる。

（3）市民社会に対する注目

（2）の紛争を説明する三つの仮説は、一国モデル（閉鎖系）の部分理論であり、市民社会（グローバルでなくとも国内でも）の発達度合いに対する分析を行っていない。市民社会の未発達性や偏りが重要な根本原因であることはあまり指摘されていない。市民社会が弱いところでは、人々が分断されやすい。自己に敵対している人々を一つのブロックとしてみなし、自己に友好的な人々は個性を識別する人間の心理がある。これはカール・シュミットの友敵理論（Schmitt 1932, 1970）にもなるが、市民社会とはブロックから離れて対話するすべての人々を個別に識別する空間のことである。そして、このことは（1）の国境を超えた、グローバルなケースについても妥当する。アルカイダ、タリバン、モスリムと集合表象を拡大してブロック化していく心理過程をもつ人々に対して、そこから離れる場を提供するのが市民社会である。その意味で、米国のような社会においても市民社会の存続と育成は課題である。

市民としての同等の権利が保障されないことが欧州のような民主主義国でも起きている。非合法的な移民や難民のような排除された人々には政治的な代表権が与えられないことがある。英連邦からの移民には選挙権が英国において与えられた。これは移民の入国制限の厳しさと引き換えになっていたが、欧州でも特筆されるべき政策であった。ただし、１９８１年の国籍法の改正によって、英国で生まれれば自動的に市民権が付与される政策は見直された。さらに、ＥＵ統合のなかで新たな移民が流入し、雇用に影響するようになって、英国民の移民観は変化した。このことが英国の国民投票におけるEU離脱（Brexit）支持を高めた。

市民社会の浸透が経済を中心とした新自由主義的な浸透と同一視されてしまうと、世界のなかでの浸透や定着は容易ではなくなる。途上国においても人権や環境などのアドボカシーNGOsは増えているが、それぞれの社会のより広い市民社会との関係はそれほど強くはない。しかし、グローバル市民社会の進展を抑えることは容易ではないだろう。それはINGOsやアドボカシーNGOsの数の増大によって終わるものではない。「抗議者」や政治面でのネットユーザーを加える必要があるが、それでも足りない。これは広く解せば、この世界をよくしたいという一人一人の気持ちと行動であり、それに今の世界はどうなればよいのかという一種のイメージが加わったものでよいのだろう。それに関する議論やフォーラムであればどんなものでもよく、社会のどんな場所でも作ることができる。ふつうわたしたちはグローバル市民社会にいながら、その機会を十分に利用していない。たとえば、東アジアの領土問題がかまびすしい。日本をめぐってもロシア、韓国、中国、台湾とのあいだで議論が起きている。こうしたテーマは中央政府だけに関与させると、情報や発想も限られ、政治的に利用されやすくなる。東アジアの市民社会ネットワークが弱かったことの反省材料として市民レベルでの対話を進めるべきであろう。また、グローバル市民社会は特定国の国内紛争にも関われる。特定国に関わりのないCSOs、近隣国のよく知られたCSOsどちらの関与であっても、復興救援や紛争予防のアドボカシーの面で多くの貢献例がある。

【注】

1　日本の明治期に自由民権運動を推進したのは不平をもった旧士族であったが、彼らはいつでも民主化論者というわけではなかった。

2　ハーバーマスはカントの平和連合論が世界市民の連合ではなく、諸国家の連合体として構想された点を批判している。第Ⅲ部第2章で言及したスタンレー・ホフマンも二つの原則の識別をしている。

3　同報告書は安保理の常任理事国を6カ国増やす（拒否権なしでアフリカ2、アジア2、欧州1、米州1）A案と4年任期で再選できる準常任理事国を新設するB案を提示した。

4　Westernらはオーストラリアを例に入れているが、筆者は同頁の「もう一つのモデル」に分類する。

5　米国務省はアルシャバーブ幹部の所在情報に懸賞金をかけている。

6　Alex Perry, "The Outsourced War", *TIME* Vol.180, No.7. pp.32-37.

7　政策の一貫性については次章で後述する。

8　この視点は他の多くの論点ともパラレルな共通性をもっている。たとえば、ウェント（1999）は国際関係論において自分と急進的な構成主義者たちは見解が異なると常々宣言してきた。スミスはネーションの起源に関して近代主義の視点と源流としての「エトニー（エスニック共同体）」の結合した関係について論じた（Smith 1993, 1998）。これらは認識論的には歴史的な何らかの起源と近代主義的な構築の統合的な関係を重視する立場である。

第3章　ガバナンスの重層性と開発

世界史において西欧国家体系の波及があり、どの地域にも主権国家が形成された。しかし、その過程は千差万別であり、欧州では15世紀から始まっていたのに対し、途上国ではその時期が短く、植民地遺制の影響もあって国家が人工的で、家産制などの支配層の性格、内部の集団構成なども多様になった。植民地遺制の強い国では、市民が真に市民として扱われにくい特徴がある。ウガンダ政府は石油収入や土地取得の補償金などの問題に焦点をあてるアドボカシーNGOsに政府が会議の中止や脅迫などの妨害をしている(1)。他方、グローバリゼーションの影響は先進国、途上国を問わずに起きており、主権国家は領域内でその意思を行使する権力が減退し、越境的な行為主体の活動の活発化は権威の源泉である領域の意味を無効にしてきている。

市民が市民として対等に扱われる空間を形成しなければならない。そうでなければ、市民の政治的権利といった近現代社会の図式は絵空事になってしまう。そのためには主権国家を安定的に構築させる国家建設のプロセス（「ガバナンスの重層性」の第二層）と、主権国家を超えた活動のプロセス（第三層）の双方を同時に進めなくてはならない。主権国家体系は外国に逃れる難民や移民の問題を放置し、国際機構や国際NGOsが主に対応しているが、国内避難民（IDPs）は抑圧している国家内に残っているのでさらに対応が難しい。そうした問題に対処する人道的介入の問題は、主権と衝突する問題を抱えている。途上国・低所得国のガバナンスの問題は第二層と第三層の問題がシンクロナイズしているところが難しい。

人道的介入それ自体は是とされるべきであろう。ただし、それを大国や先進国が独占して行う軍事的介入は権力政治と繫がった恣意的な介入となる危険をもつので正当化しにくい。戦争は新たな感情と混乱を人々に与える。2012年の夏にイラクでアルカイダ系のテロ事件が起き、その後シリアとイラクでISが成立したのは、米軍侵攻が作り出した社会の混乱からである。[2] 経済制裁などの手段が望ましく、被害対象でない一般市民に向かわない「スマート・サンクション」の計画が入念に作られるべきだった。被害が及ぶのを防ぐための活動は国際NGOsの領域で、これらの活動はもっと強化されなくてはならない。緊急的な対応として軍事的介入がある場合には、憲章第6章・第7章いずれの行動にせよ安保理の承認が必要である。安保理が機能しない場合はAUのような地域機構の軍隊、それもない場合は同じ地域の多数国からなる合同PKOの関与が相対的に望ましいだろう。

途上国に対する「脆弱国家」論は、現象面の分析としてはそれほど間違ってはいない。ただし、途上国の脆弱性を形成してきた歴史的な過程が見落とされがちであり、その責任が先進国側にも多く存在することを忘却している。[3] アフリカではこの問題は欧州との関係において形成され、ガバナンスの問題として社会構造に根差している。アフリカでは集団間の抗争もあったが、異なる集団が客人としてもてなされる大らかさもあった。ウガンダ東部の農村では客人に地酒をふるまう風習がある。土器の壺に沢山の穴があり、草藁のストローを差し込んで飲む。これは一緒に同じものを飲むことで、客人を毒殺しないというシグナルをもっていた。しかし、植民地期に集団間の相互信頼は人工的なガバナンスのもとで悪化した。アジアの植民地経営はより土着的な社会構造を利用したので、人工性の度合いは異なる。コロニアリズムの影響という意味で、ガバナンスの類型化は地域間である程度可能であろう。ケニアではすっかり地域や集団は分裂してしまった。独立の前に少数派の集団が大きな集団の支配を恐れて主張した連邦制が本来のマジンボであった。

植民地期、前植民地期双方の影響を受けて、東アジアにおいては権力エリートが構成員の生存を気にかける文化的観念があった。これは人々の同質性に依拠したガバナンスと呼べるだろう。アフリカでは、それまでの構成員の同質性は観念されていなかった。東アジアでは開発独裁が起きた。同じものをアフリカで行いたいということで、エチオピア、ルワンダ、ウガンダはそれを試しているか、模しているところがある。ただし、アフリカでの開発主義は一般的には成立しがたいだろう。アフリカではシビック・ネイションを建設することが必要で、そのためには最低限のシビル・ミニマムを果たす社会の建設が求められ、安定的な援助資金の流入が前提となるだろう。タンザニア、マラウイなどがタイプ的には近いが、行く手は容易ではない。

途上国に対する開発援助はさまざまな進化を遂げてきた。1990年代後半のPRSの動き、2000年のミレニアム開発目標、2015年の持続可能な開発目標などはその典型である。しかし、これまでの過程で開発援助は往々にして画一的な政策を押し付ける傾向があった。もちろん、構造調整にしてもプロジェクト援助にしても成功案件はあった。本書では援助が人々の福祉に繋がることを否定してはいない。ただし、途上国、特に「脆弱国家」と呼ばれる低所得国に画一的な政策を行うのは問題であった。また、メディアは「脆弱国家」が1人の独裁者のせいで出来上がったような見方をしやすいが、これも正確ではない。独裁者の責任は追及しなければならないが、彼らを輩出し、支えている社会の歴史的構造や国際関係を見なければ、決してバランスのとれた見方にはならないのである。

1990年代から世界中でガバナンスは変容過程に入り、民主化が希望と混乱と共に求められている。

かつて政治体制は19世紀の欧米をモデルとしたが、より多様なガバナンス・モデルが必要とされている。民主化の定着には各社会の努力が必要であるが、途上国全般に定着するような民主化のモデルを開発していくことも重要である。グローバル民主社会の行方もこれらのガバナンス像にかかっている。これからのグローバルな政治体制の将来予測は本書の射程を超えているが、マルチレベル・ガバナンス、分権化、ローカル、ローカルな市民社会、ボトムアップの公共圏といった考え方は将来のキーワードであるだろう。(4)これらはEUの発足の影響を受けて誕生したが、各地域において再発展されるべき観念である。

人々は政治や行政のある層において拒否されても、他の層が受理すれば寄る辺が与えられる。また、政府から押し出されても、民間セクターや市民社会が救うこともある。日本では明治維新を想定すればよいが、人々の国家性に対する合意は民主的諸制度の創設に先立っている。他方、民主主義の定義には政府を作り出す手続きに関して領域内の市民の合意を必要としている(Linz and Stepan 1996)。つまり、自分がどの空間の範囲における市民なのかをはっきりさせることは民主主義の前提であった。しかし、この原則は近現代国家の非市民差別の基礎ともなった。先進国の長い歴史のなかで市民権は確立していくが、当初は女性(仏、伊、日の参政権は1945年)、黒人が入らず(米国の公民権法は1964年)、現在でも非合法的な移民や難民はそのなかには入っていない。EUの政治統合は移民政策を拡張する可能性をもっていたが、2000年代の景気後退や社会の内紛を背景に移民の権利を制限する方向に戻っている。

すべての人々にとって身を寄せられるのはグローバル市民社会しかない。そこでは誰しもが対等で、同じように発言し、同じように動ける。もっとも、この社会の発達も先進国と途上国・低所得国、各地域での違いがある。グローバル市民社会がまだ萌芽状態である以上に、途上国の市民社会はまだ形成途上である。途上国の疎外された人々は声を上げる術をもっていない。しかし、グローバル市民社会はグローバルな政治秩序に先行して形成されていくであろう。狭い意味のグローバリゼーションを、準備期間を別として1990年代からの画期とすると、現在はまだ初期の段階であろう。世界的な「抗議者」の動向をポジティブに捉えると、これからの民主的社会はグローバルな情報通信によって繋がり、下からの改革を広く起こす可能性もある。ただし、その領域の範囲や民主化の展開については不明である。

アフリカやそれ以外の低所得国で大切なのは、民主化と国家性のバランスをいかに形成するかということであった。同時に、市民意識の形成や市民のあいだの機会均等の問題があり、それらと関連して経済成長の問題があった。東アジアにおいては国家性の問題やその人工性がそこまで深刻ではなかった。このような「ガバナンスの重層性」をふまえた開発支援が必要である。この問題があるから先進国が内政に関与できないということではない。しかし、歴史をふまえた、低所得国のオーナーシップを尊重した、漸進的な関与でなくてはならないだろう。大きな改革には10〜20年くらいのリードタイムを与えること、民主化改革には市民社会支援と分権化改革を先行させ、並走させることが考えられる。民主化要求と権力エリートの支配の妥協の産物として、多くのハイブリッド・レジームが誕生した。その動きをいったんは受容しても、先進国の利益のために容認してはいけないだろう。それは冷戦期の権威主義体制擁護の縮小再生産になる。ドナーはハイブリッド・レジームにおける市民社会の強化に取り組むべきであろう。

本章ではこれからの開発のあり方について考察するが、それは長期的なスケールの話であり、国際開発レジームと途上国の政治社会の関係を新しいグローバル社会の枠組みのなかでどのように捉えるのかというテーマになる。第1節では、政治秩序の問題を考える。この問題はナショナルにしてもグローバルにしても奥が深く、判断が難しい問題であるので、ここでは新しい開発を考えるうえで必要とされるガバナンスの問題に限定したい。第2節では経済や開発援助の問題を考える。開発はODAだけの問題ではなく、本来は「政策の一貫性」の見地から開発に関連したあらゆる政策について検討する必要がある。最後に、第3節は政治秩序と開発の相互関係についての結語を述べておきたい。

1 新しい開発の政治秩序

なぜ世界は今のような政治秩序になっているのだろうか。途上国、特に低所得国では市民としての人権が保障されていないので、人々は国家をさほど重視していない。低所得国において、はたしてどれだけの人々の人権が保障されているのであろうか。それを保障しているのは家族、親戚、地縁・伝統社会やCSOsの方ではないのか。国家より下位の単位の方、つまりローカルが働いているが、それも永続する保証はない。国家の役割が低迷し、かつ自分の周囲の共同体も崩れてしまったときに、頼りになるのは自分一人か上位のガバナンスである。すべての人を非市民扱いしないためには、政治秩序の境界が世界やリージョンの単位であればよい。しかし、現時点でグローバルやリージョンのレベルにあるのは市場と萌芽的な市民社会である。ガバナンスの第二層の劣化が始まっているのに、第三層が現れていない状態である。

EUの共通移民政策は1999年のアムステルダム条約で発効し、そこで初めて域外国境管理や移民・難民に関する政策などで加盟国の協調が定められた。域内の人の移動の自由は1995年に実現していたが、域外からの人々の流入には加盟国の個別の制限が認められていた。しかし、域外とも言い切れない東欧諸国の民主化に伴う社会混乱やユーゴ紛争などにより大量の移民・難民が加盟国に流入したことでEUとしての対応が求められたのである。2002年からEUへの移民の流入は、毎年150万人を超える規模となった。ただし、第三国民に対しては加盟国の国民と同等の権利及び義務を「可能な限り」与えるとされており、全く同等というわけではない。難民の主要先進国の受け入れ人数は近年1〜2万人であるが、2015年の日本の難民認定者は27人であった。

現状の国連は主権国家体系に依拠している。そして、欧州にあった主権国家としての対等性、多角性を維持しているシステムが総会である。同時に、欧州の歴史を反映して大国主導の勢力均衡を目指しているのが安保理である。前者はアイデアリズム、後者はリアリズムの原理によって支えられていた。近年、途上国の参加が増えるなかで総会の意思決定能力の改善が課題になってきた。一般の途上国は、安保理の非常任理事国になることも難しい。日本やドイツやブラジル、インドにとっては安保理メンバーの拡大は大きな関心事になるが、一般の途上国にとっては専門機関での議決能力を高めることにより関心がある。

国連にとっての安全保障の問題は安保理における協議がまとまらないことである。リビアとは異なり、シリアの件では2011〜12年ロシアと中国が人道的介入の承認を認めない姿勢をとってきた。EU米日などが資産凍結などの経済制裁を実施したが、国連としての行動はうまれていない。また、アナン前事務総長の停戦監視団も4カ月駐留したが、当初の目的を果たせずに撤退した。イラク戦争において米英が安保理の承認を求めなかったことは問題であったが、シリアの安保理で拒否権を続けているロシアと中国も同様に問題であった。安保理のメンバーの拡大は国連改革というテーマの下で議論されてきたが、メンバーのうちのロシアと中国が民主主義国でないという問題も影を落としている。少なくとも常任理事国が無制限に拒否権を行使できない仕組み、拒否権に対してP5の責任を負わせる措置が必要であろう。

グローバルな市民の権利は人権宣言などで行われてきたが、これらはプログラム規定以上に理想を語る段階にすぎなかった。それでも当時のソ連、ウクライナ、チェコスロバキア、ポーランドなどは採択時に棄権したが、否決しなかった。未来においては、市民権は最上位のガバナンスにおいて実定法的に規定されるのが望ましい。しかしながら、当面のあいだこの問題を担えるのは国連であるし、人間の安全保障についても議論のベースが古いが、最終的なゲートキーパーは国連しかいない。ただし、PKOでは地域機構の役割が拡大し、国連と提携もしている。他方、経済一般ないし人間の福祉の分野について国連機関は決定的に力不足である。経済分野の安保理の創設の議論もあったが、現状の能力では形式的な議論しかできないだろう。低所得国の貧困削減の達成度には地域格差がある。G8やG20、国連などの既存の協議の枠組みに加えて、貿易・投資の経済活動に関わる地域機構がより大きな力をつけて人々の福祉の向上に関わる可能性があろう。

もちろん、地域によって地域機構の活動が本格化するまでの時間は異なるであろう。メゾ・リージョンの大きさも機構によって異なる。メゾ・リージョンとは、アセアンとアジア、メルコスールとアメリカズのような関係である。援助の観点からは、比較的に豊かなメゾ・リージョン機関がリージョン全体に援助をするオプションもある。近隣国は相互依存関係が多く、人道支援なども近隣国の参加が多いからである。他方、自分の地域以外のグローバルな援助はバイの援助で続ける場合と、マルチや国際NGOsになるべく任せるオプションもある。(5) その際にはマルチの援助の規模を拡大し、AUなど地域機構との提携を深めることになる。バイとマルチ、国際NGOsとアクターの数が多いことは被援助国にとっての負担増加になる。他方、アクターの数が多いことが被援助国の活動の自由や画策の余地を増やすところもある。

欧州でいえば、国家は自治体に分権化するようにEUに対しても分権化するのである。それらは下位への権限移転（ないし委譲）と上位への権限移転（ないし委譲）である。また、中央政府から異なる部門への分権化が民営化、市場化である（同位への権限移転）。地域機構への分権化は、一般の国家にとっては国連などの国際機構に分権化するよりも低コストかつ操作可能に感じるであろう。マルチレベル・ガバナンスがトランスナショナルな、越境的アクターとさまざまな関係を構築することが広域での市民社会の構築に通じる。ドナーはこれら全体を支援することができる。これは広義の分権化とも呼べるが、一般的にはマルチレベル・ガバナンスと呼んだ方がよいのだろう（Bache and Flinders 2004）。

途上国では過去からのガバナンスの負の影響がのしかかり、政府が一般市民に対して非市民的な取り扱いをすることがあった。タンザニアのような安定した国においても選挙人登録は政府に批判的な地域においては進捗が遅れ、公共サービスのデリバリーの改善についても政府がＮＧＯｓとの調査結果の連名の公表を拒むことがあった。２０１０年の議会・大統領選挙の投票率はそれまでの70～80パーセント台から40パーセント前後に低下した。[6] その要因は多様であったが、いつも選挙になると万年与党のパトロネージが宣伝される政治に若者が幻滅したこともあるだろう。[7] 市民を市民として遇することは社会契約の観念に立脚している。これは欧州においてうまれてきた観念で、アジアとアフリカには明示的、体系的には存在していなかった。

社会契約の希薄さを物語るのが軍や警察の市民に対して威圧的な歴史である。２００７年末のケニアでも警察は選挙結果に抗議する市民に水平射撃を行った。アフリカにおける軍隊は私兵的な側面を有し、植民地支配の影響を受けていた。ムセベニのＮＲＡは北部出身者でない者が多数を占める初めての抵抗軍であった。[8] 政府と交戦した抵抗軍のタイプが内戦の後の軍の存続、さらにその後の社会の紛争予防に影響しているという解釈がある（McDonough 2008）。ルワンダのＲＰＦはウガンダ亡命中にＮＲＡに合流した経緯があり、ウガンダとルワンダには抵抗軍に規律や市民との関係構築があった。それに対し、リベリアでは軍隊が１９８５年のクーデター未遂後に特定のエスニック集団により担われ、市民との関係構築もなかったことが１９９０～２０００年代の紛争再発に影響したとされる。ウガンダの場合は軍隊と市民の一種の社会契約であったように思う。しかし、ウガンダもルワンダもその後は新家産制的な権威主義が復活し、軍部が隣国DRCの鉱物資源を搾取するようになった。

アフリカの国家性の問題を国境の固定性から分析した研究もある(9)。西欧諸国の国家形成過程で国境線は頻繁に変更されてきたが、アフリカではそれがなかった。アフリカでは領土保全原則が締結されていたが、統治主体が領域を実効的に支配せず、国境も厳密に管理されていなかったために抵抗組織や政府軍は劣勢になると簡単に隣国に逃れられた。逆説的に聞こえるが、しっかりと統治されていなかったために国境は変更されなかった。そして、国外に逃れた軍隊は、将来に備えて戦闘の準備をしたので、国内紛争は終結しなかった。アジアで国家が変容しても、国境が固定していた例がバングラデシュである。同国は統治主体が領域を実効支配したが、国家が変遷した。植民地期にはインド、パキスタン、ビルマ、セイロンと共に英領インド帝国を構成した。1947年に独立した際には東パキスタンと呼ばれたが、宗教以外に共通点のない西パキスタンの圧制に対して戦争を起こして1971年に独立した。

1990年代に内外の圧力を受けて民主化したアフリカにはこうしたガバナンスの負の遺産がある。公正な選挙は限られ、選挙結果をめぐる紛争も絶えない。民主化には、広い意味では政府が市民の最低のニーズに応じることで支持を得る社会契約が含まれている。しかし、その契約は多くの場合満たされず、その代わりに選挙目当てにアイデンティティ集団の煽情的宣伝や伝統的指導者による動員、票買いが行われる。しかし、エスニシティなどの概念は半ば以上植民地勢力、つまり外国の都合で歴史的に作り出されたものであった。そのレッテルは国民統合が進まないなかで独立後も残存し、1990年代の民主化期に政治家たちに再利用されてしまったのである。これが時として差別の根源として利用された。いったん紛争が起きると、暴力に対する報復心理がうまれ、感情としては実体化した。

バングラデシュやラオスにはアフリカのようなアイデンティティ集団の際立った分裂はない。バングラデシュはもともと東ベンガルで文化的にはインドと繋がっている。政党政治は民主政治であるが、事実上300家族が社会を支配しており、政党の内部には伝統的支配や名望家支配が残っている。一般市民は政治を権力エリートのファミリー・ビジネスと思っている。BRACやグラミン銀行などNGOs活動が有名だが、貧富の格差は大きく、劣悪な労働環境が多く、イスラム原理主義が社会に浸透している。ラオスでは人民革命党による一党独裁が続いている。植民地期にはベトナム、カンボディアと共に仏領インドシナを構成した。一院制の国民議会は選挙され、国家主席は国民議会で選出されている。マルクス・レーニン主義を党の綱領として維持する一方、1986年から経済の自由化を進めた。ただし、内陸国としての制約があり、その制約を振り払うほど周辺の大国からの影響力を受けるディレンマがある。この二カ国にはガバナンスの問題は残っているが、独立戦争や冷戦以降に大きな暴力はなく、現在の経済成長率は高い(10)。ちなみに、フリーダムハウスはバングラデシュを「部分的に自由」、ラオスを「不自由」に分類している。

途上国、低所得国といっても政治状況は多様である。これらの国が19世紀の英国と完璧に同じ政治制度を導入し、維持する必要はあるだろうか。しかし、民主主義的なガバナンスは必要である。それは議会民主主義、分権制や権力分有などの制度としてあるが、先ずは市民社会と支え合う必要がある。歴史的構造の制約や人々のアイデンティティの変化を受け、権力エリートは最終的には狭められた範囲での合理的選択を行う。ただし、その段階になるまでの政治過程の展開が、市民社会の関与を含めて問われるのである。たとえば、ケニアの権力エリートはローカリゼーションに対抗して集権的制度を温存してきたが、それは半世紀経って崩壊した。この過程で政治家が使える選択肢はエスニック扇情、戦術的連携とカリスマ的名家の出自であった。彼らの選択肢をさらに幅広く市民と繋げる方策を国連、NGOs、各国政府がさまざまなベースで行う必要があろう。

2 開発の変容

開発においても第二層の限界は明らかであるが、第三層は姿を見せていない。たとえば、国際投機筋の短期的な投資は世界経済を混乱させてきたが、そのコントロールに対する先進国内のコンセンサスはできていない。これが国内社会であったら、何らかの決着がついているだろう。スティグリッツは短期的な投資は長期的な投資よりも支払う税を増やすべきだと主張している。ただし、萌芽的なルールを形成する動きはあり、IMFも投機性短期資金の規制を検討するようになった。開発援助の分野では援助協調が進んできた。これは、援助の受け手を第一義的に考えれば、援助の供給者はあらゆる観点で協調して受け手の負担軽減に努めなければならないという考え方である。援助を受ける国の政府、市民社会とドナー（バイ、マルチ、NGOs）のパートナーシップを進める考え方が発展し、2005年3月のOECD／DACの閣僚級会議で「援助効果にかかるパリ宣言」として採択された。援助は長らく隠れた動機によって支配されてきたが（新植民地主義、冷戦の東西対立、商業主義的援助）、それらを一掃する考え方である。

開発の分野においてもナショナル、リージョナル、グローバルの関係が問われている。交易の観点では、もともとリージョナルな発展のないところで単独国家が発展するのは難しかった。さらに、この数十年付加価値の高い製品では、グローバル市場における勝者でなければ企業は生き残れない状況になった。かつては複数あるナショナルな企業が切磋琢磨して、そこで得た競争力をグローバル市場においても発揮した。しかし、競争国が米日欧だけでなく、中国、韓国、新興国に広がるとグローバルに通用するナショナルな企業はその数を減らした。グローバルに上位の製造業でなければ存続することが難しくなったのである。途上国の産業はローテク分野においても押し込まれている。1980年代に雑貨の分野でもアジアの商品が先進国を席巻し、それが中東や中南米にも広がり、2000年代にはアフリカに広がった。

リージョナリズムはグローバリズムと本質的に矛盾するものではない。経済分野において地域機構がグローバルな機構に加えて、ないしは代わって活躍すべき理由は幾つかある。反グローバリズムによる国際機構の意思決定が先進国主導で民主的でないという批判はあたっている。[11] これを国際機構の内部で改革できると考えるのが修正グローバリズムである。BRICSやG20など新興国の立場も不明瞭だが、現段階ではそれに近いであろう。それと殆ど同じ軸に、地域機構の役割期待論があるのだろう。もちろん、国際機構や主権国家の協議体で解決できなかった問題が地域機構で解決できるのかという反論もあるだろう。債務・財政・移民問題で揺れたEUは長らくお手本とされてきたが、2016年に将来の見通しは混迷している。しかし、EUの動きがこのまま退潮に向かうと考える人も少ないだろう。

リージョナリズムを重視することは代わりに何かを減らさないといけないのだろうか。このトレードオフの問題は2010年代の先進国の拡張財政の限界を考えるとき説得力をもってくる。第一に、EUをみればわかるように域内先進国は地域を支えるために相当な財政負担をしている。これは同じ地域の構成国を助けるもので、グローバルのレベルでは難しいだろう。過去の歴史的責任との関係で言っても、欧州は全域と言ってもよいが、特に欧州内部とアフリカ、中東、中南米、南西アジアなどに、日本は東アジア、太平洋などにとりわけ大きな責任を有している。地域機構を強めていきたいなら、先進国は国際機構に拠出してきた支援を維持しながら、バイで行ってきた支援を徐々に代行させるオプションがある。その際にアジア開発銀行、アフリカ開発銀行、米州開発銀行のような地域開発銀行の役割がさらに重要になるし、それとアジアインフラ投資銀行などとの関係も同様だろう。
第二に、通貨の問題でドルの衰退から予想されるのはドルからの自立、つまり国際通貨の分権化である。欧州にユーロができたようにアジアにもいずれ別の通貨単位が形成される見通しはある。[12]ただし、通貨統合は時間のかかる話であり、欧州においてもユーロができるまでに半世紀近くが経過し、試行錯誤している。欧州と他地域は、相互依存の進展度合いも異なっている。しかし、東アジアの貿易は拡大しており、特に部品輸出の増加が著しい。アセアンで作られた部品が中国に輸出され、中国で組み立てられた最終製品が世界の市場に供給されている（横田 2011）。そして、地域内部の消費地としての重要性も強まっており、通貨統合の需要は高くなっているのである。基礎的な条件としては自由主義経済、民主的な政治体制や変動相場制に近いという意味で、日本は韓国とのあいだで統一準備通貨を形成する可能性があるだろう。この動きを短期的な政治情勢で見誤ってはいけないだろう。
開発援助の潜在的な収入源に関して、欧州では債務危機のさなか金融取引税（FTT：Financial Transaction Tax）の導入が進んだ。2012年5月に欧州議会本会議でFTTの導入が可決され、6月にはドイツの与野党がFTTの導入で合意、8月にはフランスもFTT案に同意した。欧州議会ではFTTのメリットとして4点が説明された。それは金融セクターの国家財政への妥当な貢献、高リスクな投機の抑制、一般市民への負担のない大幅な税収増、そして景気対策のみならず、開発や気候変動等の地球規模課題の対応資金になることである。EUでFTTが正式に提案されたのは2011年9月で、個人の不動産ローンや企業の事業資金調達などを除いてEUがユーロ域の金融取引から広く薄く徴税するという提案であった。[13]
議論の出発点は1970年代の「トービン税」であり、変動相場制移行で不安定化する国際為替市場に取引税という滑り止めをする提案であった。1990年代後半には反グローバリゼーションの運動が「トービン税」を途上国援助に使うことを提案するようになった。2011年のウォール街の街頭デモもFTTを要求した。サルコジ大統領はこれに熱心であったが、メルケル首相も賛成に回り、6月にはドイツがフランス、スペイン、イタリアとの四者会談で提案し、欧州債務問題をリードした。[14] ただし、2016年9月までFTTの最終合意は課税対象の問題と、それをめぐって9カ国の参加が確保できるのかをめぐって延期されている。オランド大統領は世界の貧困やエイズ対策にもこの資金を使用すると言明していた。類似の税としては、フランスが始めた航空券連帯税があり、感染症対策に使われている。フランスのATTACはトービン税の実現を目指すNGOsであり、航空券連帯税の導入にも寄与してきた。英国のシティの反応は冷淡であったが、Brexitになってますます無関係となった。オバマ政権は金融のリスクヘッジとしてFTTのように一般投資家に課税するのではなく、金融機関に手数料を課する方法を提案していた。しかし、2015〜16年の民主党大統領予備選挙においてサンダース候補は広汎な金融商品に対するFTTの導入を主張し、大きな反響を得たので、今後の政策への影響が見込まれる。

FTTは肥大化した国際金融資本の動きをある程度コントロールしながら財源を作る好手段である。グローバルなリスクを減じながら、グローバルな貢献を増やすという類似の機能は炭素税や環境税、タックス・ヘイブン規制、ピケティのグローバル資産課税などの考え方にもみいだされる。FTTで今後検討していくべきなのがODAなどへの財源としての活用であり、2012年に進展した主たる理由は欧州債務危機であったが、2016年以降に欧米で実現化に向かえばよい機会となる。日本においてもこれを導入すべきという議論や運動がCSOsや超党派議連、研究者のなかにある。世界の主要諸国が参加してしっかり課税すれば、ODA資金の原資は現状の倍近くになるだろう。一般に国際的な短期資本移動規制の課題としては、国内銀行の対外債務の上限設定や外貨建て債務への準備預金、課税による流入抑制などが考えられる。すべての資本移動規制にも反対してきたＩＭＦは２０１１年に投機性短期資金（hot money）の規制の必要性を公式に声明し、ガイドラインを準備した[15]。資本規制は新興国がＩＭＦに支持を求めてきたが、ストロスカーン総裁は積極的に対応した。ただ、焦点になったのは国際資本に狙われやすい新興国市場での金融政策の弾力化であって、先進国市場についてではなかった。欧州の財政危機ではＩＭＦ増資も行われ、危機のもとで当面の存在理由を高めていた。

ＯＤＡ資金の財源として、ジェフリー・サックスは軍事資金の削減を提案していた（Sachs 2005）。各国の財政状況は厳しいので、世界的な債務危機が進行する２０１０年代にＯＤＡを飛躍的に増加させるシナリオはあまりない。軍事費削減の一つの担い手として期待されるのが武器貿易条約（Arms Trade Treaty: ATT）の運用である。これは従来法的な拘束力のなかった一般的な通常兵器の輸出入規制であり、最大輸出国米国、ロシアと最大輸入国インドは反対しているが、世界の交渉機運は上がっている[16]。次に、国際的な議論が熟せば、国内の軍事費としてはＧＤＰ比率の上限や下限目標値の設定などが考えられる。軍事費については需要サイドのコントロール、紛争予防も重要である。このように、ＦＴＴ、軍事費の削減や航空券連帯税などには新たな財源としての期待がある。さらに、もう一つの期待はＯＤＡではなく、ＣＳＲに分類される民間セクターの動きである。

ＷＴＯは貿易の自由化という点で世界の貧困削減には寄与したはずであるが、貧富の格差・不平等を拡大したという批判がある。ＷＴＯが富んだ国や多国籍企業に有利となる組織的バイアスをもっている、先進国による農業分野の貿易障壁を放任しているなどの批判がある。最近の交渉不調がＴＰＰのような地域主義の動きを加速していることは第Ⅲ部で述べた。また、構造調整融資も途上国の自国通貨の価値を実勢に合わせて切り下げる傾向があり、輸出振興には向いているが、実際には途上国の輸出品の種類が限られているため特定産品の世界的な価格下落を強めてしまい、先進国には有利で、途上国には不利な傾向をもっている。

次に、地域主義のなかでも具体的に東アジアとアフリカの立場の違いをみてみたい。経済統合にはヨーロッパのように同質的でかつ高い経済水準が必要であるという感覚からは前者の方が地域主義を推進する可能性が高いように思えるところがある。しかし、必ずしもそうとは言い切れない。第一に、一国モデルで経済成長に比較的に成功してきた東アジア諸国はパフォーマンスの正統性があるために権力エリートが危機感をもって協力するインセンティブに乏しかった。これはアジア経済危機やリーマン・ショックで修正されつつある。他方、アフリカには内陸国が多く、貿易や運輸の面で地域協力に対する需要が高い。第二に、東アジア諸国はナショナルな経済への一体感が強く、経済的分業が高度に進行しているわりに、トランスナショナルな市民社会の交流が少なく、地域主義の支え手が弱い。アフリカでもそれに匹敵するくらいの交流はある。第三に、アフリカは多くの内戦を抱え、国家の人工性に直面している。国家が人工的であることは、人々のアイデンティティや規範意識においては上位の単位に進みやすいことを意味する。ちなみに、東アフリカ共同体はすでにかつて導入していたことのある共通通貨の再現に向けて10年以内に通貨同盟を設立する協定を署名している。

援助改革にはさまざまなアジェンダがあるが、将来のガバナンスの改革を企図すると三つの分野での支援の拡大が重要になる。一つは広い意味での分権化支援であり、第二は地域機構の活動支援であり、第三は市民社会分野への援助の拡大である。これらはすべて広義の分権化ないしはマルチレベル・ガバナンスの課題になる。ここでは既存の援助、農業や基礎教育などの分野についてはふれないが、もちろんそれらは重要である。三つの分野すべてにおいて技術支援と財政援助が必要であるが、日本は地域機構の活動支援は得意ではなかったかもしれない。分権化については、第Ⅱ部のウガンダの事例にあるようにこれを行政面の現象としてだけではなく、政治面においても理解し、把握したうえで、長期的なスタンスに立った支援をすべきであろう。市民社会に対する援助も日本は極端に少ないが、NGOsや研究者は改善を求めている。TICAD市民社会フォーラム等の2005年の提言においては、対アフリカのODAの3〜4割程度を市民社会支援に回すべきとしている。市民社会に対する援助は相手国のCSOs／NGOsに直接に行うのがよい。相手国政府を通すと市民社会が政府に系列化、飼いならされやすいからである。政府から自立した強さをもち、政府と交渉する能力のある人々の活動を支援すべきで、それが民主主義の進展にも連なることになるだろう。

援助される国の市民社会は、NGOs／CSOsからほかの組織にも活動が及ぶようにしていくことが重要である。途上国政府は全くのノンポリの活動には極めて寛大であるが、政治的な色彩のあるCSOs／NGOsには極めて警戒的である。関連の法規で活動を規制したり、裁量的な登録をしたりして圧力をかけるし、直接的な活動の妨害や嫌がらせもある。TICAD（アフリカ開発会議）においてもアフリカの各国首脳が話し合うのはよい機会であるが、日本とアフリカ双方の市民社会の声が反映しないのはよくないとしてTICAD市民社会フォーラムの活動は始まった。そして、アフリカの在京外交団とも話し合いや交流をもちながら、特にアフリカのCSOs／NGOsの意見を聞くこと、交流することを少ない活動予算のなかで重視した。援助予算が政府に行き過ぎるデメリットの一つは途上国政府が税金を減らし、援助依存に向かうことである。税金は途上国においても長期的には重要で、援助からの自立の際にも重要な役割を果たす。資金を直接に市民社会に回すことはその防止にも役立つ。

次に、「政策の一貫性」の問題がある。これはたとえば農業支援をある国にしておきながら、その国の農産品を援助国が購入できないような関税その他の政策を行っていれば（市場が閉じていれば）、開発政策の援助効果が減少するという問題である。先進国の農業分野について言えば、ODAとWTOの問題が交錯する分野である。また、TPPにおいて農産品分野の開放は真剣な国内政治の課題であるが、自国だけではなく、途上国の開発に及ぼす影響の面からも評価が与えられるべきである。エイズの治療薬などで先進国が知的所有権の問題を前面に出せば価格が釣り上ってしまう問題があった。問題の緊急性から価格を途上国においてもアクセスできるものにしながら（市場の介入）、援助資金によって大量の薬剤を買い上げて民間企業の一定の収入を図る対策を考えることも一貫性の問題である。

一つだけ事例を考えてみよう。先進国が貿易を通じて途上国に環境保全のコンディショナリティを課す政策があったとする。この政策の補完的・促進的措置として援助が位置付けられる場合がある。現にEUは貿易される産品ではなく、産品の生産工程が環境基準を満たさなければ禁輸措置ができると考えている。この考え方はWTOによって認められていないが、欧州裁判所などでは認められだした。実際に、EUはアフリカに禁輸措置を発動しながら、技術援助も行い魚の加工過程を改善することがある。これをより体系的に行うことで、先進国の市場の規制による閉鎖性を緩めるのである。かつての日本のように牛肉の検疫上の問題で輸入を止めるというのではなく、問題を解決する技術支援を行って将来の市場を開くという対策である。

「政策の一貫性」とも関連しているのが、第I部第2章で論じた外的なアカウンタビリティの問題である。これは国家主権体系や企業間の関係からはみ出したグローバルな次元でのアカウンタビリティや責任の問題である。これは先進国側の膨大な赤字となっている。先進国の企業が自国の環境基準では操業できない工場を途上国に建設して河川を汚濁させるような場合がこれにあたる。途上国政府の法規上の問題はないし、会社としても適正に運営したと言うだろう。これに対して関係国の市民社会が抗議し、議論して問題の解決に向かおうとする。その結果、事態に改善がうまれる場合もあるし、改善しない場合もあるだろう。外的なアカウンタビリティの問題をすべて市民社会やメディアに任せてよいのだろうか。これらの問題に国際機構や地域機構は何ら関わらないのであろうか。

外的アカウンタビリティはコヘインの語るように先進国の責任に近い。途上国の政府や企業が自国の境界を越えてこうした問題を犯す可能性は相対的に低い。この問題を新しい政治秩序と開発の相互関係において解決できないであろうか。または、膨大なケースが予想されるので目をつぶるべきなのであろうか。ここで重要なのが世界的な市民の人権である。世界的な事例において、市民の人権が組織的に侵害されているケースを裁く専門機関があるべきではないだろうか。それはごく一部の事例しか扱えないし、当初は強制力をもたない組織であろう。国際機構として形成されるのか、文化的な衝突を避けるために、そして地元の知識に精通しているという分権化の論理によって地域機構において形成されるのかという選択肢はある。環境、生命健康などの分野を指定して開始する方法もあるだろう。

ガバナンス分野の支援の一貫性はどのように捉えればよいであろうか。ガバナンスは政治や行政だけでなく、あらゆる開発案件のマネジメントに影響するので、ガバナンス全般に関してこの問題を配慮するのは実に大変なことである。しかし、ドナー側のガバナンス指標の作成とモニタリングによって援助政策をたえずモニターする機能があれば対応はできる。チエック項目としては、強権政府を支えていないか、ドナーの地域的資源配分が極端に偏っていないか、軍に資金が入りすぎていないか、市民社会やメディアが育っているか、NGOsに発言権はあるか、紛争（の再発）は予防されそうか、議会が強くなっているか、行政が透明性を増しているかなどであろう。これらの情報は制限されているためにドナー間の定期協議は必須であろう。

バイとマルチの援助について、バイの支援は継続しながら、新しく獲得されるかもしれない開発資金はマルチに流れるようにすべきであろう。受け取り先には国際機構、ＩＮＧＯｓ、地域開発銀行に加えて地域機構も加えるべきであろう。こうした流れは新興ドナーのともすれば利己的な開発資金の利用を抑制する効果をもつであろう。ドナー側は自国の外交政策を主目的に援助するのではなく、相手国の開発政策を至上の目的として支援すべきなのである。なかなか難しいが、もし相手国のことが純粋に政策目的になれば、それ自体ガバナンスの第三層の現象になるだろう。災害復旧などの人道援助の局面においてしばしばそうした現象は目にするものである。

開発において長期的にはバイの援助はマルチ化すべきであろうが、これからの数十年か数世代はバイの援助は残るし、その存在意義も否定しえないだろう。しかし、新規の資金をなるべく多く獲得し、それを新旧のマルチや地域機構に供給すること、既存のバイの資金も含めて可能な限り多くの資金を市民社会に提供することは重要である。さらに、援助効果の獲得だけではなく、ドナーの開発援助の動機を途上国の開発に純化していくことも重要である。これらが果たされれば、途上国の援助はガバナンスの第二層の行為としてではなく、第二層から第三層に転換するプロセスの行為として評価されるのである。

3　相互関係

ここでは政治秩序と開発の相互関係について論じてみたい。現時点で私たちが直面している課題は、ガバナンスの第二層の限界であり、第三層の未出現である。政治秩序においてはそうであるが、開発においては部分的に第三層のマインドが形成されてきている。それはまだ萌芽的で、多分にユーロ・セントリックであるとしてもである。そして、この先取的な部分が政治秩序の第三層に影響することも期待される。その際、枠組みの中心が従来の国際機構なのか地域機構なのかは選択の問題である。構成主義的には、どれだけ世界市民の意識がもてるか、またはリージョナルなアイデンティティがもてるかということである。

途上国においてはポスト・コンフリクトの国を含めて政治秩序的には第二層の形成も必要である。第Ⅱ部でみたように、東アフリカの国々の例で言えば、国家のまとまりは弱く、政治家の権謀術数か合従連衡のような政治を行っている現状である。これらの国々は第二層の形成が整わないうちに、第三層のグローバル資本主義の負の影響を被る状況にある。これらの「脆弱国家」に対しては、先進国側は多かれ少なかれ歴史的な責任を負っている。他方、先進国においてはＥＵ、ＮＡＦＴＡは第三層の形成を模索している。先進国でそれに関与していないのは日本やシンガポールなど限られた国々である。

ガバナンスの第三層においては、明確な政治秩序はないが、経済と情報の相互作用や浸透が急速にうまれている。そのなかで、第一層に起源をもつ文化が衝突することもある。これは文明についてのハンチントンの見方であり、第二層の政治経済イデオロギーの最終的勝者が第三層の指導原理になるというのがフクヤマの見方であった。ただし、政治学で最も重要なのは第三層がいつ、どんな形でやってくるかということである。明らかになりつつあるのは、第二層から第三層へのガバナンスを架橋するのは市民社会で、最終的にグローバル市民社会の到来が政治秩序に先行するということである。市民社会の本質は、多元的な対話するフォーラムである。それは途上国の内部とグローバルなレベルで過少であるが、先進国においても十分ではない。日韓中のメディアは政治体制を問わず、権力に対して弱いところ、政府発表に頼るところがある。たとえば、東アジアの領土紛争は第二層の問題であるが、この「出口なし」の問題は三カ国の市民社会の交流の弱さ、それと関連したメディアの政府寄りな煽情性にも原因があるだろう。

ここで、今後の世界秩序を考えるうえで三つの視点を比較してみよう。先ず、アイケンベリー（2006; 2012）は米国主導のリベラルな覇権秩序は徐々に衰退しているが、この秩序において普遍的で組織化されたルールや原則は堅牢な状況であって、これから台頭する中国などは現在の秩序に自らを統合する動機をもつという。第二次大戦後に米国が形成した国際秩序の規範的価値に自信をもとうということである。二つ目はナイ（2015）の見方で、米国自身が２０３０年から今世紀の半ば近くまで最も隆盛なパワーで居続けると考える。経済力は２０３０年以降にＢＲＩＣＳなどの新興国に追いつかれるが、軍事力の卓越性はその後も持続するし、欧日豪のようなパワーのある同盟国との良好な協力関係が継続し、さらに国内社会は開かれた移民社会や教育投資、科学技術によって簡単に衰退には向かわないとしている。中国は、市民社会が弱いことがネックで、そのためにソフトパワーが強力なものにならないと評価している。三つ目のアチャルヤ（2014）は、米国自身が衰退するかどうかは別として、米国主導の世界秩序が衰退に向かっていると考える。米国はイラク侵攻で権威と信用を崩壊させた。これからはいかなるパワーも単独で覇権を握ることはなく、そのことは米国や他の世界にとってもよいことになるという。今後のマルチプレックスな世界は、米国主導の秩序、新興国の台頭そして開放的な地域主義から構成され、パワーと権威を共有する多次元的な世界になると予想する。

米国の一極支配とその国際秩序が低迷するというのは時間軸を別としてほぼ一貫した評価である。そのなかで、既存の国際機関は期待するほどの役割を果たせなくなると予想される。欧州と日本は一定の存在感をもって米国に協力し、国際秩序の延命を図るが、10年くらいはよいとしても、さらに長期的にはグローバルな課題に対応できなくなるだろう。他方、台頭するＢＲＩＣＳなど新興国も世界の主要な経済パワーになるには今世紀の半ばまで待たねばならないし、現在の国際秩序から利益と安定も得ているであろう。従って、これから10年くらいはナイの見方、その後の四半世紀くらいについては、先進国と新興国そして地域機構が協力して世界の秩序を形成するアチャルヤの見方が今のところ妥当な見解であるように思われる。アチャルヤは、米国主導の世界秩序が衰退した世界をマルチプレックス・ムービーシアターと呼んでいる。それはハリウッド製のみならず、さまざまな種類の映画を同時に上映している施設である。ただし、ナイ（2015）は、アチャルヤの語る世界がいかに形成されていくのかについて説明がほしいと言っており、たしかにその展望はまだ弱い。

両者は、アイケンベリーの考え方について首肯されるべき点はあるが、国際的な自由主義秩序がパワーの変動にかかわらず継承されるという考え方には同意していない。また、中国などのＢＲＩＣＳが覇権の交代を迫るような局面はまず予想されないとみている。そして、アイケンベリーが米英の大西洋の覇権秩序からの連続性を説きながら、現在の米国主導の秩序が第二次大戦後に形成されたとする点には同様な批判を与えている。冷戦期は米ソ二極構造で、米国は半分の覇権しか握っておらず、主導する国際秩序も世界で部分的にしか通用していなかったとする。米国主導の秩序が形成されたのはポスト冷戦期以降であり、それからが米国主導の世界秩序が普遍化した時期だとする。アチャルヤの評価によれば、米国はイラク侵攻で躓いたことになるから、米国主導の世界秩序が確立した途端に衰退過程に入ったことになる。

筆者は、こうした見方に加えて、地域とゾーンの関係を重視する。各地域の地域主義のうち、欧州、米州（Americas）、オセアニア、沿海部アジアは自由主義的な秩序が形成され、情報も基本的に自由に流通し、社会は多様に分権化している。他方、中東、アフリカの相当部分、ロシア、殆どの内陸アジアは経済も規制が強く、情報も統制されがちで、社会は集権的である。将来世界がどちらの方向に行くのかをめぐり二つのベクトルがせめぎ合っており、予断を許さない状況にある。ただし、成長の著しいアジアの今後の一世代の時期がその鍵を握っていると考える。二つのベクトルはフリーゾーン（free zone）とグリップゾーン（grip zone）とでも呼べるだろうか。これは地域を超えた動きで、フリーゾーンの方がより分権的な社会である。もしフリーゾーンの影響力が優れば、より多くの国々の協力関係が必要になり、ナイのいう世界秩序は一定期間維持されるであろうし、アチャルヤのいう地域機構もより重要になるだろう。他方、フリーゾーンがグリップゾーンになかなか優らない場合、国家間や同盟国間の対立が続く第二層のガバナンスの世界に回帰してしまうリスクがあるだろう。ただし、二つのゾーンは相対的な相違であり、フリーはグリップに関わることが必要で、これをもとに冷戦の封じ込め戦略のようなものを再検討すると本末転倒となる。

これらは推測のシナリオであるが、開発の役割はどのように変化するのだろうか。どちらのゾーンにとっても開発、特に経済成長は政府にとって達成せねばならないノルマになる。ただし、同じく成長しても、フリーゾーンが越境的な相互依存を進めるのに対し、グリップゾーンは第二層の国家間体系や国家の強制力を維持する方向に働くだろう。それでも、現行のグリップゾーンにもフリーゾーンのルールは相当に浸透しているのである。次に、成長がうまくいかない場合はどうであろうか。この場合はよりカオスに向かう可能性と政治変動から民主化が進む可能性の二つがあるようだ。

世界的に若者の失業が拡大している。これは先進国・途上国双方に共通している現象で、先進国においては中間層の衰退・分解と関係している（それはイコール格差の拡大である）。若者は同時にITネット社会の住人である。この二つが融合して意見交換が進み、不満が膨張して「抗議者」の協調した政治行動がうまれている。それは世界のボトムからの民主主義構築の過程に連なるのか、結束した反グローバリズムの運動になるのか、宗教的な文化運動と融合してしまうのか、まだまだ試行錯誤が続くと思われるが、これからの変化の原動力になるだろう。他方、「抗議者」や反グローバリズムは、修正グローバリズムが重視する世界秩序の役割を否定する可能性もある。第二層が終焉しつつあり、第三層が到来していない現状を考えれば、さまざまなグローバリズムを融合する視点が必要なのであろう。

分権化はこれからの新しい世界秩序が形成される際に必要な原理である。特にこれからの世界秩序の形成が第二層のガバナンスの混乱と対立をもたらす可能性が予想されることから、主権国家など特定のレベルの紛争が拡大しないように多層的なレベルに権力や権威、資源の分権化を進展させていくことが必要である。主権国家からの分権化は地方政府など下位国家レベルにさまざまなスタイルで行うことができるが、同時に、国家からみて同位または上位のレベルの国連、国際機構、地域機構に対しても行うことができる。これは見落とされやすい大切な分権化の次元である。それぞれのレベルで分権化によって活性化した単位は国境を超えてより自由に、自主的に、非統制的に活動し、交流と理解を深めることができる。こうしたなかでどのリージョンにおいてもトランスナショナル・ソサエティが進化し、その過程のなかでさらに市民社会は基盤を強めるのである。

他方、分権化の現状が世界の先進国・途上国、それから各地域（リージョン・ローカル）において相当な相違をもっていること、また同じ名称を使っていてもその実態には相当な違いがあり、なかにはそれが権力エリートの動機によって集権性の偽装に過ぎない場合もあることをみてきた。分権化は民主化を実体化させる一方、民主化を進めない口実にもなるし、経済自由化によって自由を得た個人に結束の機会を与えると共に、政治的に保護された空間において反政府活動を進める場合もある。政治的、経済的、社会的に多様な触媒となるのである。こうしたガバナンスの複雑な様相を捉えながら、さまざまなアクターによって開発行為は進められるべきである。第三層のガバナンスは到来していないと言っても、それが世界帝国になると思う人は少ないだろう。それは高度の、また多様な分権化社会であり、それによって一種、永続的な活性化した社会になるのだろう。その理想ないしは可能性を考えるとき、わたしたちはユートピアンではなく、アイデアリストとしてその実現に働きかけたい。一人でもそれに同意する人々が増えれば、その社会の到来の時期は早まるからである。

第二層のガバナンスは、常時ではないが、人類の理想の言葉を現状維持のために、特定利益のために使用しやすい。その呪縛から第三層のガバナンスを期待する人間は自由にならなければならない。そうでないと、何らかの集権的な、現状維持的なマインドセットがずっとわたしたちの頭のなかに沈殿することになる。その言葉の使用を社会として、国家として他の多数の人々が肯定していたとしても、それが過渡的な糊塗策であることを十分に自覚しておくべきだろう。一般的に、部分利益のための活動はそれがより大きな単位のためにも貢献するとの論理を立てやすい。それは意欲や期待を含むから、必ずしも偽善的意識とは限らない。しかし、往々にしてその誓いは虚偽的な結果に陥ることがある。上位の単位に対する貢献、国境を超えた義務は徹底して市民の観点に立たなければ論理の偽装になりやすい。前半は倫理性に満ちた外交演説、後半は大国主義的な暴力という現実をわたしたちはみてきた。そのような仕掛けに踊らされないためには一人一人が語り合う市民社会を築いていくほかないであろう。

分権化の原理のなかには完全に確立されてはいないが、自由と共に公平性の意味が存在する。自由は特定の単位・集団・個人のためのものであってはならない。分権化には民営化や市場化などの自由な経済活動の意味があるけれども、それは公平な社会を築くという前提に裏打ちされていなくてはならない。投機性短期資金の規制ができなければ、ＩＭＦは自由主義の原則に立った国際機構だとしても、公平な社会を築こうとしていないという意味で旧来の視点に立った機関でしかないことになる。グローバリズムは第二層のガバナンスのなかではすでに行き詰っているのである。完全に方針を変えなければ、自由で、公平な社会を第三層のガバナンスとして構築する方向からは遠ざかることになるだろう。もっとも第二層のなかでも公平な政策をとっていないことには変わりはない。自由は近現代社会の価値であり、自由主義陣営は共産主義社会に勝利した。しかし、自由はまだその他の価値と結合して第二層のなかでより準拠できる価値になっていないし、またすぐに第三層を展望できる視点にも到達していない。もちろん、経済的な新自由主義が第三層の水先案内人になるとした初期のグローバリゼーションの議論は誤りであろう。

途上国、特に低所得国においては、これから国家建設が必要であるといっても欧州近代史を繰り返す必要はないのである。また、国際環境と植民地遺制から同じ意味で繰り返すこともできない。これからの国家建設はまださまざまな兆候が現れている第三層のガバナンスを可能な限り想定して行われるべきだろう。開発という行為はほぼ完全に国益という外交ジャンルから自由にならなければいけないであろう。より拡張された自己利益という原則を否定するつもりはない。ただし、その場合はリージョンその他の明確な準拠枠があって、自己もそれに属している場合だろう。ロジックに合致した実体がなくてはならない。そうでなければ、外的なアカウンタビリティの赤字は蓄積していくことだろう。開発や環境、紛争予防その他のグローバルなイシューは、すでに国益を上位の目的として関わるべきではないのである。その内部に国益や企業益やさまざまな組織利益があることは否定できないが、上位の目的はそれを超えた単位とそれを支える単位にシフトしなければならない。それには国連、相手国政府、相手国のリージョナルな機構、自己のリージョナルな機構、相手国の自治体、それぞれの市民社会などさまざまな単位が考えられる。欧州の近現代史が国家中心の発展であったとすれば、それ以外のアクターの重要性が大きいのがこれからの国家建設である。グローバルなイシューですら各アクターが旧来の行動を続けていては、暗さを増す夕暮れのなかで決して新しいガバナンスなどは探しあてられないだろう。

【注】

1 ヒューマン・ライツ・ウォッチのマリア・バーネットは「ウガンダ政府は市民社会側に極めて強い圧力を加えており、特に、政府当局者の政治的・金銭的な権益に切り込む性格の団体が圧力の的になっている」と語った（*Curtailing Criticism - Intimidation and Obstruction of Civil Society in Uganda*, August 21, 2012）。

2 ピーター・バイナート「だからアメリカは世界中で嫌われる」ニューズウィーク日本版２０１２年８月８日版。バイナートの「アメリカの外交論争には『結果責任』の意識が絶望的に欠けている」とのコメントは的確である。

3 植民地遺制は国際関係の心理面においても残存する。植民地経営をした側は過去の侵略の歴史を忘れがちであり、過去についての教育を含め、その扱いはされた側と非対称性になりがちである。

4 マルチレベル・ガバナンスとは政策アクターの相互作用が一つの層の政府だけで行われないことを意味する。それは国内の分権社会の多層性やEUなどの地域主義と主権国家の多層性の双方を含んでいる。

5 ノルウェーとスウェーデンは、マラウイとエティオピアにおいて被援助国側の事務処理経費や手間を削減するため、相互に援助業務を委託し合う試みを展開している。

6 ２０１５年の得票率は67％に回復した。International Institute for Democracy and Electoral Assistance（http://

www.idea.int/vt/country_view.cfm? CountryCode=TZ）

7　http://allafrica.com/stories/201203280110.html.

8　ウガンダではムセベニ政権の前、オボテⅡまでは北部出身者が軍隊を独占していた。

9　McLauchlin, T（2008）“Civil War and State Building in Uganda”, Paper prepared for presentation at the Annual Meeting of the International Studies Association, San francisco, March 27-30, 2008.

10　ラオスは中国やベトナムのように経済成長していなかったので、社会主義体制のなかで政府が正統性を得にくかったが、２０００年代後半から成長率は上昇している。

11　Bello, W.（2002）op.cit.

12　初めから統一通貨にはならないし、殆どの場合、特定国の通貨では決してないであろう。実体経済の面では中国は各国の輸出入の1位か2位を占めているので基軸通貨になる能力はある。ただし、問題は交換性、経済体制と政治的な不確実性である。

13　ＡＣＩＳＴ（http://www.acist.jp/index.php?option=com_content&view=category&layout=blog&id=30&Itemid=55）

14　税収効果は参加する国の数にもよるが、ＥＣの試算では年間５７０億ユーロ（５兆７６００億円）になる見通しであった。この資金は欧州安定化メカニズム（ＥＳＭ）に使われる見込みで、これがないとユーロ圏の救済基金が形成されない情勢にあった。

15　ロイター　２０１１年４月６日。

16　ほかにも核兵器、生物兵器、化学兵器、通常兵器のなかでも対人地雷やクラスター爆弾については禁止条約があり、ＡＴＴが弾薬まで含めて合意されれば大きな法的拘束力になる。

あとがき

国際関係論も国際開発論も世界中の国家が同じ性格であるという想定に立っている。それと異なっているのが「脆弱国家」論であるが、この議論も「脆弱性」の原因が途上国の内部からきているという見方が強すぎる。これらを修正した見方が「ガバナンスの重層性」である。「ガバナンスの重層性」は国内の政治社会構造を意味しているが、同時に先進国側から働きかけてきた「国際開発レジーム」を含んでいる。それらが相互作用ないし相互浸透を起こしているが、そのそれぞれに先進国は影響や責任があったし、途上国は被支配ないし依存関係にあった。

外部からの途上国の集団形成は三つの時期区分において強化された。第一層が植民地期にもともと明確でなかった集団に人工的な境界を引いて、外部にとって統治しやすい社会にした過程である（「外部のためのガバナンス」）。アフリカでは分断統治や間接統治が導入され、そこで「下へのアカウンタビリティ」のないガバナンスの基礎が形成されたのである。第二層は近現代的な国家と市場形成の発展過程であり、この段階は植民地期の垂直性、集権性を受け継いでいる。特に独立後から冷戦期にかけて、権威主義的な集権的な政治体制が（新）家産制とも関連して形成され、集団間の対立は外部の圧力によって潜在・鎮静化した（「支配装置のガバナンス」）。そして、第三層が民主化・市民社会期で、民主化とグッド・ガバナンスの圧力が外部からかけられた時期であり、政党が特定集団と結びつき、政治的なゼロサム・ゲームの予感がアイデンティティ集団の熾烈な抗争をうんだ過程である（「集団の亀裂のガバナンス」）。希望と共に暴力が呼び込まれた過程であり、狭義のグローバリゼーションの開始時期にあたる。これら三つの時間的な層で外部主導的な政策及び制度形成が行われ、想像力を伴った人工的な集団対立が引き起こされた。

次に、ドナーと先進国を中心とした国際社会の総体としての「国際開発レジーム」の次元がある。これは途上国の安全保障や開発に対して、先進国や国際機関、国際NGOs、メディア・国際世論などがどのような関わりを果たせるのかという課題でもあった。民主化、分権化を含む国家形成というテーマについて、このレジームはこれまでいかなる関与を行ってきたのだろうか。民主化は主として選挙プロセスという狭い意味で捉えられ、政治体制としては複数政党制とウェストミンスターモデルが要請される傾向にあった。これらは各国の「ガバナンスの重層性」を真剣に考慮せずに援助のコンディショナリティとして課され、多くの国で混乱や災禍をうむ傾向もあった。開発主義は冷戦期に一定の役割をもち、政策としては現在も残存しているが、基本的に第二層の政治経済政策である。

この次元も先進国の利益や思惑から自由ではないが、開発、環境などの問題を純粋に相手国や途上国のために考えようという新しい潮流が1990年代から現れている。援助を受ける国の政府、市民社会とドナー（バイ、マルチ、NGOs）のパートナーシップを進める考え方が試行錯誤はあるが、発展している。これは複数のバイの援助国、国際機構、国際NGOsといったローズノウが指摘した多様なアクターが共通規範をもってグローバル・ガバナンスを担う過程になっている。そのなかで地域機構も潜在的により大きな役割を果たすことが期待されているし、さまざまなレベルの分権化が課題になっている。分権化のレベルとセクターは多様であり、地方政府だけではなく、国家の役割の低迷を補う多層的・多元的なガバナンスが期待されている。経済政策の方ではIMFや先進国が推奨してきた構造調整融資の変化が期待されている。これは民営化、市場化という意味での分権化ではあったが、この新自由主義的手法は、性急なコンディショナリティ政策の見直しを含め、さらなる改革が求められている。

安全保障は新たなドナー介入の課題となった。ポスト冷戦期の初期は、国連の安全保障分野での役割に対する期待が大きく膨らんだ時期であった。同時に、この時期には米国が唯一の超大国となった。ただし、米国は国連に対してユーゴ問題などを契機に失望し、それ以降はNATO軍や多国籍軍として介入を行うようになる。その後9・11を経て、欧米諸国は「脆弱国家」がテロリズムにもつ意味や国際環境に及ぼす影響をふまえて、開発を外交、防衛と並んで一体的に把握しようとする。ただし、これらの政策も途上国のガバナンスを深く検討してこなかった。2016年7月時点の例で言えば、NATO軍指導部は治安状況の悪化からアフガニスタンからの米国部隊撤退の延期を望んでおり、当初予定の年末の完全撤退は困難になっている。「人道的介入」の理念には第三層の新しい論理が含まれているが、実際の担い手は第二層の外交であり、従来のロジックは羊頭狗肉の状態であった。この矛盾のなかで米国の大統領予備選においては、他国のことに構うなという「トランプ現象」が起きている。

このような開発と安全保障の第二層から第三層への「ガバナンスの重層性」の転換期を踏まえると、さまざまなグローバリズムは握手を交わさなくてはいけないだろう。ただし、国際機構のすべてが修正グローバリズムの具現者ではないし、反グローバリズムの抗議行動を行うすべての団体が民主主義を担う団体とは限らない。それぞれアクターの適格性については見定めていく必要があるだろう。第二層にある古い開発の考え方はバイのドナーの単独主義（外交の道具）、前例踏襲主義、市場放任主義などであり、国際機構でもWTOとIMFはグローバリズムの立場であろう。これに対して、国連のUNCTAD、人道救援機関（UNICEF、UNHCR、WFP）やバイのドナー協調・OECD／DACは修正グローバリズムの方に分類されるであろう。世界銀行はウォルフェンソン総裁時代には修正グローバリズムに近づいた感もあったが、現在はグローバリズムとのボーダーあたりに位置するだろう。

メアリー・カルドーによれば１９８９年革命が国境を超えた「グローバル市民社会」の概念を形成したという。それは「グローバルな社会運動、国際ＮＧＯｓ、トランスナショナル政策提案ネットワーク、市民社会組織、グローバル公共政策ネットワーク」であって、ＮＧＯｓだけではなく、社会で広く対話する組織や場をさしている。他方、カルドーは、国際ＮＧＯｓが政府や援助資金などによって飼い慣らされている事実も認めている。新しく創造されるグローバルな枠組みにも第二層の刻印があるということだ。それでも、彼女は国際ＮＧＯｓを主体とする新しい社会運動がグローバル政治に関わることで国家を超えたグローバル・ガバナンスが形成され、国家もこうした動向を支える多国間主義国家になると期待する。こうした見方に対しては「脆弱国家」のような途上国の政府を否定的にみる議論の流行が国家に抵抗する市民社会を無条件に評価させてしまっているという批判も目に付く。ＮＧＯｓの急速な拡大は無秩序をうみだし、それは権力の道具として利用されてしまうという警戒論もある。その批判は辛辣すぎると思われるが、市民社会が自動的に民主主義の担い手になるという論理設定は見直しが必要かもしれない。「ガバナンスの重層性」の第一層から第三層までが影響し合う、市民社会のこれからの形成過程に着目しなくてはならないだろう。

本書執筆の経緯としては、筆者はアフリカ諸国が植民地主義の残滓を振りほどけないでいることを痛感しつつ、他地域はどうなっているのか比較してみたいと考えたことがある。そこから途上国を中心に世界のガバナンスの課題を日本の読者に伝えればよいと思案したのである。同時に、学部のテキストにもなるような本を書きたかった。しかし、枠組みとして想定された「ガバナンスの重層性」は難物であった。「ガバナンスの重層性」について歴史的な全体像がわかるように記しておこうという意識が芽生え、最も被害者の立場にあるアフリカから論じ始めるものの、対象はあくまで世界や途上国全般にしようと思ったのである。そして、市民社会は企業活動と同様、国内レベルでも世界レベルでも相互にリンクを強めていることを記したつもりである。

次に、筆者が世界市民社会について関心をもったのは実践的な経緯もある。それは２００４年から２００９年までのあいだ市民社会組織の活動に関わったことである。ＴＩＣＡＤ市民社会フォーラム（ＴＣＳＦ）は、アフリカの人々が主役となるアフリカ開発の実現に向けて、アフリカと日本の市民・ＮＧＯｓが手をつないで作った団体であった。筆者は政府系の援助機関で働いていたが、本書で書いたような未来指向の価値観を実現しようと活動していたところもある。代表の龍谷大学の大林稔さんをはじめとする理事、事務局スタッフ及びボランティアの方々は非常に精力的であった。筆者が東アフリカについて多くを学んできた吉田昌夫さんとは、この活動でもご一緒することができた。

新版では、各論で積み残してきたこと、総論で分析しきれなかったところを改善しようとした。今回改訂の機会を得たことは幸甚であったが、その後考えてきたことをすべて書くことも難しかった。従って、当初の枠組みからはみ出すことも新版の趣旨に合わないだろうと考えた。この本は国際関係論のスープに比較政治学や国際開発論などの具も入っている。これは統一性を欠いているが、ある程度は意図的である。方法論としては、国内社会的にもグローバル社会的にも構成主義的な視点を重視するが、筆者の立場は折衷主義であって、一つの方法ですべてが論じられるとは考えていない。

学問的な自分の原点は中央大学の学部時代の高柳先男先生の国際関係論のゼミであった。現在、明治大学の大学院の教員となり、当時の駿河台校舎跡地の周辺を散歩している。そのころから親交をもっていただいた早稲田大学の多賀秀敏先生には博士後期課程でお世話になった。高柳先生、多賀先生、廣岡先生と各大学の学部生たちでタイ、ビルマ、シンガポールを視察旅行したのは１９７０年代末のことであった。

それが自分の国際関係を考える原点であったので、そのときの記憶は鮮明に覚えている。それ以降、お名前はここでは記さないが、以前の勤務先を含め、それぞれの時期にお世話になった方々に感謝したいと思う。このような経緯から、筆者としては学部や大学院の学生、ＪＩＣＡなどのバイやマルチの援助機関やＮＧＯｓのスタッフの方々に粗削りでも大きな視点と問題意識をもってほしいと願って書いている。そういう私自身も未だに粗削りであり、この新版においても永遠の未完成を痛感している。この出版によって読者に何らかの理論的ないし実践的なきっかけがうまれれば大きな喜びである。

最後に、今回の企画にお付き合いいただいた明石書店の大江社長に改めて謝意を表したい。

２０１６年９月

笹岡雄一

Kaldor, M. (2003, 2006) op.cit.
Kaufman (2006) op.cit.
Keane, J. (2003) *Global Civil Society?* Cambridge.
Schmitt, C. (1932) Der Begriff des Politischen, Dunk er & Humblot.（シュミット, C.『政治的なものの概念』，田中浩・原田武雄訳，未來社，1970 年）
Smith, A. (1993) *National Identity*, University of Nevada Press.（スミス, A.『ナショナリズムの生命力』，高柳先男訳，晶文社，1998 年）
Stewart, F. (2008) op.cit.
UNICEF (2007) "Evaluation report 2003 IRQ: Iraq Watching Briefs―Overview Report, July 2003" (http://www.unicef.org/evaldatabase/index_29697html)
Waltzer, M. (1995) *Toward A Global Civil Society*, Michael Waltzer (eds.), Berghahn Books, Inc.（マイケル・ウォルツアー『グローバルな市民社会に向かって』，石田淳ほか訳，日本経済評論社，2001 年）
Waltzer, M. (2006) op.cit.
Wendt, A. (1999) *Social Theory of International Politics*, Cambridge University Press.
Western, J. and J. Goldstein (2011) "Humanitarian Intervention Comes of Age-Lessons from Somalia to Libya", *Foreign Affairs* Nov/Dec.
岩田拓夫 (2004)『アフリカの民主化移行と市民社会論』，国際書院
内村博信 (2008)「ハーバーマスのディスクルス倫理学と九〇年代ドイツの人権政治（6・完）」，『千葉大学法学論集』23(3)，47-59 ページ
阪口正二郎 (2006)「最近のアメリカが考える『正しい戦争』―保守とリベラル」，山内進編『「正しい戦争」という思想』第 6 章，204-222 ページ，勁草書房
内藤葉子 (2009)「グローバル社会の展望―人権と正戦の関係をめぐって」，『現代社会研究』12，169-180 ページ

第３章

Acharya, A. (2014) *The End of American World Order* Polity Press.
Bache, J. and M. Flinders (2004) *Multi-level Governance*, Oxford University Press.
Ikenberry, J. (2006) *Liberal Order and Imperial Ambition: Essays on American Power and World Politics* Polity Press.（ジョン・アイケンベリー『リベラルな秩序か帝国か』（上・下），細谷雄一訳，勁草書房，2012 年）
Jeffrey Sachs (2005) *The End of Poverty: How We Can Make it Happen in Our Lifetime, Penguin Paperback*（ジェフリー サックス『貧困の終焉― 2025 年までに世界を変える』，鈴木主税・野中邦子訳，早川書房，2006 年）
Linz, J. and A. Stepan (1996) op.cit.
McDonough, P. (2008) "From Guemillas to Government: port-conflict stability in Liberia, Uganda an Rwanda", *Third World Quarterly* 29(2): 357-374.
Nye (2015) op.cit.

al. (eds.) *Redefining Korean Politics: Lost Paradigm and New Vision*, Seoul: Korean Political Science Association.
Vaughan, S. and M. Gebremichael (2011) "Rethinking Business and Politics in Ethiopia", Africa Power and Politics, Research Paper 2, Overseas Development Institute.
World Bank (2000) Vietnam: Sector Update/Health.
—— (2012) World Development Indicators.
石川滋 (2002)「貧困か成長促進か—国際的な援助政策の見直しと途上国」,『日本学士院紀要』56-2.
—— (2008)「アフリカ型と東アジア型の開発 (制度) モデル—日・英間国際開発政策の相互学習を目指して」, FASID, ディスカッションペーパー 13
ジョンソン, C. (1982)『通産省と日本の奇跡』, 矢野監訳, TBS ブリタニカ (Johnson, C. *MITI and Japanese Miracle: The Growth of Industrial Policy, 1925-1975*, Stanford University Press 1982).
鈴木佑司 (1982)『東南アジアの危機の構造』, 勁草書房
高橋進 (1980)「開発独裁と政治体系危機—スペイン, イラン, 韓国の場合」,『世界』2 月号, 170-190 ページ
堀金由美 (2004)「『開発主義』の系譜—開発独裁, developmental state, 開発主義」,『政経論叢』73(1-2), 141-171 ページ

第２章

Chabal, P. and J-P. Dariz (1999) *L'Afrique est partiel:Du désorbre comme instrument politique*, Economica, Paris.
Collier, P. (2000) "Economic Causes of Civil Conflict and Their Implementations for Policy", research paper, World Bank.
—— (2009, 2010) op.cit.
Collier, P. and A. Hoeffler (2002) "Greed and Grievance in Civil Wars", working paper series 2002-01, Centre for the Study of African Economies, Oxford.
Giddens, A. (1998) *The Third Way: The Renewal of Social Democracy*, John Wily & Sons. (ギデンズ, A.『第三の道—効率と公正の新たな同盟』, 佐和隆光訳, 日本経済新聞社, 1999 年)
Goodhand, J. (2003) "Enduring Disorder and Persistent Poverty: A Review of the Linkages Between War and Chronic poverty", *World Development* 31(3): 629-646.
Hale, E. (2004) "Explaining Ethnicity", *Comparative Political Studies*, 37(4): 458-485.
Held, D. (2005) Globalization: The Dangers and Answers, In Held, D. et al. (eds.) Debating Globalization, Cambridge: Polity Press. (ヘルド『論争グローバリゼーション—新自由主義対社会民主主義』, 猪口孝訳, 岩波書店, 2007 年)
Horowitz, D. (1985) op.cit.
Hout, W. (2010) "Governance and Development: Changing EU Policies", *Third World Quarterly* 31(1): 1-12.

Jönsson, K. (2008) "Unity-in-Diversity? Regional Identity Building in Southeast Asia", Working Paper 29, Centre for East and South-East Asian Studies, Lund University, Sweden.
Kelly, R. (2007) "Security Theory in the 'New Regionalism'", *International Studies Review* 9.
Sassen, S. (2006) op.cit.
Wallensteen, P. and B.Heldt (2010) "International Peacekeeping: The UN Versus Regional Organizations", Chapter 7, pp.143-160., In Diehl, P. and B. Frederking (eds.) *The Politics of Global Governance*, fourth edition, Boulder,CO: Lynne Rienner Publishers.
多賀秀敏 (2005)「東アジアの地域主義に関する一考察」, 山本武彦編『地域主義の国際比較』序章 p.83-101., 早稲田大学出版部
松下冽 (2009)「グローバルサウスはグローバル化を飼い馴らせるか—試論：グローバル／リージョナル／ローカルの重層的ガヴァナンス (上下)」立命館国際研究 21-3, 22-1.
みずほ総研 (2006)『BRICs—持続的成長の可能性と課題』, 東洋経済新報社
山本武彦 (2005)「リージョナリズムの諸相と国際理論」, 山本武彦編『地域主義の国際比較』序章 p.1-28., 早稲田大学出版部
山本吉宣 (2012)「複合的グローバリゼーションと東アジア—国際政治学からの鳥瞰図—」, 第 1 章 pp.5-39. 浦田秀次郎, 金ゼンマ編著, アジア地域統合講座『グローバリゼーションとアジア地域統合』, 勁草書房

〈第IV部〉

Mamdani, M. (1996) op.cit.

第 1 章

Booth, D. and F.Golooba-Mutebi (2011) "Developmental Patrimonialism? The Case of Rwanda", *working paper* 16, Africa Power and Politics.
Edigheji, O. (2005) "A Democratic Developmental State in Africa?—A concept paper", *research paper* 105, Centre for Policy Studies, Johannesburg.
Haggard, S. and R. Kaufman (2009) *Development, Democracy and Welfare States: Latin America, East Asia and Eastern Europe*. New Jersey: Princeton University Press.
Hagopian, F. and S.Mainwaring (2005) *The Third Wave of Democratization in Latin America—Advances and Setbacks*, Cambridge University Press.
Leftwitch, A. (1998) "Forms of the Democratic Developmental State: Democratic Practices and Development Capacity", In Robinson, M. et al. (eds.) *The Democratic Developmental State: Political and Institutional Design*, Oxford University Press.
Mamdani, M. (1996) op.cit.
Moon, C. & S. Rhyu (2002) "Dismantling the Developmental state", In Kim, Y. et

田中宏明(2002)「国内紛争における和平プロセス：アルーシャ和平プロセスの成功と失敗」，『宮崎公立大学人文学部紀要』9(1): 83-117 ページ

第2章

Akashi, Y. (1995) "The Use of Force in a United Nations Peace-Keeping Operation: Lessons Learnt from the Safe areas Mandate", *Fodham Law Journal* 19(2): 310-323.
Blair, T. (2011) *A Journey London*: arrow books.
Dunne, T. (2008) "Britain and the gathering storm over Iraq", chapter 19: 339-357, In Smith, S., A. Hadfield and T. Dunne (eds.) *Foreign Policy—Theories・Actors・Cases*, Oxford University Press.
Hoffmann, S. (1981) *Duties Beyond Borders—On the Limits and Possibilities of Ethical International Politics*, New York: Syracuse University Press.（スタンリー・ホフマン『国境を超える義務—節度ある国際政治を求めて』，最土敏樹訳，三省堂，1985 年）
Roberts, A. (1996) *Humanitarian Action in War: Aid, protection and impartiality in a policy vacuum*, ADELPHI paper 305, Oxford, New York: Oxford University Press.
Waltzer, M. (1992) Just and Unjust wars, second edition, Basic Books（マイケル・ウォルツアー『正しい戦争と不正な戦争』，荻原能久訳，風行社，2008 年）
塩川伸明(2011)『民族浄化・人道的介入・新しい冷戦—冷戦後の国際政治』，有志舎
細谷雄一(2009)『倫理的な戦争—トニー・ブレアの栄光と挫折』，慶應義塾大学出版会
最上敏樹(2001)『人道的介入—正義の武力行使はあるか—』，岩波新書 752，岩波書店
ロメオ・ダレール＋伊勢崎賢治(2007)『ロメオ・ダレール—戦禍なき時代を築く』，NHK 出版

第3章

Bello, W. (2002) *Deglobalization: Ideas for A New World Economy*, Zed Books（ベロー『脱グローバル化—新しい世界経済体制の構築へ向けて』，戸田清訳，吾郷健二解説，明石書店，2004 年）
Bhagwati, J. (1991) *The World Trading System at Risk*, Princeton, NJ: Princeton University Press.
Birdsall, N. and F.Fukuyama (2011) "The Post-Washington Consensus", *Foreign Affairs* Mar/Apr.
Finnemore, M. (1996) *National Interests in International Society*, Cornell University Press.
Friedman, T. (1999) *The Lexus and the Olive Tree*, New York: Farrar Straus Giroux.
Haass, R. (2008) "The Age of Nonpolarity-What Will Follow U.S.Dominance", *Foreign Affairs* May/June.
Hettne, B. (1999) "The New Regionalism: A Prologue", in Hettne, B., A.Intoai and O.Sunkel (eds.) *Globalism and the New Regionalism*, Basingstoke: Macmillan.
Ikenbery, J. (2008) "The Rise of China and the Future of the West —Can the Liberal System Survive?" *Foreign Affairs* Jan/Feb.

くりへの支援に向けて—ガバナンス強化を中心に』第5章，国際協力機構
阪本公美子（2007）「東アフリカにおける地域社会と地方分権化の諸課題—南東タンザニア農村内の相互扶助と生計戦略の視点から」，『サハラ以南アフリカにおけるコミュニティ参加型による「地方開発戦略」の課題と可能性』，平成17-18年度科学研究費補助金研究成果報告書，61-66ページ
関谷雄一（2007）「地域社会組織（CBO）基盤の多様性と課題：アジア＆アフリカの比較分析」青山学院女子短期大学，総合文化研究所，年報第14号，2007年3月，1-17ページ
ヘーゲル（1821）『法の哲学—自然法と国家学』，高峯一愚訳，論創社，1983年
吉田昌夫（1997）『東アフリカ社会経済論』，古今書院
——（2007）「コミュニティによる共同行動（Collective Action）とタンザニアにおける参加型開発のありかた」，前掲，科学研究費補助金研究成果報告書，44-60ページ

〈第Ⅲ部〉

第1章

Andersen, R.（2000）"How multilateral development assistance triggered the conflict in Rwanda", *Third World Quarterly* 21(3): 441-456.
Chossudousky, M.（2003）*The Globalization of Poverty and the New World Order*, second edition, Oro; Ontario: Global Outlook.
Fearon, J. and D. Laitin（2000）"Violence and the Social Construction of Ethnic Identity", *International Organization* 54(4): 845-877.
Grigorian, A. and S. Kaufman（2007）"Correspondence-Hate Narratives and Ethnic Conflict", *International Security* 31(4): 180-191.
Kaufman, S.（2006）"Symbolic Politics or Rational Choice?—Testing Theories or Extreme Ethnic Violence", *International Security* 30(4): 45-86.
Lake, A. and D. Rothchild（1996）"Containing Fear: The Origins and Management of Ethnic Conflict", *International Security* 21(2): 41-75.
OECD（2010）*Conflict Fragility—Do No Harm—International Support for State-building*.
Smith, A.（1986）The Ethnic Origins of Nations Blackwell Publishers.（『ネイションとエスニシティ—歴史社会学考察』，巣山靖司・高城和義ほか訳，名古屋大学出版会，1999年）
Stedman, S.（2000）"Spoiler Problems in Peace Process", in Hamilton, L.（ed.）*Opportunities Missed, Opportunities Seized: Preventive Diplomacy in the Post-Cold World*, Lanham: Rowan & Littlefield.
Straus, S.（2006）*The Order of Genocide: Race, Power, and War in Rwanda, Ithaca*: Cornell University Press.
武内進一（2009）前掲

Eastern Africa", paper presented during the 2004 VAD Conference, Afrika Im Kontext (www.vad-ev.de).
Human Rights Watch (1999) "Hostile to Democracy—The Movement System and Political Repression in Uganda" (http://www.hrw.org/legacy/reports/1999/uganda/ 2009.10.24 アクセス)
Ishumi, A. (1995) "Provision of Secondary Education in Tanzania: Historical Background and Current Trends", In Semboja and Therkildsen (eds.) *Social Services under Stress in East Africa: State, NGOs and People's Organizations in Kenya, Tanzania and Uganda*, London: James Currey.
Kanyinga, K. (2003) "Kenya Annex 9", in *Maximising Civil Society's Contribution to Democracy and Development*, report from the East and Southern Africa Consultation, Nairobi, Kenya, 23-26 June, Commonwealth Foundation.
Kanyinga, K. and W. Mitullah (2003) *The Non-Profit Sector in Kenya—What We Know and What We Don't Know*. Popular Version. The Institute for Development Studies, University of Nairobi and Aga Khan Development Network.
Katusiimeh, M. (2004) "Civil Society Organisations and Democratic Consolidation in Uganda", *African Journal of International Affairs* 7(1&2): 99-116.
Kinyanjui, K. (2001) "Questioning Civil Society in Africa", ISTR Report, report on the Overview of the Second ISTR Africa Research Network Meeting, Nairobi, Nov 2001, International Society for Third-Sector Research (http://www.istr.org. 2009.10.15. アクセス).
Kwesiga, J. (2003) "Uganda Annex 11" in *Maximizing Civil Society's Contribution to Democracy and Development*, report from the East and Southern Africa consultation, Nairobi, 23-26 June 2003, Commonwealth Foundation.
Macpherson, I. (2009) "The Rights-Based Approach to Adult Education: Implications for NGO-Government Partnerships in Southern Tanzania", *Compare* 39(2): 263-279.
Saito, F. (2003) *Decentralization and Development partnerships—Lessons from Uganda*, Tokyo: Springer-Verlag.
Sorensen, L. (2009) "Civil Society Challenge Fund, Project Visit Report Tanzania: Final Report", Triple Line Consulting and DFID.
Thede, N. (2009) op.cit.
Tripp, A. (2005) "Rethinking the Public and Private and Time of Transition: Conflict in Jinja District as Microcosm of Change in Uganda", working paper No.2, Local Human Resources and Public Policy Development System Open Research Centre.
Tripp (2010) op.cit.
UNICEF and UNESCO (2007) *A Human Rights-Based Approach to Education for All, A Framework for the Realization of Children's Right to Education and Rights within Education*.
落合雄彦(2002)「アフリカにおける民主化の現状と支援のあり方」，『民主的な国づ

Lentz, A. (2002) "Assessing the Impact of Uganda's Poverty Action Fund: A Participatory Rural Appraisal in Kamuli District", World Learning (www.worldlearning.org).
Mitchinson, R. (2003) Devolution in Uganda: An Experiment in Local Service Delivery, *Public Administration and Development* 23: 241-248.
Museveni, Y. (1997) *Sowing the mustard seeds: the struggle for freedom and democracy in Uganda*, Oxford: MacMillan.
Mwenda, A. and R. Tangri (2005) Patronage Politics, Donor Reforms, and Regime Consolidation in Uganda, *African Affairs* 416: 449-467.
Mwenda, A. (2007) Personalizing Power in Uganda. *Journal of Democracy* 18(3): 23-37.
Nishimura, M., T. Yamano and Y. Sasaoka (2008) "Impacts of the Universal Primary Education Policy on Educational Attainment and Private Costs in Rural Uganda", *International Journal of Educational Development* 28: 161-175.
OECD (2001) Geographical Distribution of Financial Flows to Aid Recipients 1995-1999.
Olowu, D. and J. Wunsch (2004) *Local Governance in Africa—The Challenges of Democratic Decentralization*, Boulder and London: Lynne Rienner Publishers.
Piron, L-H. with A. Norton (2004) Politics and the PRSP approach: Uganda Case Study, *Working paper* 240. Overseas Development Institute.
Reinikka, R. and J. Svensson (2004) Local Capture: Evidence from the Central Government Transfer Program in Uganda. *The Quarterly Journal of Economics* 119(2): 679-705.
Sasaoka, Y. and M. Nishimura (2009) "Does Universal Primary Education Policy Weaken Decentralisation? Participation and Accountability Frameworks in East Africa", *Compare* 40(1): 79-95.
Steffensen, J. (2005) General Budget Support and Decentralisation in Uganda, working Paper, Joint Donor Evaluation of General Budget Support, Kampala.
Steiner, S. (2007) op.cit.
斉藤文彦 (2007)「ウガンダの地方分権再考」,『アフリカにおける地方分権化とサービス・デリバリー』2-2 章, 国際協力機構, 19-40 ページ

第3章

Barr, A. and T. Owens (2005) "The Governance of Non-Governmental Organizations in Uganda", *World Development* 33(4): 657-679.
Bratton, M. (1994) "Civil Society and Political Transitions in Africa", In Harbeson, J., D. Rothchild and N. Chazan (eds.) *Civil Society and the State in Africa*, Boulder; London: Lynne Rienner Publishers, pp.51-82.
Cohen, D. (2004) *Taking Stock II Rights Based Approach 2004*, Actionaid International.
Graaf, K. (2005) "Public Expenditure Tracking (PET) in *Tanzania at District-Level: Effects on Local Accountability. Participatory Research of and by Tanzanian NGO's*", paper presented at the European Conference of African Studies, London, 29 June-2 July.
Grawert, E. (2004) "Civil Society Structures in Comparative Perspective: Special Focus on

Census.
Mamdani, M. (1993) *Imperialism and Facism in Ugan0da*, Nairobi:Heinemann.
—— (1996) op.cit.
Marshall, M. (2005) "Conflict Trends in Africa, 1946-2004 A Macro Perspective," Report prepared for the Africa Conflict Prevention Pool. October, 14, 2005.
Oyugi, W. (1995) "Service Provision in Rural Kenya: Who Benefits," in Semboja, J. & O. Therkildsen (eds.) *Service Provision under Stress in East Africa*, E.A.E.P, Fountain Publishers, Heinemann, James Currey.
The Commission of Inquiry into Post Election Violence (2008) "Waki Report," (www.eastandard.net/downloads/Waki_Report.pdf) (2009年4月アクセス)
UNDP (2005) *Human Development Report 2005* (監修『人間開発報告書 2005』, 横田洋三・秋月弘子・二宮正人, 古今書院, 2006年)
Young, C (1991) "Democratization and Structural Adjustment in Africa in the 1990s," in Deng, L.,K.Marcus and C. Young (eds.) *African Studies Program*, University of Wisconsin-Madison.
Yusof S., E. Dietzenbacher, B. Los (2015) "Sources of Income Growth and Inequality Across Ethnic Groups in Malaysia, 1970-2000". *World Development* 76:311-328.
小野沢 純 (2012)「ブミプトラ政策」『マレーシア研究』第1号, 2-36ページ
落合雄彦 (2008)「シェラレオネにおける地方自治制度改革とチーフ」, 武内進一編『戦争と平和の間―紛争勃発後のアフリカと国際社会』第6章, アジア経済研究所研究叢書, No.573
武内進一 (2009) 前掲
津田みわ (2007)「キバキ政権誕生後のケニア憲法見直し問題―2004年新憲法案の国民投票否決を中心に」『アジア経済』第47巻第4号, 41-73ページ
永岡宏昌＋CanDo編集委員会 (2011)『ケニアの人々―その抱える課題と参加型開発協力の役割』
松田素二 (2003)『呪医の末裔―東アフリカオデニョ一族の二十世紀』, 講談社

第2章

Barya, J., and J. Oloka-Onyango (1994) "Popular Justice and Resistance Committee Courts in Uganda", Kampala: Centre for Basic Research.
Brett, E. (1994) "The Military and Democratic Transition in Uganda", In Hansen, H.B and M. Teaddle (eds.) *From Chaos to Order—The Politics of Constitution-Making in Uganda*, Kampala: Fountain Publishers, London: James Currey, pp.78-89.
Green, E. (2008) District Creation and Decentralisation in Uganda. *working paper series* 2, Crisis States Research Centre.
Kasfir, N. (1998) "'No-Party Democracy' in Uganda", *Journal of Democracy* 13(4): 49-63.
Kauzya, J-M. (2007) "Political Decentralization in Africa: Experiences of Uganda, Rwanda, and South Africa", In Cheema and Rondinelli (eds.), pp.75-91.

World Bank (2000) *World Development Report 2000/2001: Attacking Poverty*. World Bank and Oxford University Press. (世界銀行『世界開発報告書 2000 貧困との闘い』, 西川潤監訳, シュプリンガー・フェアラーク東京, 2002 年)
World Bank (2016) GINI index (http://data.worldbank.org/indicator/SI.POV.GINI)
国際連合広報センター (2015)「持続可能な開発目標 (SDGs) とは」(http://www.unic.or.jp/activities/economic_social_development/sustainable_development/2030agenda)

〈第 II 部〉

Forrest, J. (2004) *Subnationalism in Africa—Ethnicity, Alliances, and Politics*, Lynne Rienner.
Hyden, G. (1983) op.cit.
Mamdani, M. (1996) *Citizen and Subject: Contemporary Africa and the Legacy of Colonialis*, New Jersey: Princeton University Press.
Shiviji, I. and C. Peter (1999) "The Village Democracy Initiative", Report for the Ministry of Regional Administration and Local Government: Dar es Salaam.

第 1 章

Branch, D. and N. Cheeseman (2008) "Democratization, Sequencing, And State Failure in Africa: Lessons from Kenya," *African Affairs*, 108 (430) :1-26.
Bratton, M. and M. Kimenyi (2008) "Voting in Kenya: Putting Ethnicity in Perspective", *Afrobarometer Working paper*, No.95.
Department of Statistics, Malaysia (2000) *Population* July 2, 2000.
Forrest, J. (2004) op.cit.
Harriss, J., K. Stokke and O. Törnquist (eds.) (2004) *Politicising Democracy – The New Local Politics of Democratisation*, International Political Economic Series, Palgrave macmillan.
Human Rights Watch (1993) Africa Watch "Divide and Rule – State-Sponsered Ethnic Violence in Kenya."
Hyden, G. (1970) "Introduction and Basic Civil Service Characteristics," in Hyden,G., R.Jacson and J. Okumu (eds.) *Development Administration: Kenyan Experience*, Nairobi:Oxford University Press.
Hyden, G. (1983) *No shortcuts to Progress: African Development Management in Perspective*, Berkely: University of California Press.
IMF (2003) International Financial Statistical Yearbook and Statistical Appendix, 2003.
IMF (2016) World Economic Outlook, 2016.
International Crisis Group (2008) "Kenya in Crisis," Feburary 21.
Jessop, B. (2002) *The Future of the Capitalist State*, Cambridge:Polity Press.
Kenya National Bureau of Statistics (2010) *The 2009 Kenya Population and Housing*

of Social Exclusion. Bristol:Policy Press.
Bhalla, A.S. amd Lapeyre, F（1999,2004）*Poverty and Exclusion in a Global World*, Palgrave Macmillan（バラ，ラペール『グローバル化と社会的排除』，福原宏幸，中村健吾訳，昭和堂，2005 年）
Chen, S. and M. Ravallion（2008）"The developing world is poorer than we thought, but no less successful in the fight against poverty," Policy Research Working Paper No.WPS4703，World Bank.
Crawford, G. and C.Hartmann（eds.）（2008）op.cit.
Credit Suisse Research Institute（2010）*Global Wealth Report*（https://www.credit-suisse.com/news/en/media_release.jsp?ns=41610）
Crook, R.C.and A.S.Sverrisson（2001）Decentralization and Poverty-Alleviation in Developing Countries: A Comparative Analysis or is West Bengal Unique?, *IDS Working Paper* 130，Brighton: Institute of Development Studies.
DAC（1996）*Shaping the 21st Century: The Contribution of Development Co-operation*, Paris:OECD（http://www. oecd.org/dac/2508761.pdf）.
――（2001）*The DAC Guideline – Poverty Reduction*，Paris:OECD.
Gertz,G. and Chandy,L（2011）"Two Trends in Global Poverty"，Global Economy and Development at Brookings
Hammond, A.L（2007）*The Next 4 Billion: Market Size and Business Strategy at the Base of the Pyramid*，World Resource Institute.
Held, D（2002, 03）op.cit.
Jütting, J., C. Kaufmann，I.McDonnell，H.Osterrieder，N.Pinaud and L.Wegner（2004）"Decentralisation and Poverty Reduction in Developing Countries: Exploiting the Impact," *Working Paper* No.236，OECD Development Centre.
Milanovic, B（2013）"Global Income Inequality in Numbers: in History and Now"，*Global Policy* 4（2）:198-208.
Oxfam（2016）"An Economy for the 1%"，Jan 18，2016. Oxfam Briefing Paper 210.
Praharad, C（2004）The Fortune at the Bottom of the Pyramid: Eradicating Poverty through Profits, Wharton School Publishing.
Sen, A（1985）*Commodities and Capabilities*，Elsevier Science.（『福祉の経済学――財と潜在能力』，鈴村興太郎訳，岩波書店 1988 年）
Steiner, S（2007）Decentralisation and Poverty: Conceptual Framework and Application to Uganda, *Public Administration and Development* 27:175-185.
Townsend, P（1979）*Poverty in the United Kingdom: A Survey of Household Resources and Standards of Living*，University of California Press.
UN（2015）Millennium Development Goals Report（http://www.un.org/millenniumgoals/2015_Report/pdf/MDG%202015%20rev%20（july%201）.pdf）
UNDP（2008）Creating Value for All: Strategies for Doing Business with the Poor（http://www. undp.org/ gimlaunch/ docs/GIM%20Report%20Final%August%202008.pdf）.

(2) : 201-220.
Putnam, R., R.Leonard and R.Naretti (1993) *Making Democracy Work: Civic Traditions in Modern Italy*. Princeton: Princeton University Press.
Rondinelli D. (1998) Decentralization Brieflng Notes. *WBI Working Paper*. Washington, DC.: World Bank.
Rondinelli D. A., S. James, McCullough and R.W. Johnson (1989) "Analyzing Decentralization Politics in Developing Countries: A Political Economy Framework", *Development and Change* 20:57-87.
Sen, A. (2006) *identity and Violence: The Illusion of Destiny*. New York:W.W.Norton (『アイデンティティと暴力　運命は幻想である』, 大門毅監訳, 勁草書房, 2011 年)
Sisk, T. (2003) "Power Sharing", In Burgess, G. and H. Burgess (eds.) *Beyond Intractability*, Conflict Research Consortium, University of Colorado, Boulder.
Stewart, F.[2008] "Holizontal Inequalities: An introduction and some hypothses," In *Holizontal Inequalities and Conflict – Understanding Group Violence in Multiethnic Societies*. Chapter 1. Palgrave Macmillan.
Taylor, C. (1995) "Invoking Civil Society," in *Philosophical Arguments*, Harvard University Press: Cambridge MA.
Thede, N. (2008) "Decentralization, Democracy and Human Rights: A Human Rights-based Analysis of the Impact of Local Democratic Reforms on Development", *Journal of Human Development and Capabilities*, 10 (19:103-123.
UCDP/PRIO (2007) Armed Conflict Dataset (http://www.prio.no/CSW/Datasets/Armed Conflict/)
United Nations Development Program (1997) "Reconcepturing Governance," Discussion Paper 2, p.9.
Wolman, H (1990) "Decentralization: What It Is and Why We Should Care", In Benett, R.J. (ed.) *Decentralization, Local Governments and Markets: Towards a Post-Welfare Agenda*, Oxford: Clarendon Press.
World Bank (2004) *World Development Report 2004: Making the Services Work for the Poor*. World Bank and Oxford University Press. (世界銀行『世界開発報告書 2004 貧困層向けにサービスを機能させる』, 田村勝省監訳, ジュプリンガー・フェアラーク東京, 2004 年)
World Bank (1997) *World Development Report 1997. The State in a Changing World*, World Bank and Oxford University Press. (世界銀行『世界開発報告書 1997 開発における国家の役割』海外経済協力基金開発問題研究会訳, 東洋経済新報社, 1997 年)
遠山茂樹 (1970)『近代日本の思想家 1 ―福沢諭吉』, 東京大学出版会

第 4 章

Berghman, J (1995) "Social Exclusion in Europe: Policy Context and Analytical Framework", in Room, G (ed.) *Beyond the Threshold: The Measurement and Analysis*

Cheema, G.S. and D.A.Rondinelli (eds.) (2007) *Decentralizing Governance – Emerging Concepts and Practices*. ASH Institute for Democratic Governance and Innovation, John F. Kennedy School of Government, Harvard University and Brookings Institution Press.

—— (eds.) (1983) *Decentralization and Development: Policy Implementation in Developing Countries*. Biverly Hills, Sage.

Collier, P. (2009) op.cit.

Conyers, D (1990) "Decentralization: A Conceptual Analysis", Part 2, Local Government Perspectives: News and Views on Local Government in Sub-Saharan Africa. Vol.7. No.XX

Cramer, C (2005) "Inequality and Conflict? A Review of an Age-old Concern", *Identities, Conflict and Cohesion Programme Paper* 11, UNRISD.

Crawford, G. and C.Hartmann (eds.) (2008) *Decentralisation in Africa-A Pathway out of Poverty and Conflict?* Amsterdam University Press.

Crook, R.C (2003) "Decentralisation and Poverty Reduction in Africa: The Politics of Local-Central Relations," *Public Administration and Development*, 23, 77-88.

Crook, R.C.and A.S.Sverrisson (2001) Decentralization and Poverty-Alleviation in Developing Countries: A Comparative Analysis or is West Bengal Unique?, IDS Working Paper 130, Brighton: Institute of Development Studies.

Crook, R. and J.Manor (1998) *Democracy and Decentralization in South Asia and West Africa: Participation, Accountability and Performance*. U.K.: Cambridge University Press.

Dahl, R. (1981) "The City in the Future of Democracy", In L.D. Feldman (ed.) *Politics and Government of Urban Canada*. London: Methuen.

De Tocquiville, A. 1945 [1835] *Democracy in America*. New York: Vintage. (トクヴィル『アメリカの民主主義』)

Evans, A. (2003) "Decentralization: A Review of Staffing Practices in Eight Countries", World Bank: Washington. D.C.

Gurr, T.R. (1970) *Why Men Rebel*, Princeton: Princeton University Press.

Horowitz, D. (1985) . *Ethnic Groups in Conflict*. University of California Press: Berkeley.

Hyden, G (1983) *No Shortcuts to Progress: African Development Management in Perspective*. University of California Press: Berkely.

International Council on Human Rights Policy (2005) "Local Government and Human Rights: Doing Good Service", Geneva: ICHRP.

Lijphart, A. (1977) *Democracy in Plural Societies: A Comparative Exploration*. Yale University Press: New Heaven, C.T. (アーレンド・レイプハルト『多元社会のデモクラシー』, 内山秀夫訳, 三一書房, 1979年)

Manor, J (1999) *The Political Economy of Democratic Decentralization*. Washington D.C.:World Bank.

Prud'homme (1995) "The Dangers of Decentralization", *World Bank Research Observer* 10

——（2003）Global Governance and Democratic Accountability In Held, D. and M. Archibugi（eds.）*Taming Globalization: Frontiers of Governance*, Cambridge: Polity Press.（コヘイン「グローバル・ガヴァナンスと民主的アカウンタビリティ」, D. ヘルド, M. アーキブージ編『グローバル化をどうとらえるか―ガヴァナンスの新地平』所収, 中谷義和監訳, 法律文化社, 2004 年）
Keohane, R. and J. Nye（2001）*Power and Interdependence, third edition*: New York: Addison-Wesley Longman.
Linz, J. and A. Stepan（1996）*Problems of Democratic transition and Consolidation*, Baltimore: Johns Hopkins University Press.
Lipset, S.（1960）*Political man: the social bases of politics*, Garden City, NY: Double Day.
O'Donnell, G.（2004）"Human Development, human rights, and democracy", In O'Donnell, J.Cullell & O.lazzetta（eds.）*The quality of democracy: theory and applications*. Notre Dame: University of Notre Dame Press, pp.9-92.
Posner, D. and D. Young（2007）"The Institutionalization of Political Power in Africa", *Journal of Democracy* 18(3).
Rondinelli D.（1998）Decentralization Briefing Notes, *WBI working paper*. Washington, D.C.: World Bank.
Rosenau, J.(ed.)（1969）*Linkage Politics: Essays on the Convergence of National and International Systems*, New York: Free Press.
Sassen, S.（2006）*Territory, Authority, Rights: From Medieval to Global Assemblages*, Princeton University Press.（サッセン, S.『領土・権威・諸権利―グローバリゼーション・スタディーズの現在』, 伊豫谷登士翁監修, 伊藤茂訳, 明石書店, 2011 年）
Tripp, A.（2010）*Museveni's Uganda—Paradoxes of Power in a Hybrid Regime*, Lynne Rienner Publishers.
Weiss, T.（2000）"Governance, Good Governance and Global Governance: Conceptual and Actual Challenges", *Third World Quarterly* 21(5): 795-814.
World Bank（1981）"Accelerated Development in Sub-Saharan Africa", report written by Elliot Berg.
石川滋（2005）「成長と貧困削減の途上国援助―アフリカ型の英国モデルと東アジア型の日本モデルとの相互学習のために」, *GRIPS Development Forum Discussion Paper*, 10.
稲田十一編『開発と平和　脆弱国家支援論』, 有斐閣, 2009 年
武内（2009）前掲
ダール, R. and B. ジャンカルロ編（2006）『ダール, デモクラシーを語る』, 伊藤武訳, 岩波書店（edited by Bosetti, G. *Intervista Sul Pluralismo*, Roma-Bari, 2002）

第３章

Bangura, Y（2006）*Ethnicity, Inequality and Public Sector: A Comparative Study*, UNRISD.

—— (2001) *World Development Report 2000/01: Attacking Poverty*, Oxford University Press.
岩崎正洋 (2011)『ガバナンス論の現在』, 勁草書房
貫芳祐 (2004)「ジェームズ N. ローズノウの『21 世紀におけるガバナンス』論」,『経済志林』71(4): 341-367 ページ
武内進一 (2009)『現代アフリカの紛争と国家―ポストコロニアル家産制国家とルワンダ・ジェノサイド』, 明石書店
山脇直司・丸山真人・柴田寿子 (2004)『グローバル化の行方』, 新世社

第２章

Boas, M. (1998) "Governance as Multilateral Development Bank Policy: The Case of the African Development Bank and the Asian Development Bank", *European Journal of Development Research* 10(2): 117-134.
Bratton, M. and van de Walle, N. (1997) "Neopatrimonial Rule in Africa", In Bratton and van de Walle (eds.) *Democratic Experiments in Comparative Perspective*, Cambridge University Press.
Dahl, R. (1971) *Polyarchy: participation and opposition*, New Heaven: Yale University Press. (ダール, R『ポリアーキー』, 高畠通敏訳, 三一書房, 1981 年)
Diamond, L. (1996) "Is the Third Wave Over?", *Journal of Democracy* 7(3): 20-37.
—— (1999) *Developing Democracy: Toward Consolidation*. The Johns Hopkins University Press.
Fukuyama, F. (1992) op.cit.
Goodhart, M. (2001) "Democracy, Globalization, and the Problem of the State", *Polity* 33(4): 527-546.
Grindle, M. (2004) "Good Enough Governance: Poverty Reduction and Reform in Developing Countries", *Governance: An International Journal of Policy, Administration and Institutions* 17: 525-48.
—— (2007) "Good Enough Governance Revisited", *Development Policy Review* 25(5): 553-574. Overseas Development Institute.
Held, D. (1995) *Democracy and the Global Order: From the Modern State to Cosmopolitan Governance*, Stanford University Press. (ヘルド『デモクラシーと世界秩序：地球市民の政治学』, 佐々木寛ほか訳, NTT 出版, 2002 年)
Hungtington, S. (1968) *Political Order in Changing Societies*, New Heaven: Yale University Press.
—— (1991) *The Third Wave: Democratization in the Late Twentieth Century*, University of Oklahoma (ハンチントン, S.『第三の波―20 世紀後半の民主化』, 坪郷實・中道寿一・藪野祐三訳, 三嶺書房, 1995 年)
Keohane, R. (1984) *After Hegemony – Cooperation and Discord in the World Political Economy*, New Jersey: Princeton University Press.

第 1 章

Claude, I. (1984) *Swords into Plow Shares: The Problems and Progress of International Organization*, fourth edition, New York: Random House.

Crawford, G. and C. Hartmann (eds.) (2008) *Decentralisation in Africa—A Pathway out of Poverty and Conflict?*, Amsterdam University Press.

Giddens, A. (1990, 1993) op.cit.

Held, D. and A. McGrew (2002) *Gobalization/Anti-Globalization*, Polity Press. (ヘルド, D., A. マッグルー『グローバル化と反グローバル化』, 中谷義和・柳原克行訳, 日本経済評論社, 2003 年)

Hyden, G. and M. Bratton (1992) *Governance and Politics in Africa*, Lynne Rienner Publishers.

Keohene, R. and J. Nye (2000) "Introduction" in J. Nye and J. Donahue (eds.) *Governance in a Globalizing World*, Washington, D.C.: Brookings Institution Press.

Krasner, S. (ed.) (1983) *International Regimes*. Ithaca, NY: Cornell University Press.

—— (1999) *Sovereignty: Organized Hypocrisy*, Princeton University Press.

McGrew, A. (2005) "Globalization and Global Politics", in Baylis, J. and S. Smith (eds.) *The Globalization of World Politics*, Oxford University Press.

Mcnally, D. (2005) *Another World is Possible: Globalization and Anti-Capitalism*, Winnipeg: Arbeiter Ring Publishing.

Peters, G. and J. Pierre (1998) "Governance Without Government?—Rethinking Public Administration", *Journal of Public Administration Research and Theory* 2: 223-243.

Rhodes, R. (1997) *Understanding Governance: Policy Networks, Governance, Reflexivity and Accountability*, Open University Press.

Rosenau, J. and E-O. Czempiel (eds.) (1992) *Governance without Government: Systems of Rule in World Politics*, Cambridge University Press.

Sen, A. (2002) "Globalization, Inequality and Global Protest" *development* 45(2):11-16.

Strange, S. (1997) *Casino Capitalism*, Manchester University Press. (ストレンジ, S.『カジノ資本主義』, 小林襄治訳, 岩波現代文庫, 岩波書店, 2007 年)

UNDP (1997) "Reconceptualising Governance", discussion paper.

Young, C. (1991) "Democratization and Structural Adjustment in Africa in the 1990s", In Deng, L., K. Marcus and C. Young (eds.) *African Studies Program*, University of Wisconsin-Madison.

World Bank (1989) *Sub-Saharan Africa—From Crisis to Sustainable Growth: Africa's Long-Term Perspective*, Washington D.C.

—— (1991) "Managing Development: The Governance Dimension", discussion paper.

—— (1992) *Governance and Development*.

—— (1994) *Governance, The World Bank's Experience*.

—— (1998) *Assessing Aid—What Works, What doesn't, and Why*. (『有効な援助—ファンジビリティと援助政策』, 小浜裕久・冨田陽子訳, 東洋経済新報社, 2000 年)

参考文献

〈序　章〉

Collier, P. (2009) *Wars, Guns and Votes: Democracy in Dangerous Places*, Harper. (コリアー，P.『民主主義がアフリカ経済を殺す―最底辺の10億人の国で起きている真実』，甘糟智子訳，日経BP社，2010年)

Freedom House (2016) *Freedom in the World 2016.*

Fukuyama, F. (1992) *The End of History and The Last Man*, New York: International Creative Management. (フクヤマ，F.『歴史の終わり（上・下）』，渡部昇一訳，三笠書房，1992年)

Giddens, A. (1990) *The Consequences of Modernity*, Stanford University Press. (ギデンズ，A.『近代とはいかなる時代か？―モダニティの帰結』，松尾精文・小幡正敏訳，而立書房，1993年)

―― (2000) *Runaway World: How Globalization is Reshaping Our Lives*, Routledge. (ギデンズ，A.『暴走する世界―グローバリゼーションは何をどう変えるのか』，佐和隆光訳，ダイヤモンド社，2001年)

Kaldor, M. (2003) *Global Civil Society: An Answer to War*, Cambridge: Polity Press Ltd. (カルドー，M.『グローバル市民社会論―戦争へのひとつの回答』，山本武彦ほか訳，法政大学出版局，2007年)

Nye Joseph S (2015) *Is the American Century Over?* Polity Press.

Rosenau, J. (1995) "Governance in the Twenty-first Century," *Global Governance* 1.

ウォーラースタイン，I. (2006)『近代世界システムⅠ・Ⅱ』，川北稔訳，岩波モダンクラシックス，岩波書店

川北稔編 (2001)『ウォーラーステイン』，講談社選書メチエ

浜名優美 (2000)『ブローデル「地中海」入門』，藤原書店

ブローデル，F. (1985)『物質文明・経済・資本主義―15-18世紀』，村上光彦・山本淳一訳（六分冊），みすず書房

〈第Ⅰ部〉

Archibugi, D. (2008) *The Global Commonwealth of Citizens: toward cosmopolitan democracy*, Princeton University Press. (D. アーキブージ『グローバル化時代の市民像―コスモポリタン民主政へ向けて』，中谷義和ほか訳，法律文化社，2008年)

Grorogui, S. (2010) *Post Colonialism*, In Dunne, T. et al. (eds.) International Relations Theory-Discipline and Diversity, second edition, Oxford University Pess. pp.238-256.

タウンセンド, P.　Townsend, P.　98
多賀秀敏　243, 244
武内進一　196, 205
ダレール, R.　Dallaire, R.　208
チェン, S.　Chen, S.　97
トクヴィル, A.　De Tocquiville, A.　79, 82, 83
トリップ, A.　Tripp, A.　67, 180

な

ナイ, J.　Nye, J.　45, 324-326

は

バー, A.　Barr, A.　173
ハーバーマス, J.　Habermas, J.　287, 291, 301
ハイデン, G.　Hyden, G.　41, 110, 119, 130
バグワティ, J.　Bhagwati, J.　241
パットナム, R.　Putnam, R.　84
ハモンド, A.　Hammond, A.　101
ハリス, J.　Harriss, J.　111
ハンチントン, S.　Hungtington, S.　19, 55, 70
ピーターズ, G.　Peters, G.　40
ピーレ, J.　Pierre, J.　40
ファン・デ・ワール, N.　van de Walle, N.　64
ブース, D.　Booth, D.　273
フェアロン, J.　Fearon, J.　199-201, 206
フォレスト, J.　Forrest, J.　108, 112
フクヤマ, F.　Fukuyama, F.　19, 53, 323
ブラットン, M.　Bratton, M.　41, 64, 180
フリードマン, T.　Friedman, T.　242
ブレア, T.　Blair, T.　66, 222, 230
ブローデル, F.　Braudel, F.　16, 17, 21, 29
ヘイル, E.　Hale, E.　295
ヘーゲル　Hegel　163, 281
ヘルド, D.　Held, D.　32, 47, 54, 55, 100, 282
ホフマン, S.　Hoffmann, S.　210, 222, 225, 226, 301
ホロウィッツ, D.　Horowitz, D.　86, 87, 294

ま

マクナリー, D.　Mcnally, D.　49
マッグルー, A.　McGrew, A.　47, 51, 277
松下冽　239, 250
マムダニ, M.　Mamdani, M.　110, 118, 130, 255
ミラノビッチ　101
ムセベニ, Y.　Museveni, Y.　150, 151
最上敏樹　211, 217

や

山本武彦　239, 240
山本吉宣　239, 243
山脇直司　46, 51
吉田昌夫　166, 177, 182

ら

ラヴァリオン, M.　Ravallion, M.　97
リプセット, S.　Lipset, S.　61
レイティン, D.　Laitin, D.　199, 200, 201, 206, 259
レイプハルト, A.　Lijphart, A.　87
レフトウィッチ, A.　Leftwitch, A.　271
ローズ, R.　Rhodes, R.　40
ローズノウ, J.　Rosenau, J.　14, 16, 19, 22, 37-40, 58, 59, 71, 72, 104, 333
ロンディネリ, D.　Rondinelli, D.　73

ローカリゼーション 47, 48, 103, 111, 112, 115-117, 121, 240, 241, 312
ローカル・エリート 155
ローカル・ガバナンス 36, 79, **83**
ローカルな価値 33
ローカルなレベル 46, 282
ロメ協定 102

わ

若者の失業 20, 21, 99, 326
ワシントン・コンセンサス **59**, 242

【文献著者名】

あ

アーキブージ, D. Archibugi, D. 32
アイケンベリー 324, 325
明石康 Akashi, Y. 212
アチャルヤ 324-326
アンダーソン, R. Andersen, R. 190, 191, 202
石川滋 65, 255
稲田十一 70
岩田拓夫 284, 285
ウェイス, T. Weiss, T. 59
ウェント, A. Wendt, A. 301
ウォーラーステイン, I. Wallerstein, I. 29
ウォルツアー, M. Waltzer, M. 216
ウォルマン, H. Wolman, H. 78
落合雄彦 176
小野沢 131
オユギ, W. Oyugi, W. 118, 134
オロウ, D. Olowu, D. 82, 135

か

カウフマン, R. Kaufman, R. 199, 200, 201, 296-298
カスファー, N. Kasfir, N. 151
カニンガ, K. Kanyinga, K. 163, 164
ガリ, B. Boutros-Ghali, B. 38, 288
カルドー, M. Kaldor, M. 28, 32, 277-279, 282-286, 288, 293-295, 335
ギデンズ, A. Giddens, A. 19, 50, 281, 282
クラズナー, S. Krasner, S. 38, 45
グリンドル, M. Grindle, M. 60
クルーク, R. Crook, R. 81-84, 96
クロード, I. Claude, I. 37
コヘイン, R. Keohene, R. 45, 55, 56, 321
コリアー, P. Collier, P. 291, 297, 298

さ

斉藤文彦(Saito) 158, 180
サックス, J. Sachs, J. 317
サッセン, S. Sassen, S. 54, 242
シード, N. Thede, N. 78, 169, 171
ジェソップ, B. Jessop, B. 111
塩川伸明 217
シスク, T. Sisk, T. 87
シュミット, C. Schmitt, C. 299
ジョンソン, C. Johnson, C. 258, 275
スタイナー, S. Steiner, S. 95, 136
スチュワート, F. Stewart, F. 86, 297, 298
ストラウス, S. Straus, S. 197
ストレンジ, S. Strange, S. 49
スミス, A. Smith, A. 201, 301
セン, A. Sen, A. 50, 66, 86, 98, 242, 270

た

ダール, R Dahl, R. 54, 55, 82
ダイヤモンド, L. Diamond, L. 54, 230

民営化　39, 48, 57, 72-75, 91, 97, 103, 148, 164, 165, 278, 309, 328, 333
民間セクター　15, 35, 59, 66, 72-74, 94, 98, 102, 162, 165, 271, 305, 317
民主化　11, 14, 17-20, 26, 32, 35, 36, 41, 45, 47-49, 54, 55, 57, 58, 61, 62, 67, 68, 71-75, 77, 79, 81-89, 113-115, 119, 120, 129, 136, 149-153, 157-159, 164, 165, 167-169, 174, 177-179, 184, 188-190, 192-194, 202, 204, 205, 210, 219, 227, 254, 255, 260-264, 266-270, 272, 273, 278-280, 284, 285, 287, 289, 294, 301, 304-307, 311, 326, 327, 332, 333
民主主義　13, 18, 20, 21, 27, 28, 32, 33, 38, 41, 43, 47, 48, 52-57, 59, 67, 77, 78, 81, 82, 109, 117, 135, 168, 191, 221, 225, 232, 246, 247, 254, 256-260, 266, 267, 269, 271-274, 278, 280-282, 285, 295, 296, 298, 299, 305, 308, 312, 319, 327, 334, 335
民主主義アイデンティティ　53
民主主義の赤字　52, 55
民主政　32, 56
民主政治　72, 79, 159, 312
民主的選挙　54, 124, 150
民主的分権化　112, 116, 117, 128, 156
民族[国家]　18, 32, 55, 57, 131, 132, 214, 215, 217, 230, 244
民族自決　244
無危害則　205, 206
無政党政治　135, 151, 158
無政党民主主義　152
ムセベニ　27, 137-141, 147, 148, 150-159, 175, 192, 266, 291, 310
メルコスール　240, 244-246, 309
モイ　120, 123-126, 128, 129, 152, 266

や

UMNO　132
UPE　135, 137, 138, 141, 145, 146, 169, 170
輸出指向工業化　260, 272
ユニセフ(UNICEF)　77, 143, 145, 270, 334
要請主義　66
4つの自由　225

ら

LICUS　63
LAFTA　237
リアリズム　53, 59, 196, 225, 241, 308
リージョナリズム　47, 189, 233, 239-244, 246, 249, 250, 254, 274, 283, 314
リージョナリゼーション　240
リージョン　23, 26, 28, 78, 112, 189, 232, 239, 240, 246, 249, 254, 258-260, 263, 265, 267, 269, 274, 285, 307, 309, 327, 329
リーマン・ショック　11, 13, 78, 90, 98, 99, 242, 318
リネッジ　113, 197
領域　19, 23, 25, 38, 39, 118, 149, 182, 184, 231, 232, 238, 247, 284, 288, 302, 303, 306, 311
領域的分権化　57, 74, 75, 80
両肢国家　110, 277
リンケージ・ポリティクス　59
倫理的国家　216
累積債務　20, 47, 91, 94, 114, 262, 263, 270
冷戦[期]　18, 19, 38, 41, 43, 47, 48, 61, 62, 68, 69, 71, 72, 85, 86, 101, 108, 111, 112, 114, 116, 165, 177, 179, 188, 190, 233-235, 241, 247, 258, 260, 263, 269, 272, 279, 279, 294, 306, 312, 313, 325, 326, 332, 333

貧困削減 27, 32, 33, 36, 60, 62, 66, 72, 73, 77, 85, 88–98, 102–104, 119, 135–141, 143, 145, 147–149, 151, 153, 155, 157–159, 169, 173, 236, 257, 270, 271, 304, 309, 317
貧困削減戦略(PRS) 36, 60, 90, 116, 263, 270
貧困の罠 97
貧富の格差 49, 101, 317
フェア・トレード 50
福祉社会[国家] 39, 44, 99, 100, 273
複数政党制 20, 35, 85, 123, 124, 149–153, 156, 157, 159, 177, 178, 180, 188, 269, 333
ブッシュ[政権] 55, 93, 208, 217–219, 221–224, 237, 287
腐敗 21, 36, 72, 80, 89, 93, 129, 139, 143, 149, 157, 159, 246, 284
不平等 26, 27, 33, 45, 47, 80, 83, 86, 88–91, 93, 95, 97–101, 103, 104, 113, 201, 297–299, 317
ブミプトラ 130–132
フリーゾーン 326
BRICS 314, 324
フリーダムハウス 13, 63, 67, 259, 262, 312
ブレア[政権] 28, 66, 90, 189, 210, 216–226, 281, 282, 286–289
Brexit 13, 300
ブレトンウッズ体制 239
プログラム援助 49, 66, 143, 169
分権化 26–28, 32, 33, 35, 45, 48, 49, 57, 71–87, 89, 90, 92–98, 103, 109–119, 122, 126–131, 135–137, 139–144, 146–151, 153–165, 167–177, 179, 183–185, 188, 204, 255, 274, 278, 284, 286, 305, 306, 309, 310, 315, 318, 319, 321, 325, 327, 328, 333
紛争予防 49, 58, 73, 81, 85, 166, 248, 300, 310, 317, 329
分断統治 108, 110, 120, 332
分離主義 48, 125
平和維持軍 209, 215, 236, 248
平和構築 85, 215
平和構築委員会 293
平和執行部隊 208, 213
平和への課題 208, 288
包括的人道危機 41
法の支配 36, 82, 178, 254
保護する責任(R2P) 289, 293
ポスト構造主義 59
ポスト・コロニアリズム 32, 53, 59
ポスト・コンフリクト 57, 64, 323
ポスト冷戦[期] 18–20, 25, 35, 41, 48, 50, 54, 61, 62, 68, 71, 101, 116, 177, 179, 188, 192, 206, 210, 232–234, 240, 246, 260, 285, 288, 325, 334
ポスト・ワシントンコンセンサス 77
ポリアーキー 54

ま

マイクロファイナンス 97, 179, 182
マクロ・リージョン 28, 249
マジンボ 110, 112, 121–130, 132, 304
マルクス主義 49, 50
マルクス・レーニン主義 312
マルチ[のドナー、アクター] 36, 76, 91, 102, 177, 190, 191, 194, 305, 309, 310, 313, 318, 322, 324, 325, 330, 333
マルチレベル・ガバナンス 76, 305, 309, 310, 318
ミレニアム開発目標 84, 93, 97, 104, 257, 304
ミレニアム・チャレンジ・アカウント 62

254-257, 259, 260, 269, 277, 280, 281, 283, 285, 286, 293, 300, 302-308, 310, 312, 314, 316-323, 326, 327, 329, 332-335
ドナー 18, 27, 35, 36, 41, 44, 45, 47, 48, 53, 57-60, 62, 63, 66, 68, 69, 71, 77-79, 84, 85, 90-94, 102, 110, 111, 119, 123, 135-138, 140-143, 150, 151, 153-159, 161-163, 170, 174, 177-180, 183, 184, 188-192, 194, 205, 263, 269, 270, 273, 278, 284, 306, 310, 313, 321, 322, 333, 334
トランスナショナル 38, 46, 47, 71, 104, 111, 282, 318, 335

な

NARC 125, 165
内政不干渉 205, 224, 289
内的なアカウンタビリティ 56
内発的発展 103
ナショナリズム 15, 24, 47, 52, 68, 243, 250, 294
ナショナル・アイデンティティ 18, 88, 249, 255
ナショナル・ガバナンス 23
NATO 188, 192, 211-215, 218, 220, 222, 229, 234, 241, 286, 289, 334
NAFTA 48, 245-247, 323
南北問題 14
難民 18, 63, 192, 198, 215, 299, 302, 305, 307, 308
ニエレレ 44, 166
ニュー・リージョナリズム 240, 241, 249
人間の安全保障 225, 293, 309
ネイション 28, 178, 189, 191, 264-268, 274, 279, 304
ネオコン 217, 221, 222, 224, 225
ネオリアリズム 241
ネオリベラリズム 49, 53
ネットワーク 39, 40, 45, 50, 84, 110, 111, 113, 157, 167, 176, 179, 182, 185, 197, 281, 282
NEPAD 248

は

バーグ報告書 58-60
パートナーシップ 39, 66, 74, 75, 91-93, 98, 176, 185, 248, 313, 333
バイのドナー 92, 94, 177, 190, 194, 284, 334
ハイパー・グローバリズム 231
ハイブリッド・レジーム 52, 62, 67, 68, 205, 254, 267, 272, 273, 306
バスケット・ファンド 138, 141, 143
発展段階論 17
バッド・ガバナンス 44, 45, 53, 58, 61, 62, 69, 183, 257
パトロン―クライアント 86, 115, 197
ハビャリマナ 190, 192-198, 203, 204
ハランベー 167
パリ宣言 283, 313
反グローバリズム 33, 46, 49, 52, 101, 103, 231, 293, 296, 314, 327, 334
反原発デモ 11
PRSP 66, 91-93, 137, 174
BOP 98, 101, 102, 104
PKO 209, 212, 213, 215, 227, 234, 235, 238, 251, 290, 291, 293, 303, 309
被援助国 41, 309, 330
比較優位 80, 236
東アジア共同体 247
非国家 22, 38, 76, 104, 241, 243, 277
ヒューマンライツ・ウォッチ 124
非領域的分権化 57, 74, 75
貧困国 16, 47, 57, 216

DAC 新開発戦略 90, 91, 93
DAC 貧困削減戦略ガイドライン 93
脱集中化 73, 74, 173
WTO 21, 46, 47, 55, 231, 234, 236, 237, 239, 242, 243, 317, 320, 334
単一政府制国家 74
地域 13, 17-20, 22-25, 27, 28, 42, 68, 73, 76, 78, 80, 81, 83-85, 91, 95, 108, 111, 116, 121-123, 125, 128, 129, 146, 147, 151, 156, 157, 164, 167, 169, 170, 184, 212, 225, 232, 235, 236, 240, 241, 247, 248, 255, 258, 264, 268, 273, 274, 278-280, 283, 285, 297, 302, 303, 309, 310, 314, 315, 317-319, 325, 326
地域開発戦略 33
地域機構 27, 76, 103, 188, 189, 231-235, 237-239, 248, 249, 290, 291, 303, 309, 314, 318, 319, 321-323, 325-327, 333
地域拠点 138, 142-144
地域主義 28, 48, 50, 76, 78, 112, 189, 232, 233, 235-237, 244, 245, 247, 285, 317, 318, 324, 325, 336
地域主権 52
地域的取極 235-238
地域[経済]統合 28, 32, 52, 76, 108, 231-233, 240, 243, 245, 250, 281, 290
小さな政府 35
チェンマイ・イニシアティブ 238
地中海 16, 17, 20, 29
地方化 111, 112
地方社会 64, 82, 122, 171
地方性 111
地方政府 22, 35, 57, 65, 71, 74, 77-84, 94-96, 98, 102, 103, 109, 110, 116, 118, 119, 123, 127, 128, 139-143, 146, 148, 150, 151, 153-159, 168-174, 176, 181, 182, 185, 327, 333
中央政府 13, 38-40, 45, 57, 64, 71, 73, 74, 78, 79, 81, 82, 84, 89, 95, 98, 110, 116, 122, 139, 140, 143, 150, 154, 156, 158, 172, 182, 185, 284, 300, 309
中間層 61, 100-113, 162, 256, 263, 264, 271, 280, 285, 326
中東の春 11, 17, 19-23, 54, 89, 202, 263, 266, 268, 280, 294
超国家 22, 46, 47, 55, 103, 232, 241, 246, 290
TANU 166
TPP 234, 236, 237, 239, 317, 320
帝国主義 285, 288
帝国列強 18
低所得国 15, 16, 18, 19, 24-26, 32, 35, 43, 44, 47, 49, 52, 57, 62-65, 67, 68, 72, 85, 90, 91, 93, 96, 97, 101, 136, 171, 179, 188-191, 202, 205, 210, 280, 304-307, 309, 312, 329
テロリズム 13, 63, 188, 189, 218, 232, 246, 286, 334
投機性短期資金 13, 17
統治 29, 37, 40, 86, 108, 113, 151, 248, 311, 332
統治能力 37, 39
透明性 36, 43, 83, 170, 182, 322
ドーハ・ラウンド 236
独裁国家 55
独裁政権 20, 21, 58, 61, 257
途上国 14, 16, 18, 20, 24, 25, 27, 28, 32, 35, 36, 41, 43-45, 47, 48, 52, 57, 58, 60-62, 66-69, 71, 72, 75, 78, 88, 91-93, 96, 98-104, 108, 135, 137, 163, 171, 178, 181, 185, 188-190, 194, 226, 227, 231, , 236, 237, 240, 244,

266, 269, 279, 287, 300, 307, 321
新公共経営(NPM) 39, 164, 165
新国際経済秩序(NIEO) 237
新自由主義 35, 59, 91, 94, 216, 219, 231, 241, 262, 300, 329, 333
人道系 NGOs 227
人道主義 211
人道的介入 28, 32, 188, 189, 208, 210, 211, 215-217, 220, 222, 224-227, 280, 286-289, 291, 303, 308, 334
臣民 18, 64, 65, 110, 179, 196, 265, 272
神話シンボル複合 201
垂直的支配 21
スマート・サンクション 292, 303
西欧的国家体系 19
政策の一貫性 293, 301, 307, 320
政治過程(プロセス) 43, 44, 68, 86, 115, 157, 206, 312
政治権力 16, 25, 35, 36, 41, 79, 160, 212, 259
政治社会 21, 65, 180, 194, 204, 268, 306
政治体制 15, 20, 27, 35, 43, 47, 64, 72, 108, 135, 188, 206, 224, 254, 255, 257-259, 272, 305, 315, 323, 332, 333
政治秩序 24, 28, 82, 183, 267, 280, 288, 291, 306, 307, 321-323
政治的権威 42, 111, 280
政治的分権化 35, 74, 82, 89
政治文化 18, 171, 242
脆弱国家 24-26, 44, 62-64, 67-69, 85, 97, 188, 208, 210, 211, 250, 283, 284, 303, 304, 323, 334, 335
正戦論 216, 223, 224
正統性 20, 23, 44, 55, 57, 63-65, 82, 88, 89, 115, 180, 183, 227, 228, 231, 268, 271, 275, 283, 285, 286, 318
政府なきガバナンス 37-39
政府の失敗 35
世界議会 47
世界銀行 14, 16, 21, 32, 35, 40-44, 47, 55, 58-60, 63, 77, 79, 90-93, 97, 135, 137, 138, 140-142, 146, 147, 169, 177, 190, 193, 194, 202, 238, 270, 334
世界金融危機 11, 94, 236
世界経済フォーラム 49
世界システム論 17, 241
世界社会フォーラム 49
世界政治[システム] 22, 34, 53, 227
世界政府 38, 46, 226
世界秩序 15, 61, 114, 233, 287, 324, 325, 327
世界同時不況 84, 280
セクター・プログラム 138, 141, 143, 144, 147
絶対的貧困 98, 99
選挙民主主義 48, 55, 67, 82, 254, 269
先進国 14, 16, 19, 23, 24, 26-28, 32, 44, 52, 57, 63, 69, 81, 93-95, 98, 99, 101, 104, 108, 188, 189, 191, 202, 210, 236, 237, 259, 262, 273, 274, 283, 290, 291, 293, 302, 303, 305, 306, 308, 313, 314, 317, 318, 320, 321, 323, 325-327, 332, 333
相互依存[論] 211, 241, 246, 296, 315, 326
ソーシャルネット 18

た

第三世界 231
第三の波 18, 52, 53, 55
第三の道 66, 219, 223, 282
大量破壊兵器(WMD) 189, 211, 218-223, 229, 287, 289, 292
多国間主義国家 283, 293, 335
多国籍企業 12, 56, 185, 317
多層的なガバナンス 54

サブナショナル　22, 38, 71, 104, 250, 274
参加　12, 21, 36, 52, 54-56, 59, 72, 74, 79, 82, 84, 92, 94-96, 103, 116, 119, 136, 142, 147, 149, 156, 171, 173-175, 181, 218, 235, 237, 238, 271, 283, 297, 308, 309, 316
参加型貧困調査　137, 147, 174
参加型予算　72, 74
G8　55, 214, 309
G20　314
CPIA　44
ジェンダー　90, 91, 145, 173, 278, 280
市場の失敗　35
失敗国家　62, 283
支配装置　113-115, 117, 118, 332
シビック・ネイション　266, 267, 272, 274, 304
資本主義　48, 188
市民参加　79, 170
市民社会　12, 15, 16, 27, 35, 43, 55-57, 64-66, 68, 71, 72, 75, 78, 83, 98, 102, 110, 150, 159, 162, 163, 166-168, 171, 173-185, 190, 255, 256, 268, 277-285, 299, 300, 305-307, 310, 312, 313, 318, 319, 321-323, 327-329, 333, 335, 336
市民社会組織(CSOs)　74, 77, 162, 282, 335, 336
市民的権利　24, 271
社会関係資本　65, 68, 81
社会契約　43, 82, 113, 115, 183, 211, 259, 267, 268, 274, 310, 311
社会主義　48, 50, 68, 188, 244, 280
社会セクター　77, 90, 91, 94, 146-148, 155, 168, 269-271, 276
社会的排除　45, 66, 99, 100
社会福祉　48, 78, 89, 263
州行政システム　27, 119, 121, 123, 127-130
宗教的な原理主義　50
集権化　27, 78, 118, 162, 286
集権主義　47, 48, 272
集権制　27, 80, 117, 118, 127, 164, 274, 275
重債務貧困国　47
自由主義(リベラリズム)　52, 59, 68, 211, 224, 225, 241, 242, 266, 294, 295, 329
自由民主主義　54, 79
修正グローバリズム　33, 46, 49, 103, 314, 327, 334
従属理論　49, 50
集団的自衛権　218
集団の亀裂　113, 332
主権国家　23, 24, 28, 38, 39, 45, 46, 53, 56, 72, 76, 78, 283, 287, 288, 290, 296, 302, 308, 314, 327
主権国家体系　22, 46, 76, 302, 308
首長　65, 74, 108, 109, 113, 116, 118, 119, 130, 149, 175
情の経済　110
情報グローバル化　12
植民地　18, 24, 25, 43, 65, 109, 131, 245, 249, 265
植民地遺制　65, 86, 113, 118, 129, 132, 133, 274, 294, 302, 329
植民地期　17, 18, 24, 25, 68, 69, 71, 108-111, 113, 118, 119, 122, 123, 164, 179, 196, 198, 264, 266, 272, 278, 279, 303, 304, 311, 312, 332
植民地主義　112, 130, 248, 272, 274, 288, 313, 335
シラク　220
新家産制　43, 62, 64-68, 86, 87, 202, 205, 257, 258, 265-267, 272, 273
人権　32, 36, 75, 82, 113, 148, 222, 232,

国際開発省（DfID，英国） 36, 44, 60, 63, 65, 66, 255
国際開発庁（USAID，米国） 44
国際開発レジーム 21, 27, 108, 188, 189, 306, 332, 333
国際関係論 14-16, 34, 37-39, 41, 52, 59, 332, 336
国際機構 27, 28, 32, 37, 40, 41, 47, 55-57, 103, 176, 188-190, 202, 231, 234, 235, 237-239, 249, 263, 280, 302, 309, 314, 321-323, 327, 329, 333, 334
国際社会 11, 12, 15, 23, 38, 44, 55, 58, 64, 68, 78, 88, 90, 99, 110, 135, 137, 158-160, 162, 188, 204-206, 208-210, 214, 215, 220, 225, 226, 228, 229, 231, 241, 277, 286-290, 292, 333
国際メディア 115
国際連帯税 256
国内避難民（IDPs） 67, 124, 126, 147, 302
国民国家 24, 38, 45, 242
国連（国際連合，UN） 32, 37-40, 47, 76, 93, 103, 104, 126, 188, 190, 204, 208, 212, 213, 215-223, 225-229, 234, 235, 237-239, 277, 280, 287-293, 308, 309, 312, 327, 329, 334
国連開発計画（UNDP） 40, 59, 60, 62, 63, 77, 79, 102, 114, 270, 283
国連憲章 208, 227, 235, 237, 287, 288
国連制裁監視委員会 292
国連総会 212
国連保護軍 212, 213, 215
国連ミレニアム・サミット 47
個人支配 17, 21, 67, 113, 267
コスモポリタン社会民主政 32, 100, 291
国家 12-28, 32, 33, 38-46, 48, 50, 53-57, 59, 61-63, 68, 69, 72-78, 82, 83, 85, 92, 104, 110-113, 115-118, 122, 129, 130, 162, 163, 167, 179, 183, 188, 189, 208, 211, 224-227, 231, 232, 237-239, 241-243, 249, 256, 258, 264, 266, 268, 271, 274, 277-279, 283-286, 289, 293, 296, 302, 307, 309, 311, 318, 323, 327, 328, 332, 335
国家間関係 226
国家間組織 55, 56, 103, 232
国家間体系 21, 22, 33, 45, 47, 227, 239, 326
国家形成 17, 27, 57, 69, 72, 115, 132, 188, 280, 286, 311, 333
国家建設 25, 26, 64, 250, 302, 329, 330
国家資本主義 68, 188
国家社会関係 42
国家性 178, 191, 250, 305, 306, 311
国家体制 43, 47, 48, 68, 112
国境を超える義務 210, 222
コミュニタリアン 79, 282
コミュニティ 16, 73, 79, 92, 93, 162, 163, 165, 167, 169, 170, 172, 173, 176, 179, 180, 182, 217, 255, 283, 296
コミュニティ社会組織（CBO） 163, 167
コンディショナリティ 35, 42, 53, 61, 66, 114, 156, 177, 189-191, 210, 269, 320, 333
コントロール・メカニズム 22, 38, 39, 104

さ

サービス・デリバリー 119, 136, 141, 142, 144, 158, 169, 171
財政危機 11, 232, 236, 242, 317
財政支援 66, 92, 143, 155-157, 159, 169
財政的分権化 72, 74, 81, 139, 140, 143, 155, 174
再伝統化 116-118
サブシディアリティ 75

近代国家 24, 50
金融グローバリゼーション 100
クズネッツ仮説 100
グッド・ガバナンス 35, 36, 42-44, 53, 58-60, 69, 79, 139, 177, 190, 257, 332
クライアント・パワー 40, 169
グリップゾーン 326
クリントン政権 195, 209, 213
グローバリズム 33, 46, 50, 101, 103, 163, 314, 327, 329, 334
グローバリゼーション 12, 18, 19, 22, 26, 32, 45-47, 50, 52-54, 69, 72, 95, 99-101, 111, 115, 126, 177, 228, 231-233, 239, 240, 242, 254, 257, 277, 279, 285, 293, 295, 296, 302, 306, 316, 329, 332
グローバル・ガバナンス 13-15, 21-23, 32, 36, 38-40, 45, 47, 49, 50, 56-58, 71, 72, 98, 103-105, 189, 228, 254, 282, 283, 335
グローバル資本主義 47, 48, 50, 102, 103, 323
グローバル市民社会 28, 277, 279-285, 288, 293, 295, 300, 305, 323, 335
グローバル社会 19, 179, 306, 336
グローバル・デモクラシー 45
軍事的介入 27, 216, 229, 303
経済グローバル化 46
経済制裁 27, 212, 229, 273, 292, 303, 308
経済成長 20, 47, 55, 61, 88, 92, 93, 100, 101, 104, 131, 133, 135, 146, 159, 233, 254, 255, 257, 258, 262-264, 270-272, 280, 298, 306, 312, 318, 326
ケイパビリティ 66
権威主義 13, 35, 47, 55, 67, 68, 86, 88, 224, 254, 255, 258, 260, 266, 271-275, 279, 291, 306, 311, 332
権限委譲 73, 74, 83, 84, 110, 116, 125-127, 135, 139, 140, 290
権限委任 73, 74
原初主義 86, 295, 299
現代福祉国家 24
権力エリート 45, 69, 81, 84, 110, 112, 118, 136, 137, 159, 163, 173, 183, 197, 209, 257, 258, 268, 272, 273, 292, 298, 304, 306, 312, 318, 327
権力の分散 57, 125
権力分有 57, 87, 116, 126, 132, 177, 193, 278, 312
抗議者 11, 23, 288, 300, 306, 326, 327
公共サービス 24, 25, 39, 54, 62, 64, 82, 95, 97, 115, 118, 136, 151, 164, 168, 173, 184, 203, 310
公共支出追跡調査 146
公共セクター改革 35, 71, 75, 77, 87, 135, 150, 153, 154, 159, 176, 284
公共選択論 34, 48, 78
公共領域 79, 181
構成主義 112, 191, 196-199, 201-204, 206, 207, 231, 241, 295, 297, 323, 336
構造主義 17, 59, 196, 197, 201, 202, 297
構造調整[融資] 35, 41, 77, 106, 164, 171, 188-190, 193, 194, 202-205, 231, 269, 279, 304, 317, 333
合理主義 199, 200, 206, 207
合理的選択 192, 196, 197, 199, 201-204, 207, 297, 312
コーポレート・ガバナンス 40
国益 56, 208, 209, 223, 329
国際 NGOs(INGOs) 16, 36, 42, 77, 98, 167, 180, 188, 231, 259, 282, 283, 285, 300, 309, 322, 333, 335
国際開発[論] 13, 15, 34, 85, 89, 100, 108, 256, 332, 336

越境的な行為体［アクター］ 22, 302
NRM 135, 140, 143, 147-153, 155-159, 165, 167, 175, 180
NGOs 15, 16, 36, 42, 49, 72, 77, 78, 98, 102, 103, 151, 155, 162-165, 167-170, 173, 174, 179-181, 182, 184, 185, 188, 191, 227, 231, 240, 241, 255, 256, 259, 263, 281-285, 300, 302, 303, 309, 310, 312, 313, 316, 319, 321, 322, 333, 335, 337
FTA 48, 237, 239
FTT（金融取引税） 315-317
援助依存度 17, 20, 119, 129
援助協調 66, 92, 138, 313
援助モダリティ 138, 144, 147, 148, 215
エンパワメント 36, 43, 92, 93, 96, 168
欧州議会 55, 315
OECD 36, 64, 90, 96, 313, 334
ODA 91, 92, 94, 114, 165, 256, 263, 283, 306, 316, 317, 319, 320
オーナーシップ 43, 66, 91-93, 137, 141, 171, 184, 291, 304
オックスファム 101
オルタナティブ・グローバリズム 49
オルタナティブ・デモクラシー 45

か

下位国家体系 111
外集団同質性 198
外的なアカウンタビリティ 56, 57, 320, 321, 329
開発援助 28, 36, 41, 42, 44, 53, 59-61, 66, 77, 91, 93, 103, 136, 159, 167, 184, 188, 190, 191, 205, 304, 306, 313, 315, 322
開発過程（プロセス） 18, 43, 58, 91, 168
開発主義［国家］ 20, 28, 65, 88, 89, 100, 102, 254-256, 258, 259, 263, 268, 269, 271-274, 304, 333
開発状況 18
開発政策 35, 256, 257, 263, 320, 322
開発戦略 32, 33, 35, 45, 90, 91, 93, 102, 105, 138, 190, 256, 279
開発独裁 47, 257, 258, 260, 271, 304
開発パートナー 35
格差 11, 13, 47, 49, 81, 91, 93, 95, 98-101, 103, 104, 129, 131, 132, 140, 174, 183, 258, 312, 317, 326
格差是正 11, 104, 131
GATT［-WTO］ 21, 55, 236, 239, 243
KANU 121-126, 171
ガバナンス 13-17, 19, 21-23, 25-28, 32-45, 47-50, 53, 54, 56, 57, 59-63, 65, 68, 69, 71-75, 78, 79, 81, 84-91, 94-96, 98, 100, 103, 104, 108, 112-114, 116, 118, 123, 129, 130, 135, 142, 155, 157, 159, 162, 168, 176, 179, 183, 184, 205, 227, 228, 232, 254-256, 266, 271, 278, 280, 281, 283, 284, 293, 296, 303, 304, 306-308, 310-312, 318, 321-323, 326-330, 332, 334
ガバナンスの重層性 16, 17, 19, 21-23, 25, 27, 28, 45, 50, 53, 62, 68, 69, 211, 226, 227, 232, 242, 256, 277, 279, 285, 288, 290, 291, 302, 306, 332-335
間接統治 25, 108, 109, 113, 130, 332
官僚制 40, 266-268
機会の平等 54, 56, 271
企業の社会的責任（CSR） 34
行政的分権化 74, 109
協治 40
共通移民政策 307
拒否権 188, 220, 235, 289, 301, 308

索　引

あ

RBA 170-173
RPF 177, 190-196, 198-200, 203-205, 310
IS 13
IMF 21, 47, 66, 77, 90, 91, 119, 135, 137, 140, 157, 160, 202, 203, 210, 231, 234, 237, 284, 313, 317, 329, 333, 334
アイデアリズム 225, 308
アイデンティティ 18, 27, 43, 53, 65, 68, 75, 78, 80, 83, 86, 88, 112, 113, 118, 168, 181, 189, 196, 197, 199, 200, 201, 204, 231, 232, 240, 241, 245, 249, 250, 255, 266, 268, 274, 277, 279, 294, 295, 297, 298, 299, 311, 312, 318, 323, 332
アカウンタビリティ 36, 43, 54, 56, 57, 65, 67, 79, 81, 83, 95, 96, 108, 118, 119, 143, 169, 171, 174, 181, 182, 266, 272, 320, 321, 329, 332
アカズ 194-197, 199, 206
アクションエイド 170, 173
アジア経済危機 203, 268, 271, 280, 318, 365
アジア通貨基金(AMF) 234, 237
アセアン(ASEAN) 232, 244, 246, 247, 250, 251, 257, 309, 315
ATTAC 49
新しい少数派 128
アファーマティブ 75, 131
アルーシャ和平 177, 190, 193, 194, 202, 204, 208
アルカイダ 13
UNCTAD 334
安全 24, 25, 70, 82, 92, 93, 129, 183, 188, 217, 218, 250, 266
安全保障 13, 28, 93, 177, 188, 218, 225, 229, 232, 240-242, 246-248, 289, 290, 291, 293, 308, 309, 333, 334
安全保障理事会(安保理) 195, 208, 212-215, 218-220, 228, 234, 235, 287-289, 291, 292, 303, 308, 309
EAC 48, 112, 247, 248
EC 63, 237, 283, 284
EU 13, 48, 52, 55, 74, 76, 78, 100, 102, 103, 140, 157, 189, 218, 231, 232, 235, 241-243, 246-250, 283, 284, 290, 293, 299, 305, 307-309, 314, 315, 320, 323
移民 18, 20, 50, 78, 99, 100, 121-123, 175, 249, 294, 299, 300, 302, 305, 307, 314, 324
ウェストファリア条約 19, 24, 278
ウェストミンスター[・モデル] 121, 122, 177, 178, 188, 298, 333
ウォール街［占拠運動］ 11, 12, 46, 49, 52, 316
運転手の交代 36, 65, 255
AU 112, 160, 232, 235, 236, 248, 290, 291, 309
SADC 236, 248
エスニシティ 25, 43, 65, 67, 68, 86, 113, 162, 167, 175, 178, 179, 193, 197, 198, 200, 201, 255, 265-268, 274, 277, 278, 295, 297, 298, 311
エスニック集団 25, 108, 110-113, 119-122, 126, 128, 130, 132, 149, 174, 175, 197, 202, 249, 251, 264-266, 296, 310
エスニック神話 200
エスニック・ネイション 266, 267, 274

著者紹介

笹岡　雄一（ささおか　ゆういち）

明治大学　公共政策大学院　ガバナンス研究科 教授
1956年東京都生まれ。早稲田大学社会科学研究科地球社会論　博士後期課程
単位取得退学，博士（学術）。
専門：国際関係論，比較地域主義論，国際開発論

《主要著書》
『日本の新しい開発援助を求めて』（共編著），国際開発高等教育機構，2006年。
『アフリカから学ぶ』（共編著），有斐閣，2010年。
『教育分権化の国際的潮流』（共著，西村幹子，翻訳）東信堂，2015年。

《主要論文》
「分権化と紛争予防」『国際政治』165，日本国際政治学会，2011年。
「アセアン規範の北東アジアへの波及可能性」『ガバナンス研究』10，2014年。
「比較地域主義の考察」『ガバナンス研究』12，2016年。

新版 グローバル・ガバナンスにおける開発と政治
文化・国家政治・グローバリゼーション

2016年9月30日　初版第1刷発行

著　者　笹　岡　雄　一
発行者　石　井　昭　男
発行所　株式会社　明石書店

〒101-0021 東京都千代田区外神田 6-9-5
電　話　03（5818）1171
FAX　03（5818）1174
振　替　00100-7-24505
http://www.akashi.co.jp

組　版　株式会社オフィスバンズ
装　丁　明石書店デザイン室
印　刷　モリモト印刷株式会社
製　本　協栄製本株式会社

ISBN978-4-7503-4406-5